신화에게 ─ 길을 묻다

신화에게 길을 묻다

알기 쉽게 풀어쓴 그리스로마신화의 인생 메시지

글 송정림 ― 사진 이병률

신화를 통해 당신의 어지럽던 길이 선명해지기를…….
신화를 통해 당신의 시린 가슴이 따스해지기를…….

인생의 모퉁이마다
우리는 신화를 만납니다

제가 학교 다닐 때에는 고전읽기 대회가 있었는데, 주로 『그리스로마신화』가 시험 문제로 출제되었습니다. 이름이나 내용을 무조건 외워서 맞히는 독서 대회에 몇 번 출전하는 동안 저는 신화가 싫어졌습니다. 외워야 할 이름은 왜 그렇게 많고 어려운지요. 내용은 또 왜 그렇게 복잡하고 비현실적인지, 이해할 수가 없었습니다. 공감이 가지 않았습니다. 자연스레 신화 이야기에 흥미를 잃어버렸습니다. 독서를 권장하는 독서 대회가 오히려 책을 멀리하게 했던 것입니다.

　그렇지만 살아가면서 신화 이야기는 곳곳에서 만나야 했습니다. 책속에도 신화가 있었고, 뉴스와 신문, 칼럼과 기사에서 자주 인용되곤 했습니다. 신화는 상상력과 창의성의 창고이기도 합니다. 미술 작품을 감상해도 그 속에는 신화가 있었고, 영화나 드라마, 심지어 게임 속에도 있었습니다. 고사성어나 시사용어에도 신화가 가득 들어 있었습니다. 신화를 알지 못하고는 이해할 수 없는 게 너무 많아졌습니다. 신화를 모르기 때문에 느끼지 못하고 덜 감동한다는 것은 억울한 일이었습니다. 그래서 다시 신화를 손에 들게 되었습니다.

알고 보니 신화는 흥미진진했습니다. 머나먼 이야기가 아니라 고스란히 우리 인생이었고, 신화 속 인물들은 바로 나 자신의 모습이었습니다. 신화 속에는 우리 인생이 그대로 들어 있습니다. 신들과 인간들은 서로 사랑하고 미워하고 괴로워하고 질투하고 후회하고 싸웁니다. 그 속에서 신화는 인간 삶의 근원과 가치에 대해 질문을 던집니다.

신화를 조금이라도 알고 나니 느낌의 폭이 커졌습니다. 자연을 대할 때에도, 예술작품을 감상할 때에도, 독서를 할 때에도 훨씬 깊은 느낌으로 다가왔습니다.

더 많이 느끼면 삶이 더 행복해집니다.

그것이 이 책의 출발점이 되었습니다.

달을 보면, 달의 여신 아르테미스가 생각납니다. 해가 비치면, 태양마차를 모는 태양의 신 아폴론을 떠올립니다. 오리온자리, 카시오페이아자리, 큰곰자리…… 하늘에 올라가 별자리가 된 신화시대 사람들도 떠올리게 됩니다. 별과 달, 해, 풀포기, 나무, 새, 물고기, 돌멩이 모두가 신화 속에서 숨쉬고 있고, 그런 요정들이 우리가 사는 세상을 이루고 있습니다. 하물며 조그만 물웅덩이조차도 그 웅덩이를 지키는 요정이 있다고 어느 작가는 말합니다.

"신화는 문학의 심부름꾼"이라고 토머스 불핀치는 말했습니다. 『좁은 문』을 쓴 앙드레 지드도 "나는 어떤 글을 쓰든지 중요한 모티브는 모두 그리스로마신화에서 찾았다"고 고백했습니다. 작가들의 수많은 작품 속에서 신화는 모티브가 되었고 소재가 되었습니다. 또한 많은 고사성어가 신화를 통해 탄생했습니다.

신화는 그렇게 우리를 둘러싼 현실이고, 아름다운 예술이고, 삶을 돌아보게 하는 철학입니다. 하지만 사실 신화를 들춰보는 일은 쉽지 않다는 것을 알고 있습니다. 그래서 좀더 쉽게 풀어놓으려고 애썼습니다. 그리고 알아두면 좋을 상식과 같은 맥락의 신화 이야기를 중점적으로 소개했습니다. 여기 소개한 이야기는 그림을 감상할 때에도, 영화를 보거나 대화를 나눌 때에도, 알아두면 좋은 신화 이야기들입니다.

신화는 어느 나라에나 다 있습니다. 그러나 그리스신화만큼 상상력이 넘치는 신화는 드뭅니다. 로마신화는 그리스신화를 계승한 것이고 다른 나라의 신화도 그리스로마신화가 바탕이 되어 있기 때문에, 이 책에서는 그리스신화 이야기를 중점적으로 소개하고 거기에 삶의 단상을 붙여보았습니다. 단편적인 신화 이야기들을 연대기적이 아니라 사람의 감정에 따라 배치했습니다. 읽다보면 각각의 이야기들이 촘촘히 연결되어 있음을 느끼는 것도 새로운 재미가 되어줄 것입니다.

신화 이야기는 여러 책과 자료에서 참고했습니다. 오랜 세월을 지나오면서 작가마다 재미있게 이야기를 전달하다보니 신화는 여러 가지 해석이 나오게 되었지요. 그중에 가장 널리 알려진 이야기를 소개했습니다.

신화 속의 인물들을 만나는 일은 설레고 떨리는 경험입니다. 헤라클레스, 오디세우스, 오이디푸스, 판도라, 테세우스, 페넬로페, 안티고네…… 어디선가 많이 들어봤던 이들을 조금이라도 알아가는 기쁨이 있기를 바랍니다. 그러면 그들은 오래된 시간 속에서 걸어 나와 말을 걸어줄 겁니다.

"당신의 인생은 어떤가요?"
"당신의 사랑은 어떤가요?"

상상력 넘치는 신화 이야기는 흥미진진합니다. 이 이야기 속에서 인생을 돌아보고 사유하는 것은 참 행복한 일입니다. 이 책을 통해 신화의 오솔길을 구석구석 다니며 우리의 사랑과 인생에 대해 이야기를 나누고 싶습니다. 당신과 함께…….

작가 송정림

차례

1부

희망은 살아가는 힘이다

도전하는 자는
위험을 두려워하지 않는다

'프로메테우스'의 불

너무 준비만 하다가 정작 할 일을 하지 못하는 때가 있다. 학창 시절에는 시험공부를 시작하는 절차도 참 길었다. 연필을 있는 대로 깎아놓고, 연습장도 정리해놓고, 교과서와 참고서도 꺼내놓고, 간식도 잔뜩 쌓아놓고 나서야 공부를 시작하려는데, 정작 준비를 다 마치면 진이 다 빠져서 졸리기 시작했다.

어떤 꿈을 향해 무엇인가를 시작할 때도 그렇다. 생각만 잔뜩 품고 그 준비만 계속한다. 돈을 이만큼 모아놓고 시작해야지, 아이를 다 키워놓고 시작해야지, 집을 마련해놓고 시작해야지……. 이런저런 준비와 채비만 하다가 자꾸자꾸 그 꿈에서 멀어져버린다. 어느 여행가는 조언한다. 일단 길을 나서라고. 길을 모르면 물으면 될 것이고 길을 잃으면 헤매면 그만이라고. 두려워만 하다가 떠나지 못하는 것보다 일단 떠나고 방황하는 것이 더 낫다는 얘기다.

신화 속에는 두려움 없이 자신의 신념을 지켜나가는 영웅이 있었다. 프로메테우스다. 프로메테우스는 '미리 아는 자'라는 뜻을 가진 영웅 중의 영웅이다. 그는 이름답게 진취적이다. 나중에 어떤 후환이 따를지라도 그는 그가 생각하는 대로 행동한다. 그의 동생은 '나중에 아는 자'라는 뜻을 가진 에피메테우스였는데, 어리석고 뒤늦게 후회했다.

제우스 신이 프로메테우스를 불러 명령을 내렸다.

"신의 형상을 본뜬 생명체를 만들도록 하라."

괴테는 「프로메테우스」라는 시에서 프로메테우스가 인간을 만들 때 어떤 마음이었는지 쓰고 있다.

나는 여기에 앉아서
내 모습 그대로의 인간을 만든다.
나를 닮은 종족을 만든다.
괴로워하고 울고
즐거워하고 기뻐하며
그리고 그대 따위는 숭상하지 않는
나와 같은 인간을 만든다.

신보다 인간을 사랑한 죄

제우스의 명령을 받기는 했지만 프로메테우스는 신에 대해서는 저항 정신이, 인간에 대해서는 사랑이 있었다. 그는 물과 흙으로 인간과 여러 생명체를 만들었다. 그리고 동생 에피메테우스는 그 생명체에게 필요한 선물을 나눠주었다. 새들에게는 날개와 깃털, 물고기에게는 지느러미와 아가미, 맹수에게는 날카로운 발톱을 주었다. 깨달음이 늦고 충동적인 에피메테우스가 계획 없이 나눠주다보니 인간에게 줄 선물이 남아 있지 않았다. 그래서 인간들은 밤이 되면 추워서 떨어야 했고 맹수들을 만나면 정신없이 달아나야 했다. '발톱이나 갈고리도 없이, 털도 없고

날개도 없이 이 불쌍한 종족이 어떻게 생존해갈 것인가.' 프로메테우스
는 마음이 아팠다.

고민 끝에 그는 인간에게 불을 선물로 주기로 결심했다. 위험한 생각
이었다. 불은 신들의 전유물이었기 때문이다. 그러나 프로메테우스는
주저하지 않았다. 그는 인간을 위해서 신의 산에 올랐다. 그리고 천상의
불을 훔쳐내 인간에게 주었다. 불을 선물받은 인간들은 그 어떤 동물들
보다 강인해졌다. 불을 때서 추위를 피했고, 무기와 도구를 만들어 먹
을 것을 구했고, 맹수의 습격을 막았다.

프로메테우스가 신들의 세상에서 불을 훔쳐다 인간에게 준 것을 안
제우스는 크게 분노했다. 제우스는 프로메테우스를 코카서스 산꼭대기
에 쇠사슬로 꽁꽁 묶어버렸다. 그리고 독수리가 그의 간을 파먹도록 했
다. 한번 쪼이면 끝나는 것이 아니었다. 그렇게 파먹힌 간은 밤사이 다
시 재생되었다. 그리고 다음날 아침이면 또 어김없이 독수리에게 간을
쪼여야 했다. 이 형벌은 무려 삼천 년 동안 지속되다가 헤라클레스가
와서 풀어준 뒤에야 끝이 났다.

프로메테우스가 잔인하고 고통스러운 형벌을 받는 동안 인간세상은
그가 선물한 불 덕분에 빠르게 발전해갔다. 제우스의 횡포에 대한 대
항, 그리고 인간에 대한 사랑 때문에 금기에 도전한 프로메테우스. 그
가 산꼭대기에서 쇠사슬로 묶인 채 독수리에게 간을 쪼아먹히는 형벌
을 받은 죄목은 무엇일까. 신에게 도전한 죄, 신보다 인간을 사랑한 죄
였을까?

인간은 프로메테우스를 영웅처럼 존경한다. 그래서 올림픽 개막식의
하이라이트인 점화식 때에도 올림픽 경기장의 가장 높은 곳에 불을 지
핀다. 인간을 위해 횃불을 선물한 프로메테우스를 기리기 위해서다.

힘과 용기의 차이

무엇인가에 도전하는 일은 위험을 감수해야 하는 일이다. 그래서 용기가 필요하다. 우리는 종종 용기 있는 자들의 소식을 접한다. 그런데 정말 용기 있는 자들을 살펴보면 그들은 힘을 가진 사람들이 아닌 경우가 많다. 온 생애에 걸쳐서 애써 모은 재산 전액을 흔쾌히 학교에 내놓는 김밥장수 할머니의 결단은 힘이 아닌 용기에서 나온 것이다. '다수'의 일반화가 권력이 돼버린 세상을 향해 "나는 당신들과 다른 사람이다"라고 하며 커밍아웃을 단행하는 것도 힘이 아닌 용기가 시킨 일이다.

우리는 힘과 용기에 대해서 가끔 오해를 할 때가 있다. 용기와 힘은 같은 데서 나오는 동의어가 아니다. 이기기 위해서는 힘이 필요하고, 져주기 위해서는 용기가 필요하다. 확신을 갖기 위해서는 힘이 필요하고, 의문을 갖기 위해서는 용기가 필요하다. 다른 사람의 고통을 느끼기 위해서는 힘이 필요하고, 자신의 고통과 마주하기 위해서는 용기가 필요하다. 자신의 감정을 숨기기 위해서는 힘이 필요하고, 그것을 표현하기 위해서는 용기가 필요하다. 학대를 견디기 위해서는 힘이 필요하고, 그것을 중단시키기 위해서는 용기가 필요하다. 생존하기 위해서는 힘이 필요하고, 진정한 삶을 살기 위해서는 용기가 필요하다.

프로메테우스는 힘보다 용기가 뛰어난 영웅이었다. 용기 있는 자가 추구하는 것은 결코 힘이 아니다. 나를 버릴 줄도 알고, 낮출 줄도 알고, 가끔은 약해지는 부드러움을 추구하는 것, 그것이 용기 있는 자의 선택이다. 그러므로 힘을 지닌 자는 사랑을 하지만 용기 있는 자는 사랑을 받는다. 용기를 지닌 자를 사랑하지 않을 수 있는 이는 단 한 사람도 없기 때문이다.

희망은
살아가는 힘이다

'판도라'의 상자

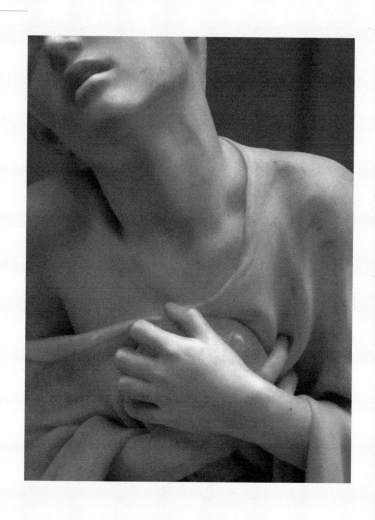

애벌레는 목적지를 향해 나섰다. 애벌레에게 돌멩이 하나는 산처럼 높고 험하다. 아무렇게나 놓인 막대기 하나도 애벌레에게는 통과해야 할 거대한 장애물이다. 냇가를 건너가기 위해서 애벌레는 목숨을 걸어야 할지도 모른다. 작은 애벌레에게 냇가는 깊고 험한 바다와 같으니까. 그런데 그 애벌레가 나비가 된 후에는 허공을 훨훨 날아가며 돌멩이와 냇가와 막대기를 구경한다. 날개가 힘들면 그 돌멩이 위에 사뿐히 내려앉아 쉬기도 하고, 냇가 주변을 훨훨 날면서 상쾌함을 느끼기도 한다.

그런데 나비는 꼭 거쳐야 하는 과정이 있다. 바로 애벌레의 시간이다. 힘들고 고된 애벌레의 시간 없이 나비는 절대 날아오를 수 없다. 지금 애벌레의 시간 속에서 많이 힘들다면 이제 곧 멋진 나비의 날개가 주어질 것이다. 나비는 애벌레의 시간을 아름답게 추억한다. 애벌레였을 때에는 나비를 그토록 꿈꾸지만 나비에게는 애벌레 시절의 그 힘든 과정들이 모두 아름다운 여정으로 기억된다.

사실 가보면 별것 아닌데 기다리는 설렘이 있어서 좋은 것. 소풍도 그렇고, 여행도 그렇고, 희망도 그렇다. 뭔가를 이루기 위해 준비하고, 땀 흘리고, 기도하는 마음. 꿈을 다 이루면 이렇게 하겠다 저렇게 하겠다 작정도 많고 계획도 많은 마음. 그때가 바로, 꿈을 꾸는 시기이다. 그러고 보면 인생의 하이라이트는, 희망을 품고 사는 바로 그 시간이 아닐까? 아직 이루지 못했기에 설렘과 기다림이 있는, 애벌레의 그 시간이 가장 황홀한 인생의 클라이맥스는 아닐까?

그렇다면 우리는 판도라에게 고마워해야 한다. 판도라가 전해주는 신화의 메시지는 바로 이것이다. 희망. 아무리 힘들고 거친 세상이라도 희망이 있으면 살아갈 수 있다는 그 사실을 판도라는 우리에게 알려준다.

모든 선물을 다 받은 여자, 판도라

—

판도라는 신화 속에서 인류 최초의 여성으로 등장한다. 그 인류 최초의 여성인 판도라는 어리석다. 그것이 여자들의 원죄가 되었고 수많은 작가들이 작품 속에서 "어리석은 자여, 그대 이름은 여자이니라!"를 부르짖게 했다. 그러나 그것이 과연 판도라만의 잘못일까? 헤시오도스는 『신통기』에서, 에피메테우스에게 주어진 사랑, 치명적인 아름다움을 지닌 여인 판도라를 이렇게 표현했다. '아름다운 재앙'.

제우스는 프로메테우스를 벌주는 것만으로 성이 차지 않았다. 불씨를 받은 인간들, 게다가 제우스보다 프로메테우스를 더 존경하는 인간들을 혼내주어야 했다. 그리고 프로메테우스의 동생인 에피메테우스에게도 벌을 내리고 싶었다. 제우스는 대장간의 신 헤파이스토스를 불러 명령을 내렸다.

"여신의 모습을 닮은 인간 여성을 만들도록 하라."

그때까지만 해도 세상에는 여자가 없었다. 헤파이스토스는 진흙을 이겨 여신의 모습을 닮은 인류 최초의 여성을 만들었다. 명장 헤파이스토스답게 그 여인은 아름다웠다. 제우스의 명령을 받은 신들은 그녀에게 자신이 가진 가장 고귀한 것을 선물했다. 사랑과 미의 여신 아프로디테는 달콤한 교태와 애잔한 그리움, 남자의 속을 태우는 욕망을 주었다. 지혜의 여신 아테나는 베짜는 기술을 주고 머리에는 눈부신 면사포를 드리워주었다. 상업과 외교의 신인 헤르메스는 화려한 말솜씨와 마음을 숨기는 법을 주었다. 음악의 신인 아폴론은 고운 노래로 사람의 애간장을 녹이는 재주를 주었다. 다른 신들도 그녀에게 많은 선물을 안겨주었다. 그래서 그리스어로 '모든pan 선물, 재주dora'라는 뜻을 가진 판도라Pandora, '모든 선물을 다 받은 여자'라는 뜻의 판도라가 탄생했다.

아름답고 매력적인 판도라의 모습에 만족한 제우스는 그녀에게 다가가 상자를 내밀며 말했다.

"이것은 신들의 왕인 내가 내리는 선물이다. 하지만 절대 이 상자를 열어보면 안 된다."

판도라는 그 상자를 조심스럽게 받아들었다. 제우스는 아름다운 여인 판도라를 프로메테우스의 아우인 에피메테우스에게 보냈다. 에피메테우스는 판도라에게 한눈에 반하고 말았다. 프로메테우스는 제우스의 형벌을 받기 위해 끌려가며 동생 에피메테우스에게 당부했었다.

"제우스가 주는 선물을 절대 받지 말아라."

프로메테우스가 동생에게 한 그 말은 "신이 주신 선물은 받지 말아라"라는 명대사가 되어 여러 작품 속에 스며들기도 했다. 그런데 에피메테우스가 누구인가. 이름 그대로 '나중에 생각하는 사람'이 아닌가.

어리석은 에피메테우스는 판도라의 미모에 반해 그녀를 아내로 맞았다. 판도라는 에피메테우스와 한동안 행복한 날들을 지냈다. 그러나 행복도 잠시. 판도라는 제우스가 준 상자를 열어보고 싶은 호기심에 견딜 수 없었다. 절대 열어봐선 안 된다는 제우스의 경고가 떠올랐지만 금기는 더 깨고 싶은 법이다. '저 상자 안에 도대체 뭐가 들었을까?' 판도라의 궁금증은 날이 갈수록 더해만 갔다.

결국 호기심을 이기지 못한 판도라는 제우스가 준 상자를 열고 말았다. 그때였다. 상자 속에 들어 있던 슬픔, 미움, 고통, 시기, 질투, 공포, 의심, 증오, 질병, 가난, 전쟁 등 온갖 나쁜 것들이 모두 튀어나와 세상 밖으로 흩어졌다. 깜짝 놀란 판도라가 황급히 뚜껑을 닫았지만 때는 이미 늦었다. 뒤늦게 후회해도 소용없었다. 하지만 상자 속에 딱 하나 남아 있는 것이 있었다. 판도라가 급히 상자를 닫는 바람에 빠져나가지 못한 것은 바로 희망이었다. 그때부터 인간은 전에는 겪지 않아도 되었던 수많은 어려움과 고통을 겪으며 살아야 했지만, 희망만은 간직하게 되었다.

판도라는 인류에 대재앙을 내린 여자로 경멸과 야유를 받아왔다. 그러나 그녀에게 과연 누가 돌을 던질 수 있을까? 그녀에게는 호기심을 억누르지 못한 죄가 있다. 그러나 그런 심리를 이용해서 인간에게 벌을 내리고자 한 제우스를 더 탓해야 하는 게 아닐까. 모든 것은 제우스의 각본이었다. 판도라는 단지 악역을 맡게 된 것뿐이다. 판도라는 잘못을 뉘우치고 재빨리 상자를 닫아 희망만은 남겨두었다. 그 희망을 버리지 않는 한, 판도라가 상자 속에서 내보내고 말았던 수많은 어둠을 다 이길 수 있다. 이것이 바로 판도라가 우리에게 주는 메시지다.

희망은 절대로 당신을 버리지 않는다

—

판도라를 위한 변명인지는 모르겠지만, 판도라 덕분에 우리가 얻은 것들이 있다. 그늘 속에서 고뇌하는 철학을 얻었다. 어둠은 없고 그저 밝음만이 가득하다면 우리는 과연 생각이라는 것을 하고 살았을까? 햇살 가득한 곳에서는 햇살의 고마움을 모르고, 꽃들로 가득한 정원에서는 꽃이 아름다운 것을 잊는 법이다. 판도라 덕분에 우리는 절망 속에 피어나는 희망, 그 가치를 알게 되었다. 그리고 불행의 어둠 속에서 행복의 소중함을 깨닫게 되었다.

일에 실패해서, 사랑을 잃어서, 병에 걸려서…… 마음이 힘든 이유는 많다. 또 힘들지 않은 사람도 없다. 판도라의 상자 이야기는 누구에게나 적용된다. 고통, 슬픔, 질병, 가난은 누구에게나 찾아올 수 있다. 그런데 리처드 브리크너의 『망가진 날들』이라는 책에 이런 대목이 있다.

희망은 절대로 당신을 버리지 않는다.
다만 당신이 희망을 버릴 뿐이지.

이 책에 나오는 주인공은 어느 날 사고를 당했고 평생 휠체어에 의지하면서 살아가야 했다. 그가 간병인에게 이렇게 물었다.
"내게 미래가 있을까요?"
그러자 간병인은 이렇게 말한다.
"장대높이뛰기 선수로서는 희망이 없죠. 하지만 인간으로서는 무한대의 희망이 있어요."

우리는 한 가지 희망이 사라질 때 모든 희망을 함께 버리고 있는 건 아닐까? 영화 〈사운드 오브 뮤직〉에서도 주인공이 이렇게 말한다.
"신은 한쪽 창문을 닫으면 다른 쪽 창문을 열어두신단다."

한쪽 창문이 닫힌다고 해서 인생의 모든 창문을 닫아버릴 필요는 없다. 조금 실패했다고 전부를 포기해버릴 필요도 없다. 지금의 실패는 스쳐가는 아주 작은 바람이라고, 그 바람이 지나가면 햇살 비치는 날들이 꼭 찾아올 거라고, 신화 속의 판도라가 전해준다. 아주 많이 미안한 얼굴로…….

내 인생의 수수께끼는
내가 풀어야 한다

'오이디푸스'의 운명

그리스 철학자 소크라테스는 말했다. "너 자신을 알라." 중국 춘추시대의 손자도 『손자병법』에서 말했다. "나를 알고 적을 알면 백전백승이다." 나 자신을 아는 일은 인생을 알기 위한 첫걸음이다.

신화에서도 같은 질문을 우리에게 던진다. 스핑크스라는 괴물이 내는 수수께끼가 바로 그 질문이었다. 그 수수께끼는 오이디푸스가 풀었다. 그러나 비극적인 운명의 화살이 그의 인생을 관통했다. 그리스신화 속에서 가장 슬픈 사람은 단연 오이디푸스다. 피할 수 없는 운명을 타고난 오이디푸스의 이야기는 도스토옙스키의 『카라마조프가의 형제들』 등 많은 작품에서 인용되었다. '오이디푸스 콤플렉스'라는 용어도 생겨났다. 프로이트가 말한 '오이디푸스 콤플렉스'는 남자아이가 어머니의 사랑을 독차지하기 위해서 아버지를 질투하고 증오하는 현상을 말한다.

그리스로마신화 중에서 비극 중의 비극으로 손꼽히는 오이디푸스 이야기. 그 처절하도록 슬픈 운명의 이야기는 테베의 왕자가 태어나면서 시작된다.

테베의 3대 왕인 라이오스와 왕비 이오카스테에게는 자식이 없었다. 델포이 신전에서 아들을 갖게 해달라고 비는데 그들에게 두려운 신탁이 내려졌다. '아들을 낳으면 그 아들이 아버지를 죽인다'는 것이었다.

여기서 신탁에 대해 짚어보자. 신화 속에서는 수많은 사건들이 모두 신탁에서 시작된다. 델포이 신전에서 신탁을 받는다는 것은 어떤 의미일까? 델포이 신전은 파르나소스 산 중턱에 있는 아폴론의 신전이다. 델포이 신전에는 '옴파로스'라는 돌이 있는데 '옴파로스'는 '대지의 배꼽'이라는 뜻이다. 고대 그리스인들은 그리스가 지구의 중심이라고 믿었다. 제우스가 독수리 두 마리를 동서로 날려 보내며 세계의 중심을 찾으라고 명령했는데, 델포이에서 그 독수리들이 만났다는 것이다. 바로 그 지점을 표시하기 위해 세운 것이 옴파로스다.

사람들은 지구의 중심인 그곳 델포이 신전에서 신탁을 받아왔다. 신탁은 한마디로 신의 말씀이다. 신의 의지를 인간에게 전달하는 것이다. 사람들은 중요한 일이 있을 때마다 신전에 가서 신에게 조언을 구했다. 그러면 신전의 무녀, 예언자들이 신의 뜻을 받아 전해주곤 했다. 사람들은 생로병사는 물론이고 나라와 미래까지도 신탁에 따랐다.

피할 수 없는 비극적 운명, 오이디푸스

—

오이디푸스의 비극적인 운명도 그 신탁에 의해 결정되었다. "아들을 낳으면 그 아들이 아버지를 죽인다"는 신탁을 듣고 라이오스 왕은 두려웠다. 왕은 아들이 태어나자 몇 날 며칠을 고뇌에 싸여 지내다가 부하에게 아이를 데려가 죽이라고 명령을 내렸다. 부하는 차마 아이를 죽일 수 없었다. 그래서 코린토스의 양치기에게 아이를 건네주며 말했다.

"꼭 죽여야 하는 아기지만 당신 뜻대로 하세요."

그리고 왕에게는 아이를 죽였다고 말했다. 양치기는 그 아이의 발목을 가죽끈으로 묶고 깊은 산속 튼튼한 나무에 매달아놓았다. 마침 지나가던 농부가 나무에 매달려 있는 갓난아이를 발견했다. 농부는 첫눈에 그 아이가 보통 아이가 아니라는 것을 느꼈다. 농부는 코린토스의 폴리보스 왕에게 아기를 데리고 갔다. 선량한 폴리보스 왕과 인자한 왕비는 강보에 싸인 아기를 보았다. 아기는 방긋방긋 웃고 있었다. 사랑스러운 아기에게 흠뻑 빠진 왕비는 그 아기를 아들로 삼고 싶었다. 코린토스의 왕과 왕비에겐 자식이 없었다. 왕비는 임산부처럼 꾸며 강가로 내려가서 백성들이 보게 했다. 백성들은 모두 왕비가 그 아기를 낳았다고 믿었다.

왕과 왕비가 처음 아기를 봤을 때 그 아기는 나무에 매달려 있느라 발이 퉁퉁 부어 있었다. 그래서 아이 이름을 '퉁퉁 부은 발'이라는 뜻의 '오이디푸스'라고 짓고 사랑으로 키웠다. 오이디푸스는 왕과 왕비를 친부모로 알고 어엿한 청년으로 자라났다.

그러던 어느 날, 델포이 신전에 간 오이디푸스는 신의 응답을 듣게 된다. 그 내용은 너무나 끔찍했다.

"너는 아버지를 죽이고 어머니와 결혼할 것이다. 도저히 풀 수 없는 저주가 내려졌다."

충격을 받은 오이디푸스는 집으로 돌아갈 수 없었다. 양부모를 친부모로 알고 있었기 때문이었다. 오이디푸스는 비극적인 운명을 피하기 위해 코린토스의 정반대 쪽인 테베로 머나먼 방랑의 길을 떠나야 했다.

테베로 가던 중에 좁은 길에서 어떤 마차와 맞닥뜨렸다. 오이디푸스는 감성적이었지만 옳고 그름에 대해서는 냉철한 면이 있었다. 특히 무례한 사람에게는 단호했다. 좁은 길에서 마주친 마차 안에는 가죽옷을 입은 사내들이 타고 있었고, 뒷자리에는 호화찬란한 옷을 입은 남자가 타고 있었다. 그 남자는 오이디푸스를 보자마자 대뜸 소리쳤다.

"썩 꺼져! 길을 비키란 말이다!"

공손하게 부탁했다면 들어줬을 것이다. 그러나 무례한 말은 용납할 수 없었다.

"나는 신과 부모님 말씀에만 순종한다."

오이디푸스가 말하자마자 마차 뒤에 있던 남자가 채찍을 휘둘렀다. 오이디푸스는 그 채찍을 움켜잡고 그 남자를 마차에서 끌어내렸다. 그러자 가죽옷을 입은 사내들이 일제히 오이디푸스에게 달려들었다. 오이디푸스는 그만 그들에게 대항하여 싸웠다. 무기를 휘두르며 달려드는 것을 방어하다가 오이디푸스는 그만 그들을 모두 죽이고 말았다. 그런데 불행히도 마차 위에 타고 있던 그 남자는 바로 오이디푸스의 친아버지인 라이오스 왕이었다. 신탁이 이루어진 것이다. 그가 아버지라는 사실을 전혀 알 리 없는 오이디푸스는 테베를 향해 계속 걸어갔다.

스핑크스의 수수께끼

———

그때 테베 사람들은 왕이 살해당했다며 슬퍼하고 있었다. 왕이 스핑크스라는 괴물을 없애기 위한 신탁을 듣기 위해 델포이의 신전으로 가던 길에 괴한에게 죽임을 당했다는 것이었다. 스핑크스라는 괴물은 테베의 길목에 있는 신전의 기둥에 올라앉아서 지나가는 사람들에게 수수께끼를 내곤 했다. 괴물은 사람들이 수수께끼를 풀지 못하면 그 자리에서 죽여버렸다. 그때까지 문제를 푼 사람은 아무도 없었다. 사람들은 스핑크스가 무서워서 테베로 들어갈 수도, 테베 밖으로 나갈 수도 없었다. 상인들이 아무도 테베를 찾아오지 않자 성안에는 식량이 바닥났다. 나라가 온통 가난에 찌들어갔다. 그런 와중에 왕까지 죽자 테베 사람들은 깊은 절망에 빠져들었다. 남겨진 왕비 이오카스테는 왕의 죽음을 슬퍼할 겨를도 없이 문제를 해결해야 했다. 아무도 스핑크스와 용감하게 대적하려 하지 않았기 때문에 왕비는 조건을 내걸었다.

"스핑크스를 제거하는 사람에게 왕의 자리를 물려주겠다. 그리고 그와 결혼하겠다."

오이디푸스는 아무것도 모르고 테베 쪽으로 걸어갔다. 그런데 길에서 만나는 사람들마다 오이디푸스를 만류했다.

"테베로는 가지 마시오. 스핑크스에게 잡아먹히고 말 것이오."

그러나 오이디푸스는 두려움이 없었다. 목숨에 연연하고 싶지도 않았다. 마침내 테베로 통하는 길목에서 스핑크스를 만났다. 스핑크스가 그에게 수수께끼를 냈다.

"아침에는 네 발로 걷고, 낮엔 두 발로 걷고, 저녁에는 세 발로 걷는데, 다리가 넷일 때 가장 약하고 둘일 때 가장 강한 것이 무엇이냐?"

스핑크스는 왜 그곳에서 그런 수수께끼를 내게 된 것일까? 테베의 왕 라이오스가 미남 청년을 유혹하자 결혼의 신 헤라는 화가 났다. 그래서 '목 졸라 죽이는 자'라는 뜻을 가진 스핑크스를 테베로 보낸 것이다. 괴물 스핑크스가 사람들에게 내는 수수께끼, 그 답은 무엇일까? 오이디푸스는 대답했다.

"그것은 인간이다."

스핑크스가 움찔했다. 오이디푸스의 말이 이어졌다.

"인간은 아기였을 때 기어다니니까 네 발이 되지. 그리고 자라나서는 두 발로 걸어다닌다. 또, 노인이 돼서는 지팡이를 짚기 때문에 세 발로 걸어다니지. 젖먹이 어린 아기일 때 인간은 가장 약하다. 그리고 두 발로 걸어다니는 성인일 때 가장 강하지."

스핑크스는 누군가 문제를 맞추면 죽어야 하는 운명이었다. 그는 오이디푸스가 그 문제를 풀자 높은 벽에서 떨어져 죽었다.

'인간'이라는 말로 괴물을 퇴치한 오이디푸스. 그가 풀어야 할 숙제역시 '인간'이었다. 인간이란 무엇인가. 그것이 이 이야기의 결말과 통하게 된다. 다른 영웅들과 오이디푸스가 다른 점이 바로 이것이다. 그는 다른 영웅들처럼 칼로 영웅이 된 것이 아니었다. 괴물들을 칼로 퇴치한 영웅들은 거의 대부분 칼로 다시 멸망했다. 그러나 오이디푸스는 괴물을 말로 퇴치했다. 그 역시 누군가 전한 말에 의해 멸망하게 된다.

오이디푸스는 나라를 구한 영웅이 되어 테베에 입성했다. 그리고 이오카스테 왕비의 약속대로 테베의 왕이 되어 그녀와 결혼했다. 그는 이오카스테가 친어머니라는 사실을 까마득히 몰랐다. 이오카스테 역시그가 아들임을 알 리 없었다. 그들은 네 명의 자녀를 두었다. 오이디푸스는 행복했다. 아버지를 죽이고 어머니와 결혼할 것이라는 신탁이 계속 맴돌았지만 자기 나라로 돌아가지만 않는다면 그 운명을 피할 수 있을 거라고 생각했다. 그래서 테베에 머물며 살고 있었다. 그러나 이미그 비극은 철저히 실현되고 있었다. 단지 그가 모르고 있었을 뿐.

오이디푸스는 어질고 지혜로운 왕이 되어 나라를 다스렸다. 태평성대가 한동안 계속되었다. 그런데 언제부터인가 테베에 나쁜 병이 돌면서수많은 사람들이 죽어갔다. 오이디푸스는 신으로부터 저주를 받았다는생각이 들어 델포이 신전을 찾았다.

"너희들의 왕인 라이오스 왕을 죽인 살인자를 찾아라. 그를 내쫓으면 나쁜 병이 사라지리라."

신탁에 따라 오이디푸스는 왕을 죽인 자를 찾으라고 명령을 내렸다. 그리고 이렇게 외쳤다.

"그 살인자는 영원히 저주를 받으리라!"

그는 스스로에게 저주를 내린 셈이었다. 왕을 죽인 사람은 바로 오이디푸스 자신이었다. 그 진실은 충격적이었다. 그는 아버지를 죽였고, 그의 아내는 친어머니였다. 이 무서운 사실을 알게 된 오이디푸스는 비틀거렸다. 두려운, 너무나 두려운 운명이었다. 운명의 비극을 알게 된 왕비 이오카스테는 스스로 목숨을 끊었다. 그러나 오이디푸스는 죽음조차 사치라며 절규했다.

"죽음으로 대신하기에는 내 죄가 너무 무겁다."

오이디푸스는 이오카스테의 옷핀으로 자신의 두 눈을 찔렀다. 그는 눈이 멀었다. 소포클레스의 비극 『오이디푸스 왕』에는 오이디푸스의 이런 절규가 나온다.

"오오, 빛이여. 다시는 너를 보지 못하게 해다오. 이 몸은 죄 많게 태어나 죄 많은 결혼을 하고 죄 많은 피를 흘렸구나!"

인간이라는 존재에 대한 수수께끼

—

오이디푸스에게 장님이 되어 암흑 속에 갇힌다는 것은 어떤 의미일까? 그것은 단지 더이상 참혹한 현실을 보고 싶지 않다는 현실 도피가 아니었다. 오히려 그에게 주어진 인간의 본질을 똑바로 보기 위한 것이었다.

눈을 감아야 정말로 보이는 것들이 있기 때문에 인간의 본질, 그 물음에 충실하게 임하고 싶었던 것이다. 오이디푸스는 테베를 떠나 세상을 떠돌아다녔다. 눈먼 오이디푸스의 곁에는 그가 가장 사랑하는 딸 안티고네가 함께 동행했다. 사실 오이디푸스에게는 잘못이 없었다. 그의 비극은 그의 악행 때문이 아니라 그의 운명 때문이었다.

만약 아버지가 그를 버리지 않았다면 그는 슬픈 운명을 피할 수 있었을까? 그가 코린토스를 떠나지 않았다면 비극의 운명을 비켜갈 수 있었을까? 테베로 가는 길에서 시비를 걸어온 그 사람을 죽이지 않았다면 아픈 운명을 막을 수 있었을까? 스핑크스의 수수께끼를 풀지 못했다면 그는 과연 처절한 운명을 벗어날 수 있었을까?

여기에 스핑크스가 던진 수수께끼의 본질이 있다. 인간이란 무엇인가? 오이디푸스는 방랑 끝에 그 물음에 대한 답을 얻었을까? 어쩌면 오이디푸스의 인생 자체가 그에 대한 답은 아닐까? 주어진 운명에 따라 우쭐대다가 슬퍼하다가 이리저리 비틀거리는 존재가 인간은 아닐까? 인간이라는 존재에 대한 수수께끼는 계속되는 물음표를 낳으며 아직도 진행중이다. 우리는 그 수수께끼를 풀기 위해 스핑크스 앞에 선 존재들이다.

빵은 사랑과
함께 먹으면 더 맛있다

오직 자신만을 사랑한 '나르키소스'

인간사에 휘둘릴 때는 이런 생각이 든다. '어디 아무도 없는 무인도 같은 데 가서 살고 싶다.' 이런 생각도 든다. '사람들이 모두 내 혹이고 짐이다.' 세상에서 가장 힘든 일이 타인과 잘 지내는 일이라는 생각도 들고, 가끔 '타인은 지옥'이라고 표현한 철학자의 말에 깊이 공감도 하게 된다. 하지만 과연 나 혼자서 살아가는 일이 단 하루라도 가능할까? 생각해보면, 우리는 모두 다른 사람들의 친절한 어깨에 기대어 살고 있다.

내가 입고 있는 옷은 다른 사람이 만든 옷, 내가 먹는 음식은 다른
사람이 만들어준 음식, 내가 자는 침대도 다른 사람이 만든 침대.
그러니 어떻게 다른 사람에게서 나를 분리시킬 수 있을까.

칼릴 지브란의 글처럼 세상은 도저히 혼자서는 살 수 없는 곳이다. 그러니 세상 사람들은 모두 내 은인과 같은 존재가 아닐까? 내가 먹는 쌀을 생산해준 농부도 은인이고, 나를 직장까지 데려다줄 버스기사도 은인이고, 나를 행복하게 해주는 음악의 작곡가도 은인이다. 그러므로 지금 만나는 타인은 모두, 내 삶의 은인이다.

그러나 타인을 인정하지 않고 자기 혼자만 잘났다는 사람들도 참 많다. '나르시시즘'이라는 용어는 그리스로마신화 속의 나르키소스의 이

야기에서 유래했는데, '스스로를 사랑하는 자기애'를 뜻한다. 물에 비친 자신의 모습에 반하여 수선화가 된 나르키소스를 비유해서 독일 정신과 의사 폴 네케가 만든 말이다. 자신의 외모나 능력에 도취되어 헤어나오지 못하는 나르시시즘 환자들은 뜻밖에도 아주 많다.

스스로를 사랑하는 자기애

—

나르키소스(프랑스식 이름은 '나르시스')는, 강의 신과 강의 요정 사이에서 태어났다. 그의 이름은 '망연자실'이라는 뜻을 담고 있는데, 이름 그대로 나르키소스를 쳐다본 사람들은 모두 그 자리에서 멍하니 넋을 잃고 바라보았다. 그의 아름다움은 이렇듯 보는 사람들의 넋을 빼놓을 정도였다. 테베의 예언자인 테이레시아스는 그의 운명을 이렇게 들려주었다.

"저 아이는 자기 모습을 보면 안 된다. 그래야 오래 살 것이다."

나르키소스의 어머니는 아들의 불행을 걱정했다. 그래서 나르키소스가 자기 얼굴을 보지 못하도록 모든 노력을 기울였다. 아들에게 절대 거울을 주지 말라고 했고, 혹시 나르키소스가 연못에 나갈 때면 수면을 흔들어 물에 비친 제 모습을 보지 못하게 했다. 하인과 요정의 도움으로 나르키소스는 자라는 동안 단 한 번도 자신의 얼굴을 볼 수 없었다. 나르키소스의 빼어난 미모에 많은 처녀들과 요정들이 사랑을 고백하곤 했다. 하지만 나르키소스는 다른 그 누구도 사랑하지 않았다.

나르키소스를 사랑한 이들 중에는 숲의 요정 에코도 있었다. 어느 날 사냥을 간 나르키소스를 본 에코는 첫눈에 반해 사랑에 빠져들었다.

그러나 에코는 사랑을 고백할 수 없었다. 원래 에코는 잠시도 입을 가만 놔두지 않는 수다쟁이였지만 이제는 말을 할 수 없기 때문이었다. 그 이유는 무엇일까? 헤라 여신은 바람둥이 남편 제우스가 산자락에서 숲의 요정과 사랑을 나누는 것을 보고 현장을 습격하러 왔다. 헤라는 지나가던 에코에게 제우스가 어디 있는지 물어봤지만 에코는 끝없이 수다만 늘어놓을 뿐이었다. 그사이 제우스는 숲의 요정과 함께 감쪽같이 숨어버렸다. 화가 머리끝까지 난 헤라는 에코에게 벌을 내렸다.

"다시는 그 혀를 놀리지 못하게 할 것이다. 이제부터 너는 남의 말이 끝난 후에만 지껄일 수 있다. 네가 먼저 말을 하지는 못하게 될 거야."

그때부터 에코는 말을 하지 못하게 되었다. 에코는 나르키소스에게 마음을 표현할 수 없어서 애가 탔다. 고백하지 못하는 에코의 사랑은 점점 커져만 갔다.

어느 날 그 사랑을 더는 어쩌지 못한 에코가 숲속에서 뛰쳐나와 나르키소스의 목에 팔을 둘러 안았다. 그때 나르키소스는 매몰찬 말을 내뱉으며 물러섰다.

"저리 비켜! 너 따위가 감히 어디다 손을 대? 너를 안을 바에는 차라리 죽어버리는 게 낫겠어."

나르키소스의 차가운 반응에 굴욕을 느낀 에코는 깊은 숲의 동굴 속으로 달아나 숨어버렸다. 그 동굴 속에서 에코는 수치심과 혼자만의 사랑에 고통스러워하며 점점 여위어만 갔다. 결국에는 형체도 없이 사라지고 오직 남의 말만 따라하는 목소리만 남게 되었다. 그후 에코를 메아리라고 부르게 되었다.

다른 사람을 사랑할 줄 몰랐던 나르키소스

나르키소스에게 상처받은 여자들은 에코만이 아니었다. 나르키소스는 수많은 여성과 요정들에게 모욕감과 상처를 주었다. 나르키소스에게 거절 당한 샘의 요정이 신들에게 기도를 올렸다.

"나르키소스도 누군가를 사랑하게 해주세요. 그 사랑이 이룰 수 없는 가슴 아픈 사랑이 되게 해주세요. 나르키소스도 사랑의 아픔을 알게 해주세요."

얼마나 한이 맺혔던지 요정의 기도가 복수의 여신 네메시스의 마음을 움직였다. 네메시스는 그녀의 기도를 들어주기로 했다.

람누스의 산속에는 아주 맑은 샘이 있었다. 어느 날 사냥을 하던 나르키소스는 목이 말라 그 샘가로 갔다. 예전 같았으면 나르키소스가 자신의 얼굴을 보지 못하도록 미리 샘의 요정들이 물결을 거칠게 일었을 것이다. 그러나 네메시스가 그렇게 하지 못하도록 미리 손을 써두었다. 샘물은 잔잔했다. 나르키소스는 물을 마시려고 몸을 구부렸다. 그때 그는 수면에 비친 자신의 모습을 보았다. 너무도 아름다웠다. 나르키소스는 그만 그 모습에 넋을 잃고 말았다. 한 번도 본 적이 없었기 때문에 그것이 자신의 모습인 줄은 까맣게 몰랐다. 물속에 있는 얼굴이 숲속의 요정일 거라고 생각한 나르키소스는 물속의 그를 사랑하게 되었다. 나르키소스는 수면 가까이 다가갔다. 그리고는 그 아름다운 이를 안으려고 두 팔을 물속에 집어넣었다. 그러자 그가 감쪽같이 사라져버렸다. 나르키소스는 상심했다. 그러나 어느새 수면에 그의 모습이 다시 나타났다. 나르키소스는 그 샘가를 떠날 수가 없었다. 수면에 비친 그 모습은 그가 잡으려 하면 사라졌다가 가만히 있으면 다시 나타나며 그의 애간장을 태웠다.

자신을 사랑했던 수많은 이들처럼 나르키소스도 사랑의 열병에 홀로 여위어갔다. 결국 나르키소스는 아무도 없는 샘가에서 이루어질 수 없는 사랑의 고통으로 인해 죽고 말았다. 얼마나 애를 태웠는지 그가 죽고 난 자리에 한 송이 꽃이 피어났다. 자줏빛 심장과 하얀 몸을 가진 꽃, 수선화였다. 나르키소스가 그 꽃으로 변했다고 해서 수선화는 '나르키소스'라고 불린다. 꽃말도 '자기애'이다. 자신을 지나치게 사랑하는 일은 신화 속에서 죽음에 이르는 금지된 사랑이 되었다.

자기 자신을 사랑하는 일은 괜찮다. 나 자신을 사랑해야 남도 사랑할 수 있는 거니까. 그러나 자신만을 사랑하는 이기적인 사랑은 곤란하다. 나르시시즘은 오직 자기 자신만을 사랑하고 자신 외에 다른 것들은 전혀 사랑하지 않는 것을 말한다. 신화 속의 나르키소스처럼……

샘물에 비친 자신의 모습 말고도 주변에는 아름다운 것들이 넘쳐났다. 꽃과 나무, 하늘, 구름, 바람…… 그러나 나르키소스는 다른 것에게는 눈을 돌리지 않았다. 마음을 주지 못했다. 오직 자신의 모습에만 시선을 주었다. 그토록 애타게 갈망한 에코의 사랑도, 그 누구의 찢어지는 가슴도 돌아보지 않았다. 관심조차 두지 않았다. 오직 자기 자신만을 바라보고 자기 자신만을 사랑한 극단적인 자기애는 그렇게 슬픈 결말을 낳고 말았다.

가만히 들어보라, 그리고 돌아보라

—

요즘은 이런 나르키소스 같은 사람들이 넘쳐난다. 그러나 나를 사랑하는 그 마음이 지나쳐서 다른 사람들을 보지 못한다. 타인이 얼마나 소중한 존재인지도 잊어버린다. 세상에 제일 무서운 건 다른 게 아니라 바로 '사람'이라고 한다. 이 세상에 제일 어려운 일은 인간관계라고 말하는 사람들도 많아졌다. 그래서일까. 어울려 노는 것보다 혼자 하는 놀이에 빠지는 아이들, 같이 사는 것보다 혼자 사는 게 편한 어른들이 점점 많아져간다.

희망보다 절망 쪽에 서 있을 때, 인생의 추위에 어깨가 움츠러들 때 그리운 것은 타인의 온기가 아닐까? 유대 속담에 "빵은 맛있다. 그런데, 사랑과 함께 먹으면 더욱 맛있다"는 말이 있다. 혼자 살 수 있는 세상은 없다. 우리가 추구해야 하는 건 '물질'만이 아니라 그 물질을 '함께 누릴 사람들'이다. 그런데 우리는 그토록 소중한 사람을 과연 얼마나 곁에 두고 있을까. 사람끼리 만나는 일이 드물고 개인적인 일에 허덕이며 바쁘게 달려가다보니 인간관계가 어려워지기 마련이다. 혼자 지내는 건 잘하는데 누군가와 사는 건 불편하고, 혼자 일하는 건 잘하는데 누군가와 힘을 모아 협업하는 건 성가시다. 어느새 인생사에서 가장 힘든 일이 사람과 사람 사이의 관계가 되어버렸다.

기계는 사용법이 있고, 요리는 레시피가 있지만, 사람을 대하는 일엔 매뉴얼도 없고, 예보도 없고, 뚜렷한 학습법도 없다. 사람을 대할 줄 모르다가는 정말 소중한 사람을 잃어버리고 혼자 외롭게 걸어가는 자신을 발견하고 만다.

서로가 서로를 즐겁게 만나 행복한 관계를 맺고 살아가는 비결은 어디서 찾아볼 수 있을까? 자전거를 처음 배울 때 뒤뚱거리다가 어느 순간 핸들을 좌로 틀고 우로 틀면서 방향을 조정할 줄 알게 된다. 그리고 페달을 밟거나 멈추며 속도도 조절할 수 있게 된다. 수영을 처음 배울 때에도 발차기 동작부터 시작해 점점 물살을 가르며 앞으로 나아가는 방법을 배운다. 그런데 『사랑의 기술』을 쓴 에리히 프롬은 사람과 사람이 사랑을 하는 일도 후천적인 기술이라고 강조했다. 자전거 타기나 수영처럼 배우고 익혀야 할 기술이라는 것이다. 그러면서 그는 이렇게 탄식한다.

사람들은 항상 사랑받을 궁리만 하고 있다.
그래서 사랑에 실패하는 것이다.

사랑도 배우고 익혀야 할 후천적인 기술이라면 결국 우리가 가장 열심히 배워야 하는 과목은 인간관계 공부이리라. 그 과목의 결론은 이렇게 요약되지 않을까?
받으려고 하지 말고 무조건 주어라!
자신도 모르는 새, 자기애의 벽을 높이 쌓아둔 건 아닌지……. 그 벽 앞에서 애타게 문을 두드리는 마음이 있다. 가만히 들어보라. 그리고 돌아보라. 그 마음이 들릴 것이다. 보일 것이다.

집착은
사랑이 아니다

'칼립소'의 슬픈 사랑

연애 시절에는 사계절 모두 꽃이 핀다. 그것도 은은한 꽃이 아니라 붉은 진달래가 흐드러져 피어난다. 연애를 할 때 마음에 내리는 비는 촉촉한 가랑비가 아니라 한번 오면 억수같이 쏟아붓는 폭우다. 눈이 내렸다 하면 폭설이어서 오도 가도 못하고 안절부절못하는 심정이 되기도 한다. 또, 바람이 부는 곳에서 오랫동안 울고 싶어지고, 별이 뜨는 하늘을 밤새워 보고 싶어진다. 그래서일까? 연애 시절은 잔잔하게 추억되는 것이 아니다. 증기기관차처럼 시시각각 다가와서 마음을 화끈거리게 하며 감정을 뜨겁게 한다.

'감추는 여자' 칼립소의 외사랑

희망에 찼다가 절망에 찼다가, 벅찬 기쁨에 들떴다가 깊은 슬픔에 잠겼다가…… 이러한 감정의 롤러코스터를 타며 연애하는 여인이 신화 속에도 있다. 그 여인의 사랑은 엄연히 따지면 사랑이 아니다. 집착이다. 그래서 더 가련하고 그래서 더 안타까운 그 여인의 이름은 칼립소다.

아틀라스의 딸로 태어난 칼립소, 그녀의 이름은 그리스어로 '감추는 여자'라는 뜻이다. 칼립소는 아무도 찾아오지 않는 외로운 섬에 살았다.

그 섬에 어느 날 한 남자가 찾아들었다. 트로이전쟁의 영웅인 오디세우스였다. 트로이전쟁이 끝난 뒤 배를 타고 귀향길에 올랐던 오디세우스는 포세이돈의 분노 때문에 강풍을 만나 표류하다가 홀로 이 섬에 떠밀려왔다. 이 섬에 오기까지 오디세우스는 온갖 고초를 다 겪어야 했다.

부하 전원을 잃은 오디세우스는 혼자 살아남아 칼립소 섬에 들어서게 되었다. 지친 얼굴에 남루한 옷차림이었지만 칼립소는 한눈에 그가 영웅이라는 것을 알아보았다. 파도가 밀려오고 밀려가는 외로운 섬에 찾아든 오디세우스는 그녀에게 주어진 선물과 같은 사람이었다. 동시에 그녀에게 주어진 슬픈 운명이었다. 칼립소는 오디세우스를 깊이 사랑했고, 오디세우스와 아이까지 낳았다. 그런데 날이 갈수록 오디세우스는 영혼이 텅 빈 사람처럼 행동했다. 오디세우스의 마음에는 오직 고향에 두고 온 아내 페넬로페에 대한 그리움뿐이었다. 칼립소는 오디세우스의 마음을 짐작하고 불안해졌다. 어떻게 해서든 그를 붙잡고 싶었다.

"당신 아내는 잊어버리세요. 영원히 제 곁에 있어주세요."

그러나 텅 빈 오디세우스의 눈빛이 칼립소의 마음을 더 불안하게 만들었다.

"저는 당신을 위해 뭐든 해드릴 수 있어요. 제가 당신을 불사신으로 만들어드릴게요. 여기서 저와 함께 영원히 살아요. 저에겐 당신밖에 없어요."

칼립소는 오디세우스에게 신들의 음료와 음식을 내주었다. 오디세우스는 식탁에 놓인 신들의 음식인 암브로시아와 신들의 음료인 넥타르를 보았다. 그것을 먹고 마시면 그도 불사신이 될 수 있었다. 그러나 아무리 영원히 산다고 한들 고향에 두고 온 아내 페넬로페를 만날 수 없다면 다 헛된 것이었다. 오디세우스는 신들의 음식을 먹지 않았다. 그들의 음료도 마시지 않았다. 신이 되어 영원히 살고 싶은 생각도, 그 섬에서 오래 지낼 생각도 없었다. 오로지 고향에 돌아가 그리운 아내를 품에 안고 싶었다. 그런 오디세우스를 바라보는 칼립소의 가슴은 찢어질 듯 아팠다.

칼립소는 오디세우스를 칠 년이나 붙잡아두었다. 그를 극진히 사랑했고 섬겼다. 그를 위해서는 뭐든 못할 게 없었다. 그가 원하는 것은 다 해주었다. 그런데 허망하게도 그가 원하는 것은 오직 하나였다. 그를 '그냥 내버려두는 것', 칼립소에게는 그것이 가장 힘든 일이었다. 그러나 칼립소는 그가 원하는 대로 해주었다. 그러는 동안 그녀의 영혼은 슬픔으로 하얗게 표백되어갔다.

그 와중에 신들은 고향에 돌아가지 못하는 오디세우스의 처지를 가엾게 여겼다. 어느 날 제우스 신의 심부름으로 헤르메스가 칼립소를 찾아왔다. 그리고 신들의 뜻을 전했다.

"오디세우스를 그렇게 붙잡고 있으면 안 된다. 그를 고향으로 보내주어라."

칼립소는 찢어지는 가슴을 붙잡고 울고 또 울었다. 절대 보낼 수 없다고 말하고 싶었지만 신들의 뜻을 거역할 수는 없었다. 아니, 사랑하는 이를 붙잡고 있는 것이 얼마나 어리석은 일인지 이미 깨닫고 있었다. 칼립소는 고통스러운 가슴을 부여안고 오디세우스에게 뗏목 만드는 방법을 알려주었다. 나무들이 하나하나 묶이고 뗏목이 완성되어갈 때마다 칼립소의 마음은 타들어갔다. 뗏목이 만들어지는 것을 보는 일은 그녀에게 지옥과 같은 고통이었다.

결국 뗏목이 완성되었다. 오디세우스는 뗏목에 올라탔다. 그리고 주저 없이 바다를 향해 나아갔다. 그토록 그리던 페넬로페의 품으로, 아들이 있는 고향으로 그는 돌아갔다. 칼립소는 외로운 섬에 또 그렇게 홀로 남겨졌다.

그러나 칼립소는 그제야 미소 지을 수 있었다. 눈에서는 눈물이 흘렀지만 입가에는 기쁨이 고였다. 사랑하는 이가 이제는 행복할 테니까. 칼립소의 사랑은 화사한 꽃밭이 아니었다. 풀 한 포기 나지 않는 외로운 사막이었다. 그 무게만큼이나 고통도 무거웠고, 그 크기만큼이나 그녀의 슬픔도 컸다. 그러나 나중에야 깨달았다. 붙잡는 것만이 사랑이 아니라 보내주는 것도 사랑임을……. 나의 행복만 붙잡는 게 사랑이 아니라 그의 기쁨을 헤아리는 것이 사랑임을…….

사랑은 서로 지켜주며 간격을 유지하는 것이다

우리는 내 욕심을 채우는 것이 사랑이라고 착각한다. 그래서 "왜 늦게 다녀?" "옷은 왜 그렇게 입어?" "전화는 왜 안 받아?" 자꾸 간섭하고 따지고 알려고 든다. 사랑하니까 더 알고 싶고 언제나 같이 있고 싶은 것은 당연하다. 그러나 사랑할수록 거리를 두어야 할 때도 있다. 나무들은 늘 간격을 지킨다. 너무 가까이 있으면 성장할 수 없다. 뿌리를 뻗어나가는 데 방해가 되기 때문이다. 그래서 나무는 사랑의 철학자처럼 보인다. 사랑하면 좀더 가까이 가고 싶을 텐데 그 욕심을 내려놓을 줄 알기 때문이다.

사람을 좋아하면 그 사람에게 가까이 다가가고 싶은 것은 누구나의 본능이다. 하나에서 열까지 다 알고 싶어지고, 그 사람의 일거수일투족을 헤아리고 싶어지고, 늘 그 사람이 나만 바라보기를 원한다. 그러나 사랑에도 기다림이 필요하다고 칼립소가 전해준다. 그리고 가장 중요한 것은 '일정한 거리를 지키는 것' 그리고 '그의 마음을 헤아려주는 것'이다.

만일에 사랑하는 사람이 "헤어지자"고 말한다면 누구나 먼저 그 이유를 물을 것이다. 그러면 상대방은 대답할 것이다. 당신의 어떤 점이 마음에 들지 않는다고. 그럴 때 대부분은 화를 내거나 슬퍼한다. 그런데 셰익스피어는 이렇게 대답한다. "어떤 허물 때문에 나를 버린다고 하시면 나는 그 허물을 더 과장하여 말하겠다"고. 그리고 그대의 뜻이라면 그대와의 모든 관계를 청산하고 서로 모르는 사이처럼 보이게 하겠다고.

우리는 이기심이나 집착을 사랑과 혼동할 때가 많다. 그 사람의 모든 것을 내 손에 쥐고 싶어한다. 그러면서도 내 자유를 방해받는 것은 싫어하고 내가 필요할 때에만 그 사람을 찾곤 한다. 진정으로 사람을 사랑하는 일, 그것은 그 사람이 나를 싫어하면 그 사람이 미워하는 나를 나조차 용서하지 못하는 마음이다.

그러고 보면 사랑은 참 힘든 일이다. 마음대로 하는 것이 아니라 마음을 다스려야 하는 일이기 때문이다. 우주의 모든 별들에게도 사랑하는 방법이 숨어 있다고 한다. 달은 지구를 사랑하지만 부딪쳐오지 않고, 지구가 태양을 사랑한다고 해서 녹아들지 않는다. 사랑의 원리는 지구 순환의 원리와도 같다. 사랑은 내 욕심 때문에 가까이 다가가 상처를 주는 것이 아니다. 서로를 지켜주며 간격을 유지하는 것이다.

기다림은 나 자신과
겨루는 힘겨운 결투다

'페넬로페'의 베짜기

사랑에도 유효기간이 있을까? 미국 코넬대 인간행동연구소에서는 이런 연구를 한 적이 있다. "인간의 사랑에는 유효기간이 얼마나 되는가?" 그 결과, 두근거리는 사랑의 감정은 길어야 30개월이라고 발표했다. 그후 우리나라에서는 사랑의 유효기간이 삼 년이라는 발표가 있었다. 그런데 정말로 삼 년이 맞는 것일까? 하필이면 왜 삼 년인 것일까? 어느 작가는 중등교육을 받았던 인식이 사랑의 유효기간에도 스며 있는 것이라고 분석했다.

삼 년이 지나면 왠지 졸업해야 할 것 같고, 그다음엔 다른 사랑으로 진학해야 할 것 같고, 학용품도 새로 장만해야 할 것 같고, 그런 감정의 연속선상이라는 것이다. 워낙 학교생활의 리듬을 주입받다보니 사랑도 수학처럼 정석화시킨 사례라는데, 과연 일리가 있는 걸까? 사랑에도 통조림처럼 유효기간이 있다는 것은 정말로 맞는 말일까?

이십 년 동안 남편을 기다린 페넬로페

그리스로마신화에서는 트로이전쟁의 영웅인 오디세우스의 아내 페넬로페의 사랑이 지고지순하기로 손꼽힌다. 서양에서는 페넬로페가 우리

나라 춘향이 대접을 받는다. 페넬로페는 그리스로마신화 속 여성들 중에서 가장 아름다운 여인이다. 겉모습이 아니라 성격과 마음이 미인이었다. '원앙'이라는 뜻의 이름을 가진 페넬로페는 스파르타의 왕인 이카리오스의 딸이다. 많은 경쟁자를 물리치고 아름다운 그녀를 아내로 맞은 오디세우스는 행복했다. 오디세우스는 이타케의 왕이었는데, 신부인 페넬로페를 데리고 자신의 나라로 떠나려고 하자 페넬로페의 아버지가 가지 말라며 딸을 붙잡았다. 오디세우스는 페넬로페에게 선택을 맡겼다. 페넬로페는 아무런 대답도 하지 않고 베일로 얼굴을 가렸다. 아버지는 딸의 마음을 읽었고 더이상 붙잡지 못했다. 아버지는 딸과 헤어진 그 자리에 정절의 여신상을 세웠다.

오디세우스와 페넬로페의 결혼생활은 행복했다. 그러나 그 행복은 너무 짧았다. 일 년 정도 지났을 때 오디세우스가 트로이전쟁에 참전하게 된 것이다. 오디세우스는 페넬로페와 헤어지는 게 싫어서 정신이상자 흉내도 내보았다. 그러나 징집을 피할 수는 없었다. 트로이전쟁에 나간 오디세우스는 영웅이 되었다.

그러나 집에 돌아오는 길이 순탄치 않았다. 오디세우스가 집에 돌아오지 못하고 길고 험난한 여정을 계속하고 있을 때 고향에서 기다리는 페넬로페 역시 힘든 날들을 보내야 했다. 오디세우스는 십 년 동안의 전쟁을 치렀고, 고향으로 돌아오는 여정에 또 십 년이 걸렸다. 포세이돈의 분노로 십 년을 바다에서 유랑해야 했던 것이다. 모두 오디세우스가 죽은 줄로만 알았고 야심가들은 오디세우스의 빈자리를 노렸다. 왕좌를 비워두면 안 된다. 나라를 위해서라도 누군가 새로운 왕이 되어야 한다는 것이 그들의 허울 좋은 핑계였다. 그들은 페넬로페에게 구혼하며 궁전을 차지하고 들어앉았다. 게다가 하인들을 부리며 주인 행세까지 해댔다. 페넬로페는 남편에 대한 정절을 지키기가 어려웠다. 구혼자들의 횡포가 심해지면서 연로한 시아버지와 아들 텔레마코스의 목숨도 위태로워졌다.

그러나 페넬로페의 마음에는 남편이 반드시 살아서 돌아올 거라는 믿음이 있었다. 페넬로페는 자신을 압박하는 구혼자들에게 말했다.

"홀로 남은 시아버지의 수의를 한 벌 마련해드리고 싶습니다. 아버님의 수의를 다 짤 때까지만 기다려주십시오."

페넬로페는 그날부터 베틀을 돌리기 시작했다. 그러나 밤이 되면 열심히 짰던 베를 다시 풀어버리곤 했다. 베를 짜면 그것을 다 풀어버리고 다시 짜기를 되풀이했다. 그런데 기다려도, 기다려도, 아무리 베를 짜고 풀고 또 짜고 풀어도 남편은 돌아오지 않았다. 여기서 '페넬로페의 베짜기'라는 고사가 나왔다. 세월이 가도 도저히 언제 끝날지 알 수 없는 일, 끝내 마치지 못하는 일을 일컫는다. 페넬로페는 그렇게 베를 짜고 풀고를 반복하며 시간을 벌었다. 삼 년이 지나자 이제는 그 거짓말도 들통나고 말았다. 페넬로페는 더이상 구혼자들의 청혼을 미룰 구실이 없었다.

그때였다. 오디세우스가 천신만고 끝에 고향에 돌아왔다. 이십 년 동안이나 그리워하던 고향이었다. 아테나 여신이 양치기의 모습으로 나타나 그가 없는 동안 궁전에서 일어난 일들을 들려주었다. 백 명도 넘는 귀족들이 그의 자리와 아내를 차지하려고 페넬로페를 괴롭히며 궁전의 주인 행세를 하고 있다는 얘기였다. 분노한 오디세우스는 당장 달려가 그들을 처단하려고 했다. 그러나 아테나 여신은 그들에게 복수하려면 정체를 숨겨야 한다고 조언했다. 오디세우스는 거지의 모습으로 변장했다.

한편 오디세우스가 전쟁에 나갈 때만 해도 갓난아기였던 아들 텔레마코스는 어느새 어엿한 청년으로 자라 아버지를 찾으러 돌아다니고 있었다. 그는 트로이에서 귀환한 왕들의 궁전을 하나하나 방문하면서 아버지의 생사를 묻고 다니던 중이었다. 그때 아테나 여신이 나타나 아버지와 만나게 해주었다. 오디세우스를 만난 아들은 슬피 울었다. 그리웠던 아버지였다.

다시 돌아온 오디세우스
—

아들과 만난 오디세우스는 거지로 변장한 채 궁전으로 들어섰다. 그때였다. 뜰 안에 들어서자 늙어서 죽어가던 개가 귀를 세우며 머리를 들었다. 오디세우스가 사냥할 때 데리고 다니던 애견 아르고스였다. 개는 오디세우스를 보자 꼬리를 흔들었다. 그러나 너무 늙어서 일어나 주인에게 다가갈 기력이 없었다. 오디세우스는 다 늙어버린 개를 보며 흐르는 눈물을 남모르게 닦았다. 충견 아르고스는 이십 년 만에 주인과 만나자마자 그 자리에서 그만 목숨을 내어놓고 말았다. 그가 살아 있었던 이유는 오직 하나였다. 주인을 만나기 위해서. 그래서 여태 늙은 생을 안타깝게 붙잡고 있었던 것이다. 그는 주인을 보자 질긴 목숨의 집착으로부터 자유로워졌다.

정들었던 애견의 죽음에 슬퍼할 여유도 없이 오디세우스는 홀 안으로 들어갔다. 그는 음식을 먹는 척하며 구혼자들의 행동을 주시했다. 구혼자들은 거지가 들어왔다며 의자를 들어 오디세우스를 때렸다. 텔레마코스는 분노했다. 그러나 아버지 오디세우스가 했던 당부가 떠올랐다.

"내 정체를 알고 있는 것처럼 굴지 말아라. 내가 얻어맞는 일이 생기더라도 간섭해서는 안 된다."

텔레마코스는 끓어오르는 분노를 꾹 눌러 참았다.

아직 남편이 돌아온 것을 모르는 페넬로페는 더이상 구혼자들의 청혼을 물리칠 수 없어서 모두 모이게 했다. 그날은 청혼자를 고르는 날이었다.

"여기서 활솜씨가 제일 좋은 사람과 결혼하겠어요."

텔레마코스가 그들 앞으로 활과 화살을 갖다놓았다. 그 활과 화살은 옛날에 아버지 오디세우스가 쓰던 것들이었다. 그리고 홀 안에 열두 개의 과녁을 만들어놓았다. 구혼자들은 한 명씩 돌아가면서 활을 쏘려고 했다. 그러나 아무도 성공하지 못했다. 그때 거지로 변장한 오디세우스가 입을 열었다.

"제가 한번 해보겠습니다. 지금은 거지 신세지만 예전에는 무사 흉내를 제법 내고 다녔지요."

구혼자들은 비웃으며 "저 오만무례한 자를 당장 끌어내라!"고 소리쳤다. 그때 텔레마코스가 나서서 거지에게 기회를 주었다. 오디세우스는 활시위를 당겼다. 그리고 대가의 솜씨로 화살을 어김없이 고리 속에 관통시켰다. 구혼자들이 입을 벌리고 경탄했다. 그러나 오디세우스는 그들이 감탄사를 내뱉을 틈을 주지 않았다. "이게 또하나의 표적이다!"라고 외치며 구혼자 중에서 제일 무례한 자를 정면으로 겨누었다. 화살이 목구멍을 관통하자 그는 곧바로 쓰러졌다. 기겁을 한 구혼자들이 허둥지둥 무기를 찾기 시작했지만 이미 모든 무기들을 텔레마코스가 치워둔 후였다. 충복들이 무장하고 오디세우스의 곁으로 뛰어왔다. 구혼자들이 우왕좌왕 나갈 곳을 찾았지만 그들은 꼼짝없이 포위되어 도망칠 수도 없었다. 오디세우스는 마침내 정체를 밝혔다.

"나는 네놈들이 침범한 이 집의 주인이다! 나는 네놈들이 흥청망청 탕진한 재산의 주인이다! 나는 십 년 동안 네놈들이 괴롭혀온 페넬로페의 남편이다! 그리고 네놈들이 죽여 없애려고 한 텔레마코스의 아비이다! 그동안 밀린 신세를 갚아주마!"

무례한 구혼자들은 모두 참살되었다.

오디세우스는 다시 궁전의 주인이 되어 그의 왕국을 되찾고 사랑하는 가족을 품에 안았다. 페넬로페는 도저히 남편이 살아 돌아온 게 믿어지지 않았다. 이십 년이나 오매불망 기다리던 남편이 정말 돌아온 것인지, 이게 꿈은 아닌지, 앞에 서 있는 남자가 정말 오디세우스가 맞기는 한 건지 도무지 알 수 없었다. 페넬로페는 흥분한 얼굴로 하녀를 불렀다.

"주인이 돌아오셨으니 침대를 옮겨놓아라."

그러자 오디세우스가 하녀에게 말했다.

"그럴 필요 없다. 우리 침대는 내가 만들었는데 땅속에 뿌리를 내리고 있는 나무줄기를 베어 그 자리 그대로 만든 것이다. 그러니 영원히 옮길 수 없다."

그제야 페넬로페는 그가 오디세우스라는 것을 확신했다. 페넬로페의 오랜 기다림이 끝나는 순간이었다. 페넬로페는 하염없이 눈물을 흘렸다. 오디세우스는 그토록 그리워하던 아내를 품에 안았다.

사랑은 시효가 없다

이 세상에서 가장 힘든 일은 '기다림'이다. 오지 않는 사람을 기다리는 일은 애가 타는 일이다. 모든 사람의 발소리가 다 그 사람 같고, 하루가 십 년처럼 길고, 그와 함께하지 않는 시간을 통곡하는 기다림……. 피가 마르고 살이 마르는 기다림은 기다려본 자만이 아는 애달픔이다. 어떤 일의 성공을 기다리는 일, 다가오지 않는 꿈을 기다리는 일 역시 마찬가지다. 해도 해도 끝이 보이지 않는 막막함과 다투고, 내 무능력과 겨루고, 내 열등감의 한계와 싸운다. 그렇게 기다림은 나 자신과의 힘겨운 결투다. 릴케는 이렇게 말했다.

"우리는 어려운 것에 집착해야 합니다."

페넬로페가 만일 오디세우스를 기다리지 못하고 다른 선택을 했다면 오랜 기다림 끝에 오는 달콤한 행복을 누릴 수 있었을까? 신화 속의 페넬로페보다 더 오래 기다리며 사랑의 영원성을 입증한 이야기들도 꽤 많다. 오십 년간 남편을 기다리다가 그만 재가 되고 말았다는 설화도 있고, 실제로 평생을 기다림 속에 사는 사람들도 있다. 그들에게 사랑의 유효기간을 묻는다면 과연 뭐라고 대답할까?

누군가에게 좋은 감정을 느끼는 것 중에는 '매혹'의 감정도 있고, '사랑'의 감정도 있고, '정'의 감정도 있다. '매혹'은 단 한 번 마주친 첫눈에 생겨날 수도 있다. 그리고 간접적인 풍문이나 매스컴을 통해 생길 수도 있다. 그러나 '사랑'은 그렇지 않다. 사랑에는 서로를 안다는 것이 필요하다. 그렇게 상대방을 알기 위해서는 시간이 필요하고, 어떤 방식이든 서로의 마주침이 필요하다. 매혹은 그 마음에 햇살만 가득하지만, 사랑은 양지와 그늘을 함께 지닌다. 함께 지내고 함께 웃는 것만이 사랑이 아니다. 아프게 헤어지는 것도 사랑이다. 잠들지 못하고 맞는 새벽에 밝아오는 창밖을 내다보며 흘리는 눈물까지도 사랑이다. 얼굴을 떠올리면 가슴에서 들리는 바람 소리도 사랑이다.

사랑은 그렇게, 기다림과 그리움의 골짜기를 넘으며 두 사람이 사연을 만들어가는 일이다. 매혹이 한순간의 바람과 같은 것이라면, 사랑은 시간의 세례와 감정의 파도를 겪은 것이다. 그래서 매혹은 결코 정을 남기지 못하지만, 사랑은 미운 정이든 고운 정이든 정을 남긴다.

사랑에는 '유효기간'이 있는 게 아니라, '성숙 단계'가 있는 게 아닐까? 사랑은 시효가 없다. 매혹의 유통기한은 매우 짧지만 사랑은 가슴속에 언제나 유효하다.

마음은 힘이 세다

'피그말리온'의 사랑

"엄마 손은 약손, 엄마 손은 약손……" 어릴 때, 배가 아프면 배를 쓸어주던 어머니의 손길은 누구나 기억할 것이다. 어릴 때는 소화 기능이 약해서 그런지 배가 참 자주 아팠다. 그럴 때면 어김없이 어머니 손이 아픈 배 위에 얹어졌고 '엄마 손은 약손'이라는 노래와 함께 따뜻한 손길을 느끼곤 했다. 어머니가 아픈 배를 만져주면 정말 신기하게도 배가 괜찮아졌다. 나는 '엄마 손에 약이 들어 있나?' 생각했다.

그것은 곧 마음의 힘이다. 어머니의 따뜻한 손이 닿을 때 전해지는 위로와 위안, 그리고 어머니의 사랑이 아픔을 치유해준 것이다. 이마에 상처가 나도 어머니가 '호오~' 불어주면 다 나은 것 같았고, 마음이 찢어지게 아파도 어머니가 안아주시면 그런대로 견딜 만했다. 마음의 힘은 그렇게 강한 것이라고, 사랑은 기적을 낳는다고 전해주는 신화가 있다. 피그말리온의 사랑 이야기다.

신화에서 나온 용어 중에 '피그말리온 효과'라는 것이 있다. 무슨 일이든 기대한 만큼 이루어진다는 것을 말한다. '피그말리온 효과'는 교육학 쪽에서도 많이 쓰이는데, "잘한다, 잘한다"라고 칭찬을 하면 용기를 얻어서 더 잘하게 되는 효과를 뜻한다. 반대로 '스티그마 효과'도 있다. '스티그마'는 오명, 치욕, 오점이라는 뜻을 가진 단어로, "안 돼, 안 돼" 하다보면 결국 정말 안 되는 게 바로 '스티그마 효과'다.

조각상을 사랑한 피그말리온

피그말리온은 키프로스 섬에 사는 조각가였다. 그는 '지상의 헤파이스 토스'라고 불릴 정도로 뛰어난 조각가였는데 여성에 대한 혐오증이 있었다. 그는 평생 혼자 살겠다고 결심하며 조각에만 몰두했다. 어느 날 피그말리온은 상아로 여자 조각상을 만들었다. 그 상아조각은 너무나 정교해서 마치 살아 있는 것처럼 보였다. 수줍은 듯 다소곳이 서 있는 상아처녀는 그 어떤 여인보다 아름다웠다. 피그말리온은 아름다운 상아처녀를 보고 또 보았다. 그녀를 보고 있으면 행복했다.

그의 마음에 욕망이 생겨났다. 살아 있는 여자라면 얼마나 좋을까. 그녀의 체온을 느낄 수 있다면 얼마나 좋을까. 그녀의 목소리를 들을 수 있다면 얼마나 좋을까. 이룰 수 있는 꿈은 소망이지만, 이룰 수 없는 꿈은 욕망이라는 것을 그도 알았다. 그러나 안타까운 욕망은 자꾸 커져갔다.

어느 날 피그말리온은 그녀가 조각상이라는 사실을 잊어버린 채 고백했다. "사랑합니다." 그녀가 들을 수 없다는 것을 알면서도 고백을 계속했다. 사랑합니다, 사랑합니다, 사랑합니다……. 그는 상아처녀의 몸을 안았다. 그리고 입맞춤했다. 그녀 앞에 꽃다발을 바쳤다. 그녀의 목에 목걸이를 걸어주고 그녀의 귀에 귀걸이를 달아주었다. 그녀에게 어울리는 아름다운 옷을 입혔다. 그리고 그녀가 서 있는 것이 애처로워서 편안한 침대도 만들어 그녀를 눕게 했다. 머리맡에는 부드러운 깃털로 만든 베개를 고여주었다. 피그말리온은 이제 상아처녀가 없으면 단 하루도, 아니 한 시간도 살 수 없을 것 같았다. 그런데 그녀를 사랑하면 할수록 허무함이 커져만 갔다. 여자를 혐오했던 그였지만, 평생 혼자 살겠다고 결심한 그였지만, 이제는 결혼하고 싶었다. 그리고 신부는 오직 상아처녀여야 했다.

마음이 가는 방향으로 운명도 간다

———

섬에 가장 큰 명절이 돌아왔다. 그 섬은 아프로디테가 대지 위에 첫발을 디딘 곳이었다. 키프로스 사람들은 그곳에 아프로디테 신전을 세우고 해마다 큰 축제를 벌였다. 그 축제에 사람들은 신전에 나가 제물을 갖다 바치며 기도했다. 피그말리온도 정성껏 제물을 바치고 여신에게 경배를 드렸다. 그리고 기도를 올렸다. 차마 조각상과 결혼하게 해달라는 말은 할 수 없었다. 그 대신 조각상과 비슷한 여인과 결혼하게 해달라는 기도를 올렸다. 그 기도는 그 누구보다 간절했다. 그는 집으로 돌아와 평소처럼 상아처녀에게 다가갔다. 그녀에게 몸을 구부리고 입을 맞추었다.

그런데 놀라운 일이 일어났다. 늘 차갑기만 하던 상아처녀의 입술이 따뜻했다. 놀란 피그말리온은 입술을 떼고 손으로 만져보았다. 딱딱하던 입술이 부드러웠다. 피그말리온은 떨리는 손으로 가슴을 만졌다. 상아처녀의 몸이 점점 따뜻해졌다. 그 순간 상아처녀가 두 눈을 떴다. 그리고 얼굴을 붉히며 수줍게 피그말리온을 바라보았다. 피그말리온의 오랜 소원이, 안타까운 그리움이, 속이 타는 갈망이 이루어지는 순간이었다.

여신 아프로디테는 간절히 기도하는 피그말리온을 오랫동안 지켜보고 있었다. 그가 얼마나 간절한지 알고 있던 아프로디테는 그의 소원을 들어줄 수밖에 없었다. 피그말리온은 여인으로 환생한 상아처녀를 품에 안고 '우유 빛깔의 여자'라는 뜻의 이름 '갈라테이아'를 붙여주었다. 피그말리온은 갈라테이아를 안고 신전으로 달려갔다. 그곳에서 아프로디테 여신의 축복 속에서 결혼했다. 피그말리온과 갈라테이아는 그후로도 오랫동안 행복하게 살았다.

사랑은 만들어가는 과정이다

간절히 원하는 것은 이루어진다는 의미로 인용되는 '피그말리온 효과'는 우리에게 마음의 힘이 있음을 알려준다. 마음이 가는 방향으로 운명도 간다. 마음이 지극하면 하늘도 움직인다고 해서 '지성이면 감천'이라고도 한다. 마음의 힘은 아주 강하기 때문에 기적을 일으킨다. 사랑하고 믿어주는 마음은 기적을 낳는다.

피그말리온의 이야기는 또하나의 메시지를 전해준다. 사랑은 조각상처럼 만들어가는 과정이다. 그리고 한없이 아껴주는 것이고 하염없이 기다려주는 일이다. 아름다운 갈라테이아는 어느 날 갑자기 눈앞에 나타난 것이 아니었다. 끝없는 기다림과 베풂과 이해 속에 만들어진 것이다. 그런데 우리는 눈앞의 사랑을 찾는 데만 골몰하는 것은 아닐까.

사랑은 찾는 것이 아니다. 구하는 것이 아니다. 줍는 것이 아니다. 사랑은 만들어가는 것이다. 그 과정이 비록 안타깝고 슬프고 아프다고 해도, 기나긴 기다림에 애가 타는 시간들이라고 해도, 그럼에도 불구하고 사랑은 만들어가는 것이다.

사랑할 수밖에 없어서
사랑한다

'아리아드네'의 실타래

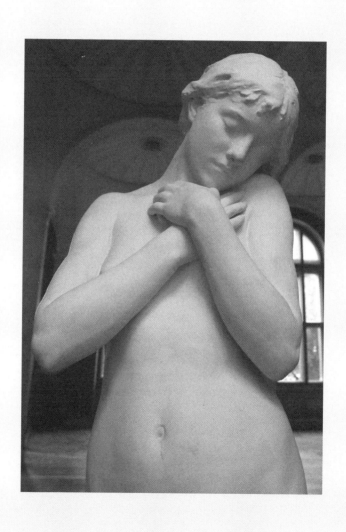

누가 왜 그 사람을 사랑하느냐고 물었을 때 생각만 해도 기분이 좋아지기 때문이라고 대답할 수 있다면 참 행복한 사랑을 하는 사람이다. 힘든 일이 생겨도 그 사람 생각만 하면 힘이 난다고 대답하는 사람도 행복한 사람이고, 언제나 따뜻하게 날 감싸주기 때문이라고 대답한다면 그 역시 행복한 사랑을 하는 사람이다.

그런데 사랑이 그렇게 부드럽고 너그러운 것만은 아니어서 다가가면 서로 아픈, 고슴도치 사랑도 있다. 다가가면 서로 다치는, 장미 가시 같은 사랑도 있다. 그렇게 아픈데 왜 그 사람을 사랑하느냐고 물으면 그저 눈물만 그렁해지는 사랑도 사랑은 사랑이다. 차마 말하지 못하는 사랑도 사랑이고, 보내놓고 후회하는 사랑도 사랑이고, 잊지 못해 고통스러운 사랑도 사랑이다. 사람이 사람을 사랑하는 데는 아무런 이유가 없다. 왜 사랑하느냐고 물으면 미처 대답할 수 없는 사랑이 진짜 사랑인지도 모른다. 그래서 어느 철학자도 단언했나보다.

"왜 사랑하는가? 이런 걸 묻게 되면 그건 이미 사랑이 아니다."

신화 속에서 사랑에 빠져든 여인이 있다. 그녀는 사랑에 용감했다. 사랑을 위해 다 버릴 줄 알았고, 사랑을 위해 희생할 줄 알았다. 그녀는 위기에 처한 연인을 구했다. 삶의 미궁 속에 갇혀버린 연인이었다. 길을 잃고 헤매는 연인이었다. 그녀의 이름은 아리아드네. 그녀는 연인이 위기에서 빠져나오도록 도와주는 역할로 하나의 아이콘이 되었다.

아리아드네의 이름에는 '실타래'가 함께 따라붙는다. 아리아드네의 실타래가 없이 그녀의 연인 테세우스는 미궁에서 헤어나올 수 없었을 것이다. 미로 속에 갇힌 연인을 구한 아리아드네의 실타래, 그 이야기는 이렇게 시작된다.

미노스의 미궁, 테세우스의 모험
—

아리아드네는 크레타의 미노스 왕과 그의 아내인 파시파에 왕비의 딸이다. 미노스는 크레타의 왕위 자리를 놓고 형제들과 다툴 때 "나는 신들에게 이 나라를 부여받았다"라고 주장했다. 그 말을 증명하기 위해 미노스는 해신 포세이돈에게 간청했다.

"바닷속에 있는 황소를 보내주십시오. 그 황소는 곧 당신에게 다시 제물로 바치겠습니다."

포세이돈은 미노스의 부탁대로 아름답고 신성한 황소를 보내주었다. 덕분에 미노스는 크레타의 왕이 될 수 있었다. 그런데 근사한 그 황소를 다시 제물로 바치는 게 아까워진 미노스는 아름다운 황소는 깊이 감춰두고 외양간에 있던 보잘것없는 황소를 제물로 바쳤다. 그 사실을 알게 된 포세이돈은 격노했다.

"감히 나를 속여? 미노스의 아내인 파시파에가 그 황소와 사랑에 빠지게 만들어버리겠다."

포세이돈의 저주에 걸려든 파시파에는 사람으로 해서는 안 될 사랑에 빠져버렸다. 아름답고 신성한 황소에 대한 욕정으로 그녀는 밤을 지새웠다.

힘든 날들을 보내던 파시파에는 그리스 최고의 명장 다이달로스를 찾아가 고민을 털어놓았다. 다이달로스는 건축과 공예의 명인으로 '지상의 헤파이스토스'라고 불릴 정도로 솜씨가 뛰어났다. 파시파에의 고민을 들은 다이달로스는 진짜 소의 가죽을 덮어씌운 나무 암소를 만들어주었다. 파시파에는 그 나무 암소 안에 숨어들어 황소에게 품은 정욕을 풀었다. 그 결과 파시파에는 머리는 황소이고 몸은 사람인 괴물 미노타우로스를 낳았다. 미노타우로스는 '미노스의 황소'라는 뜻이다.

미노타우로스는 절반은 황소, 절반은 인간으로 사람 고기를 먹어야 했다. 미노스는 이 골칫거리 괴물이 참을 수 없이 창피했다. 그러나 죽일 수는 없었다. 왕비의 몸에서 태어났으니 엄연한 아들이 아닌가. 고심하던 미노스는 건축가인 다이달로스를 불러 명령을 내렸다.

"한번 들어가면 절대로 빠져나올 수 없는 감옥을 짓도록 하라."

손재주 좋은 다이달로스는 '라비린토스'라고 하는 미궁을 만들어냈다. 미궁 속에 들어가면 미로를 만나게 되는데 길과 길이 꼬불꼬불 이어져 있고 골목과 골목이 복잡하게 얽혀 있어서 설계 도면 없이는 절대로 길을 찾을 수가 없었다. 그래서 도저히 해결할 수 없는 일을 만났을 때 '미궁 속에 빠졌다'고 한다. 미노스 왕은 다이달로스에게 엄포를 놓았다.

"만약 네가 만든 미궁에서 빠져나오는 자가 있으면 너를 그곳에 가두리라."

왕은 다이달로스에게서 설계 도면을 빼앗아 불태워버리고는 미노타우로스를 미궁에 가둬버렸다. 길이 어지럽게 뻗어 있는 미로 속에 갇힌 미노타우로스는 도저히 빠져나올 수가 없었다.

미노타우로스를 꽁꽁 감춰놓기는 했는데 또하나의 문제가 있었다. 식성이 좋은 미노타우로스가 먹을 식량, 즉 제물로 바쳐야 하는 사람이 문제였다. 미노스는 괴물에게 줄 인간을 조달하기 위해 어쩔 수 없이 전쟁을 일으켰고, 아테네에게 승리했다. 그후, 해마다 아테네의 젊은 남녀 열네 명이 괴물의 먹이로 희생되어야 했다. 그 당시 약소국인 아테네에서는 매해 공물이 될 남녀가 정해져야 했다. 자식을 사지로 보내는 부모의 애간장이 타들어갔다.

나라가 온통 시름에 빠져 있을 때 아테네의 왕자인 영웅 테세우스가 돌아왔다. 테세우스는 어릴 때부터 당할 자가 없던 무적의 천하장사였고 도적을 무수히 죽인 젊은 영웅이었다. 그가 아버지 나라에 와보니 나라가 온통 슬픔에 빠져 있었다. 테세우스는 죄 없는 백성들이 미노타우로스의 먹이로 희생되는 것을 더이상 두고 볼 수 없었다. 그는 미궁 속의 괴물을 없애버려야 비극이 끝난다고 믿었다. 테세우스는 아테네의 왕인 아버지 아이게우스에게 간청했다.

"제물로 바치는 젊은이들 사이에 저도 끼워주십시오. 이 나라의 왕자로서 그들과 함께 가겠습니다. 그리고 괴물을 물리치고 돌아오겠습니다."

아이게우스는 아들의 요청을 들어줄 수 없었다. 그러나 테세우스의 결심은 확고했다.

"반드시 살아 돌아오겠습니다. 그러니 저를 보내주십시오."

아이게우스는 아들의 간청을 받아들일 수밖에 없었다. 선발된 사람들을 싣고 가는 배는 죽음을 향해 떠나는 것이기 때문에 검은 돛을 올리는 것이 관례였다.

"위기를 벗어나 돌아오게 되거든 배의 검은색 돛을 흰색으로 바꿔 달도록 해라. 그럼 멀리서도 좋은 소식을 알아볼 수 있을 테니까."

왕은 아들이 살아 돌아오기만을 기다리며, 그리고 꼭 괴물을 죽여 없애줄 것을 기대하며 테세우스를 사지의 땅으로 보냈다.

테세우스를 위해 모든 것을 버린 아리아드네

—

테세우스는 괴물에게 제물로 바쳐질 젊은이들 틈에 끼어 크레타로 갔다. 그가 크레타에 내리는 순간 크레타의 공주인 아리아드네는 영웅 테세우스에게 첫눈에 반했다. 아리아드네는 영웅인 테세우스가 미궁 속에 던져질 것을 생각하니 슬퍼서 견딜 수가 없었다. 아리아드네는 건축사 다이달로스를 찾아갔다.

"제발 부탁할게요. 미로의 설계 도면을 저에게 주세요. 그를 위험에서 구해야 돼요."

그러나 다이달로스의 설계 도면은 이미 미노스 왕이 불태워 없애버린 후였다. 아리아드네는 그래도 포기하지 않고 방법을 찾아달라고 매달렸다. 하는 수 없이 다이달로스는 다른 방법을 알려주었다.

실타래였다. 아리아드네는 다이달로스가 알려준 대로 실이 잔뜩 감겨 있는 실타래를 가지고 테세우스를 찾아갔다.

"당신이 저를 데려가 결혼해주시겠어요? 그럼 당신이 미로에서 빠져나올 수 있게 도와드릴게요."

테세우스는 아리아드네의 제안을 받아들일 수밖에 없었다. 아리아드네는 실타래를 건네주며 테세우스에게 말했다.

"미궁 속에 들어갈 때 이 실의 끝을 입구의 철책에 묶어두세요. 그 안에서 어디를 다니든 실을 풀면서 움직이세요. 되돌아오는 길을 찾으려면 이 실을 다시 되짚어 따라오면 돼요."

　테세우스는 미궁 속에 들어갈 때 아리아드네가 건네준 실타래를 가슴에 품고 들어갔다. 아리아드네의 말대로 미궁의 입구에 실뭉치의 끝을 단단히 묶었다. 그리고 미로 속으로 들어가며 실을 풀기 시작했다. 그렇게 실을 풀어가면서 미로 속을 한참이나 헤맨 끝에 괴물 미노타우로스를 찾아냈다. 테세우스는 그를 때려죽이는 데 성공했다. 그에게 남은 일은 제물로 바쳐진 젊은이들을 데리고 미궁 밖으로 빠져나가는 것이었다. 그에게는 아리아드네의 실타래가 있었다. 그는 실타래를 거머쥐고 바닥에 깔린 실의 가닥을 살살 잡아당기면서 되감기 시작했다.

　미궁의 밖에서는 아리아드네가 초조하게 기다리고 있었다. 아리아드네는 사랑하는 이를 위해 아버지를 배신했다. 어머니를 배신하고 오빠를 배신했다. 그리고 한 나라의 공주 자리를 포기했다. 한 남자를 위해 그녀가 가진 모든 것을 버린 것이다. 이제 사랑하는 이가 무사히 빠져나오기만을 기도하는 일밖에 없었다. 심장이 조이는 듯한 기다림의 시간이 흐르고 드디어 미궁 밖으로 테세우스가 나왔다. 아리아드네는 기쁨의 눈물을 흘렸다. 테세우스는 그녀를 데리고 황급히 그 자리를 빠져나가 배에 올랐다.

　아리아드네는 그때만 해도 사랑의 꿈에 취해 있었다. 한눈에 반한 사랑하는 이와 결혼해서 행복하게 살 수 있으리라 생각했다. 그러나 아리아드네의 꿈은 이루어지지 않았다.

　낙소스 섬에서 배를 정박한 채 쉬고 있을 때였다. 아리아드네는 너무 피곤해서 그만 나무 아래서 잠들었다. 그녀가 잠든 사이에 테세우스의 배는 떠나버린 것이다. 아리아드네는 섬에 혼자 남겨졌다. 테세우스는 왜 아리아드네를 태우고 가지 않았을까? 그 이유를 아는 이는 거의 없다. 누군가는 마술에 걸려서 그랬을 것이라고 했고, 누군가는 테세우스의 건망증 때문이라고 했다.

한편 테세우스 역시 비극적인 일을 맞아야 했다. 테세우스의 배는 아테네의 해변으로 다가가고 있었다. 그런데 테세우스는 그만 아버지의 말을 까맣게 잊고 말았다.

"위기를 벗어나 돌아오게 되거든 배의 검은색 돛을 흰색으로 바꿔 달도록 해라."

테세우스는 검은 돛을 단 채로 아테네로 돌아가는 중이었다.

아테네의 왕 아이게우스는 아들이 적국으로 떠난 이후로 하루도 마음 편할 날이 없었다. 심장이 오그라드는 걱정으로 해변을 배회하며 아들이 살아 돌아오기만을 기다렸다. 그날도 왕은 아들이 무사히 돌아오기를 기다리며 아테네의 항구 높은 곳에 서서 먼 바다를 열심히 지켜보았다.

그때 먼 수평선에서 다가오는 배가 보였다. 그 배의 깃발을 보았다. 그런데…… 검은색 돛이 펄럭이고 있었다.

"아…… 나의 아들아…… 결국 죽고 말았구나. 널 보내는 게 아니었다. 모든 게 아비 탓이다."

극심한 슬픔과 아들을 사지로 보낸 자책감에 아이게우스는 괴로워했다. 아들이 죽었다고 믿은 아이게우스는 바다로 뛰어들었다.

테세우스가 곧 아버지를 만날 수 있다는 부푼 마음에 미소를 짓던 그 시간, 아이게우스는 바다에 몸을 던져 목숨을 버렸다. 그날 이후 그 바다는 '아이게우스'의 이름을 따서 '에게 해'로 불리게 되었다.

순수는 힘이 세다

―

사랑을 위해 핏줄도 지위도 배경도 가진 것 모두를 다 버린 여자, 다른 모든 것을 지키기 위해 사랑을 버린 남자. 그중에 하늘은 과연 누구의 편일까. 하필이면 적국의 왕자를 사랑한 공주는 사랑을 위해 모든 것을 걸었다. 사랑 하나를 위해 다 걸 수 있다는 것은 그만큼 영혼이 순수하다는 뜻이다. 순수는 힘이 세다. 아리아드네라고 왜 사랑 앞에서 고민이 없었을까. 아버지를 배신하는 일이 쉽지만은 않았을 것이다. 연인을 살리는 일이 쉽지만은 않았을 것이다.

하지만 세상에서 가장 어려운 일은 그를 사랑하지 않는 일이었다. 사랑하지 않을 수 없기 때문에 사랑했고, 사랑을 위해 위험을 감수했다. 그를 사랑하지 않으면 살 수 없는 것, 그것이 사랑이 지닌 비극성일 것이다. 그러나 아무리 아프고 슬퍼도 사랑할 수 있는 사람은 행복한 사람일 것이다. 사랑을 머리로만 계산하고 사랑도 성공의 도구로 삼으려하는 사람들은 결코 경험할 수 없는, 아름다운 슬픔을 겪는 사람은 행운아다. 그래서 혹자는 이런 말을 남겼나보다. 사랑을 하지 않고 아프지 않는 것보다 사랑을 하고 아픈 사람이 훨씬 행복하다고……

문제에는
해답이 숨겨져 있다

'고르디우스'의 매듭

우주는 음과 양이 반드시 하나로 묶여 있다. 음지가 있으면 양지가 있고, 남자가 있으면 여자가 있으며, 바다가 있으면 육지가 있다. 우주는 그렇게 밸런스를 맞추며 운행되는 중이다. 그 논리는 우리의 인생 문제에도 여지없이 적용된다. 문제에는 반드시 그 해결이 별책부록으로 딸려 나온다. 절망도 마찬가지. 절망 안에 희망이 세트 상품으로 구성되어 있기 때문에 잘 찾아보면 희망이 꼭 있기 마련이다. 갈등이라고 다를까? 모든 갈등에는 화해의 방법이 반드시 있다.

알렉산더와 '고르디우스의 매듭'

소아시아 프리지아 지방에 사는 농부인 고르디우스는 평소에 이륜마차를 타고 다녔다. 그런데 이륜마차가 여러 가지로 불편했다. 그는 이륜마차를 이리저리 고쳐서 사륜마차로 만들었다. 사륜마차를 완성한 고르디우스는 기분이 좋아서 가족들을 데리고 성으로 나들이를 갔다. 그런데 성안으로 들어서는 순간 입구에서 병사들이 가로막았다. 무슨 일인지 놀라서 상황을 보는데 왕궁의 대신들이 나와 그 앞에 머리를 조아리는 게 아닌가. 고르디우스가 크게 당황하며 까닭을 묻자 대신이 대답했다.

"얼마 전에 왕이 전사하신 것을 당신도 알 것입니다. 왕좌가 비어 있습니다. 저희 대신들이 새로운 왕을 모시기 위해 의논을 했습니다. 그 결과 사륜마차를 타고 제일 먼저 성안으로 들어서는 사람을 왕으로 모시기로 했습니다."

고르디우스는 어안이 벙벙했다.

"제발 저희의 청을 거절하지 마시고 저희들의 왕이 되어주십시오."

대신들이 머리를 조아리고 간절히 원했다. 농부였던 고르디우스는 얼떨결에 프리지아의 왕이 되고 말았다. 다행히도 신하들의 결정은 틀리지 않았다. 그는 지혜롭고 성실하게 나라를 다스렸고 나라는 태평성대를 이루었다.

그런 어느 날, 고르디우스는 수도인 고르디온 안에 있는 신전의 기둥에 수레를 꽁꽁 동여매었다. 어찌나 단단하고 복잡하게 묶었는지 그 매듭을 풀 수 있는 사람은 아무도 없었다. 고르디우스는 도무지 풀기 어려운 그 매듭을 두고 예언을 남겼다.

"이 매듭을 푸는 자가 아시아의 왕이 될 것이다."

그 예언에 따라 사람들이 몰려들었다. 그들은 아시아 대륙을 다스리는 왕의 자리를 노리며 매듭 풀기에 도전했다. 그러나 복잡하고 단단하게 묶여 있는 그 매듭을 풀 사람은 아무도 없었다. 여기서 '고르디우스의 매듭'이라는 말이 나왔다. 복잡하게 얽혀 있어서 도무지 어떻게 해결해야 할지 모르는 문제를 일컫는 말이다.

동방 원정에 나섰던 알렉산더대왕이 프리지아를 지나가고 있었다. 그때 고르디우스의 매듭에 대한 이야기를 듣게 되었다. 신전에 도착한 알렉산더대왕은 매듭을 이리저리 살펴보았다. 정말 복잡한 매듭이었다. 수많은 사람들이 달려들어 그 매듭을 풀어내려고 했지만 그 매듭은 점점 더 복잡하게 꼬이기만 했다. 이리저리 그 매듭을 한참 내려다본 알렉산더대왕은 매듭을 풀지 않고 그 앞에 서서 시간만 보냈다. 그러다가 대왕은 결심한 듯 칼을 뽑아들더니 순식간에 매듭의 한가운데를 내리쳤다. 그 순간 매듭이 싹둑 잘려나갔다.

주위에 있던 사람들이 놀라 멍하니 서 있었다. 그러나 잠시 후 우레와 같은 박수를 보내며 "역시 알렉산더!"라며 감탄했다. 고르디우스의 예언은 그대로 맞아떨어졌다. 그후 알렉산더는 아시아의 대부분을 정복했고 알렉산더 제국을 건설했다.

문제가 생기면 답도 동시에 생긴다
—

고르디우스의 매듭은 복잡하고 단단하게 얽혀 있는 문제도 해결 방법이 다 있다고 전해준다. 매듭은 꼭 풀어야만 하는 것이 아니다. 잘라내버려도 되는 것이다. 알렉산더는 수많은 사람들이 풀어내려고만 애썼던 그 매듭을 칼로 내리쳐서 잘라버렸다. '쾌도난마快刀亂麻'라는 말이 있다. 헝클어진 삼을 잘 드는 칼로 자른다는 뜻이다. 즉, 복잡하게 얽힌 사물이나 비꼬인 문제들을 솜씨 있고 바르게 처리한다는 뜻이다. 비슷한 해결 방법으로 '콜럼버스의 달걀'도 있다. 달걀을 세워보라고 하자 사람들은 모든 방법과 이론을 다 동원해서 세우려고 했다. 그러나 실패했다. 하지만 콜럼버스는 달걀 한쪽을 조금 깨트려 세웠다. 문제를 해결하는 방법은 다양하다. 그런데 한 가지 방법만 생각한다. 그것이 고정관념이다.

문제의 해답을 찾는 비법이 또하나 있다. 어떤 사람이 식사중이다. 그런데 행복한 식사 시간에 불청객이 찾아왔다. 반찬을 급히 먹다가 딸꾹질이 시작된 것이다. 어떤 사람은 설탕을 먹으면 멈춘다고 권하고, 어떤 사람은 물을 먹으라고 권했다. 그대로 해봤는데 그치지 않았다. 그때 딸꾹질의 원인이 된 반찬을 한번 더 집어먹어봤다. 그러자 딸꾹질이 거짓말처럼 멈췄다. 문제가 생길 때 그 문제의 원인으로 문제를 치료한다는 말이 있다. 주스를 마시다 딸꾹질이 시작되었을 때 그 원인이 된 주스를 한 모금 더 마시면 신기하게도 멈춘다. 골치 아픈 문제를 잘 들여다보면 바로 그 문제 속에 해답이 숨어 있다.

문제가 생기면 답도 생긴다. 고민이 생기면 답도 동시에 그 속에 있다. 어떤 문제에는 반드시 그 해결책이 별책부록으로 딸려 나온다. Impossible, '불가능'이라는 단어에 점 하나만 찍으면 I'm possible, '나는 할 수 있다'가 된다. 점 하나만 옮기면 '독'도 '덕'이 되고 점 하나만 빼버리면 '남'도 '님'이 된다. 받침 하나만 바꾸면 '돌'도 '돈'이 되고 '적'도 '정'이 된다. '자살'을 뒤집으면 '살자'가 되고, 'No'를 거꾸로 쓰면 앞으로 나아가는 뜻을 가진 'On'이 된다. 점 하나만 옮기면 완전히 다른 뜻이 되고 받침 하나만 달라져도 180도 다른 의미가 되어버리는 언어들이 말해준다. 문제와 해결 사이에는 아주 작은 차이가 있을 뿐이라고, 부정과 긍정 사이에도 아주 작은 점 하나의 차이만 있을 뿐이라고……

같은 상황 속에서도 절망에 빠지는 사람도 있고, 희망을 발견하는 사람도 있다. 갈등으로 마침표를 찍는 사람도 있고 화해의 느낌표를 멋지게 찍는 사람도 있다. 그러니 숨은그림찾기처럼, 소풍 가면 하던 보물찾기처럼, 즐겁게 찾아볼 일이다. 문제 속에 숨어 있는 해답을, 절망 속에 숨어 있는 희망을, 갈등 속에 숨어 있는 화해를, 불행 속에 숨어 있는 행복을……

나와 다르다고 해서
틀린 것은 아니다

'프로크루스테스'의 침대

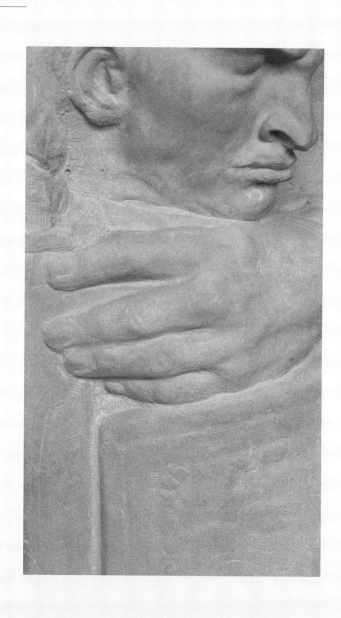

과일가게에 가면 사과는 사과끼리, 복숭아는 복숭아끼리, 포도는 포도끼리 담겨 있다. 그들이 오는 곳은 다 다르다. 대구에서 옥천에서 제주에서, 때로는 저멀리 다른 나라에서 와 같은 곳에 머문다. 모양도 맛도 참 많이 다르다. 하지만 복숭아가 포도와 다르다고 해서 시샘하지 않는다. 귤이 사과와 다르다고 해서 밀어내지도 않는다. 그저 각자가 각자의 모습대로 각자의 맛을 내며 살아가는 것처럼 보인다. 서로 다른 모습을 인정하면서 타인의 색깔을 시샘하거나 타박하지도 않으면서 자기 색깔을 내며 살아가는 세상. 우리가 사는 세상도 그렇게 멋진 세상일까?

'프로크루스테스의 침대'라는 말은 자기 기준만 내세우고 남을 인정할 줄 모르는 사람을 뜻한다. 타인의 상황은 고려하지 않고 제 고집만 내세우는 독불장군을 일컫기도 한다. '프로크루스테스의 침대', 그 이야기는 아테네의 왕 아이게우스가 델포이 신전으로 가는 것으로 시작된다.

아버지를 찾아나선 테세우스

아테네의 왕 아이게우스에게는 아들이 없었다. 자식을 기다리는 마음에 답답해진 아이게우스는 델포이의 신전을 찾아갔다. 그리고 어떻게 하면 자식을 얻을 수 있는지 물었다.

"아테네에 도착할 때까지 술 주머니를 열지 말아라."

아이게우스는 신의 응답을 들었지만 그 뜻이 무엇인지 알 수 없었다.

그래서 현자로 소문난 트로이젠의 왕인 피테우스를 찾아갔다. 피테우스는 그 의미를 단번에 알아차렸다. 그것은 곧 아테네를 다스리게 될 영웅이 생긴다는 뜻이었다. 피테우스는 아이게우스와 자기 딸 사이에서 장차 영웅이 태어난다면 자기도 그 덕을 볼 수 있겠다는 생각이 들었다. 피테우스는 아이게우스에게 긴장을 풀게 하고는 음식과 술을 대접했고 아이게우스는 술에 취해 잠이 들었다. 그때 피테우스는 딸인 아이트라 공주를 들여보냈다. 아이게우스는 그녀와 하룻밤을 보내게 되었다.

다음날, 아이게우스는 궁전의 댓돌을 들어올려 그 밑에 칼과 가죽신을 넣었다. 다시 댓돌을 제자리에 내려놓고는 말했다.

"아들을 낳거든 그애가 자라 이 댓돌을 들어올릴 수 있게 되면 그때 내게 보내시오. 댓돌 밑에 넣어둔 칼과 가죽신을 가지고 오면 내가 내 아들을 알아볼 수 있을 것이오."

그의 예상대로 아이트라는 아들을 갖게 되었다. 그 아이가 바로 영웅 테세우스였다.

테세우스는 무럭무럭 자라났다. 테세우스는 아버지 아이게우스를 닮아 힘이 장사였다. 청년이 된 테세우스에게 아이트라가 말했다.

"저 바위를 들어보거라."

테세우스는 바위를 번쩍 들었다. 그 밑에는 아이게우스가 숨겨둔 왕가의 칼과 가죽신이 있었다.

"그 물건은 네 아버지 것이다. 그것을 가지고 아테네로 가거라. 아버지를 찾아 그 물건을 보여주면 너를 아들로 받아주실 거야."

사람을 재단하는 프로크루스테스의 침대

—

테세우스는 할아버지 피테우스와 어머니 아이트라와 작별인사를 나누었다. 그리고 아테네로 향했다. 아테네로 가는 방법은 두 가지였다. 그중 배를 타고 가는 것은 쉬운 길이었고 육로를 통해 걸어서 가는 길은 어렵고 험한 길이었다. 테세우스는 어릴 때부터 헤라클레스를 존경하며 동경했다. 헤라클레스처럼 영웅이 되고 싶었던 그는 쉬운 길을 택하지 않았다. 그는 안전한 해로를 두고 위험하고 어려운 육로를 택했다. 육로로 가면 지나가는 나그네를 위협하는 악당들이 많다는 소문을 들었지만, 그는 그 길을 걸어가기 시작했다.

테세우스는 아테네로 가는 동안 여섯 명의 악당들을 만났다. 거대한 곤봉으로 행인들을 때려죽이는 악당, 휘어놓은 두 그루 소나무에 나그네를 묶어놓은 뒤 나그네를 찢어 죽이는 악당, 멧돼지를 시켜 나그네를 죽이는 악당, 나그네를 벼랑 아래로 차서 바다거북에게 잡아먹히게 하는 악당, 격투를 신청하고 씨름을 벌인 후 나그네를 목 졸라 죽이는 악당…… 테세우스는 그 악당들을 만나 그들이 했던 똑같은 방법으로 악당들을 물리쳤다.

테세우스가 마지막으로 만난 악당은 프로크루스테스였다. 길을 가던 테세우스는 아이갈레오스 산 부근에서 프로크루스테스의 제지를 받았다.

"서라! 여기를 지나가려면 통행세를 내야 한다!"

프로크루스테스는 그리스의 유명한 강도였다. 그는 아테네 외곽 언덕의 집에 살면서 강도짓을 일삼았는데 나그네를 자기 집에 데려가 묵게 하고는 돈을 빼앗았다. 그러고 난 뒤에는 침대에 사람을 눕히고 나그네의 키가 침대보다 짧으면 잡아 늘이고, 나그네의 키가 침대보다 길면 다리를 잘라버리는 잔인한 방법으로 나그네를 죽였다. 테세우스는 프로크루스테스가 했던 방법 그대로 그를 처치했다. 테세우스는 악당들을 물리치고 아테네에 입성했다. 그리고 꿈에 그리던 아버지 아이게우스를 만날 수 있었다.

'틀린' 게 아니라 '다른' 것이다

'프로크루스테스의 침대'라는 용어는 마르크스의 논문 속에 쓰였다. 그는 헤겔의 관념론적 방법을 비꼬며 '프로크루스테스의 침대'라고 비판했다. 관념의 기준을 세워놓고 현실을 제멋대로 늘였다 줄였다 한다는 것이다. 남을 인정할 줄 모르고 자기 자신의 잣대에 따라 재단한다는 의미를 가진 '프로크루스테스의 침대'. 누구에게나 프로크루스테스의 침대는 숨겨져 있다. 내 뜻과 다르면 무조건 비판하고 인정하려 들지 않는 마음이 그것이다.

나와 의견이 같지 않은 사람에게 '틀렸다'라고 하는 것은 옳지 않다. '틀린' 게 아니라 '다른' 것이다. 서로 다른 점을 인정하지 않고 틀리다고 생각하면 그 관계는 이어질 수가 없다. 나와 다르다고 무조건 배척할 게 아니라 나와 다른 개성을 존중하고 서로의 의견을 서로 맞춰가야 한다.

신문이나 뉴스, 토론회에서 '톨레랑스'라는 단어가 참 많이 인용된다. '참다, 견디다'라는 라틴어에서 온 '톨레랑스'는 16세기 초에 처음 등장했다. 처음에 톨레랑스는 종교에 대한 군주의 태도를 가리켰지만 오늘날에는 남의 생각과 행동에 대한 개인적인 정신자세를 가리키는 의미로 쓰인다. '톨레랑스'는 간단히 말해서, '다른 사람은 나와 생각이 다를 수 있음을 인정'하는 것이다.

『나는 빠리의 택시 운전사』라는 책에는 '프랑스적인 톨레랑스'의 예로 드골 대통령과 사르트르의 일화가 나온다. 알제리 독립운동이 한창일 때 사르트르는 스스로 알제리 독립자금 전달책으로 나섰다. 당시 프랑스의 대표적인 지성이 알제리인들의 독립지원금이 들어 있는 돈가방의 전달 책임자를 자원했던 것이다. 프랑스 경찰의 감시를 피해서 그의 책임 아래 국외로 빼돌린 자금은 알제리인들의 무기 구입에 필요한 돈이기도 했다. 그의 행위는 반역행위였다. 당연히 사르트르를 법적으로 제재해야 한다는 소리가 드골 측근들의 입에서 나왔다. 그런데 드골은 이렇게 간단히 대꾸했다.

"그냥 놔두게. 그도 프랑스인이야!"

이 일화는 드골 대통령이 비범하다는 얘기가 아니다. 사르트르가 건드리면 큰일나는 지식인이기 때문도 아니었다. 드골의 이런 생각은 프랑스인들의 일반적인 사고방식이라고 한다. 어릴 때부터 개성을 배우고, 서로 다른 가치관의 공존과 차이의 중요성을 교육받으면서 자란 프랑스인이라면 누구나 가지고 있는 톨레랑스. 톨레랑스의 그 힘이 프랑스를 개성과 독창성이 지배하는 문화강대국으로 일구었다고 해도 과언이 아닐 것이다.

나와 다른 사람의 생각을 인정하는 톨레랑스, 강요나 강제가 아니라 토론과 설득의 문화가 자리잡고 있는 톨레랑스. 과연 머나먼 남의 나라만의 얘기일까? 나와 다르다고 무조건 배척하는 건 오류이다. 나와 다른 개성을 존중하고 그의 의견에 나의 의견을 서로 맞춰가야 한다.

신화 속에서 테세우스가 전해준다. 독선이 지나치면 결국 자신이 만든 기준 때문에 파멸하게 된다고……. 그러니 독불장군식의 사고방식을 버리고 나와 다른 타인을 인정해보라고…….

그렇다. 그와 내가 다른 것이지, 나와 다른 그가 틀린 것은 아니다.

2부

사랑은 그 사람에게

스며드는 것이다

충분한 사랑이 정복하지 못하는
어려움은 없다

'큐피드'의 화살

사랑이 아름다운 것은 영원하지 않기 때문이라고들 한다. 흰 눈이 언젠가 녹기 때문에 아름다운 것처럼, 붉은 꽃이 끝내 지고 말기 때문에 아름다운 것처럼, 사랑도 변하기 때문에 아름답다고들 한다. 사랑을 지키지 못하는 이유들이 많아져만 간다. 사랑을 방해하는 요소들, 사랑하는 마음에 바리케이드를 치는 요소들은 다양하다. 하늘이 갈라놓을 때까지 사랑하겠다는 맹세를 희미하게 만드는 요소들 중에는 갑자기 닥쳐온 현실적인 어려움도 있다. 어느 날 갑자기 찾아온 병도 있다. 가족의 반대도 있고, 사회적으로 따가운 시선이 버겁고, 내 절망의 무게가 사랑을 방해하기도 한다. 서서히 다가온 마음의 변화도 사랑을 막는 요소이고, 내 꿈의 무게가 너무 커서 사랑을 보내버리기도 한다. 그러나 사랑이 뒷모습을 보일 무렵 이 물음표를 찍어봐야 한다. 충분히 사랑했는가?

충분한 사랑이 있다면 그것은 결코 변하지 않는다. 충분한 사랑이 있다면 치료할 수 없는 병도 없고, 충분한 사랑이 열 수 없는 문도 없고, 충분한 사랑이 건널 수 없는 해협도 없고, 충분한 사랑이 무너뜨릴 수 없는 벽도 없고, 충분한 사랑이 뉘우치게 할 수 없는 죄도 없다. 근심의 뿌리도, 절망의 매듭도, 충분한 사랑이 있다면 다 녹여버릴 수 있다.

자신의 황금화살에 찔린 에로스

그리스로마신화에는 그렇게 어려움을 지나 영원한 사랑을 가꿔가는 이야기가 있다. 바로 에로스의 사랑 이야기다. 로마신화와 영어에서 '큐피드'라고 부르는 에로스는 사랑의 신이다. 그는 두 개의 화살을 가지고 다녔다. 그중에서 황금화살을 맞으면 처음 마주친 이와 사랑에 빠졌고, 납화살을 맞게 되면 그 순간 만난 사람을 증오하게 되었다. 언제나 남에게 화살을 쏘아대기만 하던 에로스에게도 사랑이 찾아왔다. 그가 사랑한 여자는 프시케였다. 프시케는 그리스어로 '나비' 그리고 '영혼'이라는 의미를 가지고 있다. 프시케의 이름이 왜 '나비'일까? 애벌레의 시간을 거쳐 화사한 나비로 탄생하는 그녀와 에로스의 사랑 이야기는 아프로디테의 질투에서 시작된다.

아프로디테는 프시케 공주가 자신보다 더 아름답다는 소문을 들었다. 심지어 사람들이 아름다운 프시케를 섬기는 제단까지 만들었다는 얘기를 들었다. 사람들은 프시케를 두고 "아프로디테가 올림포스에서 내려왔다"고 말했다.

"신은 바로 나야! 감히 인간인 주제에 나보다 아름답다고?"

아프로디테는 그녀의 아들인 에로스를 불러 명령을 내렸다.

"황금화살로 프시케의 심장을 쏘아라. 그래서 그 아이가 형편없이 못생긴 자를 사랑하도록 해버려!"

에로스는 어머니의 명령대로 프시케가 사는 궁전으로 날아갔다. 그리고 프시케의 침실로 몰래 들어가 화살을 꺼내들었다. 그런데 화살을 그녀에게 막 쏘려는 순간, 프시케가 잠에서 깨어났다. 프시케의 눈에는 에로스의 모습이 보이지 않았다. 인간의 눈에는 신이 보이지 않기 때문이었다.

그러나 에로스는 프시케가 문득 에로스를 바라보는 것만 같았다. 에로스는 그녀의 아름다움에 놀라 움찔했다. 그러는 바람에 들고 있던 화살에 상처를 입고 말았다. 에로스의 황금화살을 맞은 자는 에로스 자신이 되었다. 순간 에로스는 프시케를 사랑하게 되고 말았다. 에로스는 자기가 쏜 화살에 상처 입은 채 황급히 떠났다.

프시케의 부모는 답답하기만 했다. 프시케의 언니들은 다 짝을 찾아 결혼했는데, 정작 가장 아름다운 막내딸은 짝을 못 만나고 있었다. 프시케의 부모는 아폴론 신전에 나가 물어보았다.

"우리 막내딸의 짝은 누가 될까요?"

그때 이런 답변을 얻었다.

"프시케는 신들도 두려워하는 자와 결혼하게 될 것이다. 미래의 남편이 산꼭대기에서 그녀를 기다리고 있으니 신부 옷을 입혀 산에 데리고 가라."

프시케의 부모는 슬픔에 빠졌다. 신들도 두려워하는 자라면 무시무시한 괴물임에 분명했다. 그러나 신탁을 어길 수는 없었다. 프시케는 아버지 손에 이끌려 산 위에 올라갔다. 그리고 부모님 말씀대로 신랑을 기다렸다. 날이 어두워지고 별이 가득한 밤이 되자 프시케는 두려움에 떨며 눈물을 흘렸다. 그런 그녀를 바람의 신이 둥실 들어올렸다. 프시케는 놀랐지만 바람의 신이 속삭였다.

"아무 걱정 말고 나를 믿어."

한 번도 누구를 의심해본 적 없는 프시케는 바람의 신을 그대로 믿고 의지했다.

바람의 신은 프시케를 어느 궁전으로 데려갔다. 꽃들이 화사하게 피어 있는 숲속의 궁전에서 프시케는 목소리만 들리는 하인들의 시중을 받으며 식사를 했다. 식탁 위에는 맛있는 음식과 감미로운 술이 차려져 있었고 보이지 않는 악사들의 연주가 들려왔다.

밤이 되자 프시케는 침대에 누워 잠이 들었다. 그때 에로스가 나타났다. 그는 잠든 프시케의 곁으로 다가와 누웠다. 에로스는 다정히 프시케를 안았다. 그리고 포옹하고 입을 맞추었다. 프시케는 그렇게 에로스의 신부가 되었다. 밤이면 찾아와 살며시 다녀가는 남편이 누구인지 프시케는 궁금했다.

어느 날 프시케는 "누구세요?"라고 물었다. 에로스가 대답했다.

"그대의 신랑이오."

프시케는 모습을 보여달라고 했다. 그러나 에로스는 말했다.

"내 모습을 보려고 하지 말아요. 그대가 나를 보면 나를 두려워하거나 숭배할 것이오. 나는 당신이 나를 숭배하는 것을 원하지 않아요. 다만 당신의 사랑만을 원하오."

에로스는 그녀에게 약속했다.

"밤마다 당신에게 와서 당신을 사랑해주겠소. 그리고 낮에는 당신이 원하는 것을 다 들어주겠소. 하지만 나를 볼 수는 없을 거요. 그렇게 할 수 있겠소?"

이미 에로스를 깊이 사랑하게 된 프시케는 그렇게 하겠다고 말했다.

에로스에게 버림받은 프시케

어느 날, 언니들이 프시케의 궁전에 놀러왔다가 너무나 화려한 궁전에서 행복하게 지내는 프시케를 보자 질투가 났다.

"프시케. 네 남편은 틀림없이 무서운 괴물일 거야. 그러니까 모습을 안 보여주는 거야. 너를 살찌운 뒤에 잡아먹으려 하는 거야."

언니들은 두려워하는 프시케에게 충고했다.

"남편이 잠들면 등잔불을 켜고 어떻게 생겼는지 확인해봐. 만일 괴물이거든 주저하지 말고 머리를 베어버려."

프시케는 언니들의 말대로 침대 밑에 등잔과 단도를 숨겨두었다. 에로스가 깊이 잠들었을 때 조용히 일어난 프시케는 등잔불을 켜들고 남편을 비추어 보았다. 그런데 눈앞에 보이는 것은 무서운 괴물이 아니었다. 신들 중에서도 가장 아름다운 에로스였다. '이렇게 아름다운데 왜 신들도 다 두려워한다고 했을까?'

그 이유는 에로스가 사랑과 증오라는 감정을 맘대로 조정하는 사랑의 신이기 때문이었다. 그래서 다른 신들도 모두 그를 두려워한다는 뜻이었다. 그것도 모르고 무시무시한 괴물일 거라고 생각한 것이다.

프시케는 아름다운 남편의 얼굴을 더 자세히 보고 싶었다. 그래서 등불을 기울였다. 그때였다. 뜨거운 기름 한 방울이 그의 어깨 위에 떨어지고 말았다. 에로스는 깜짝 놀라 눈을 뜨고 프시케를 바라보았다.

"저…… 저는 그냥…… 당신의 모습을 보고 싶었을 뿐이에요."

프시케의 변명을 들으려고도 하지 않고 에로스는 날개를 펴고 창밖으로 날아갔다. 놀란 프시케는 허둥지둥 그를 따라가다가 그만 창에서 땅으로 떨어지고 말았다. 에로스는 땅에 쓰러진 프시케를 보고 잠깐 날갯짓을 멈추고는 말했다.

"어리석은 프시케. 사랑과 의심이 어떻게 함께할 수 있겠는가?"

후회하며 잘못을 비는 프시케를 남겨두고 에로스는 날아가버렸다. 얼마나 울었을까. 프시케가 정신을 차렸을 때는 꽃이 만발한 정원도, 호화로운 궁전도 다 사라져버린 후였다. 그곳은 그저 넓은 허허벌판일 뿐이었다.

프시케에게 내려진 아프로디테의 과제

—

사랑을 잃어버린 프시케는 에로스를 찾아 헤매고 다녔다. 난생 처음 사랑을 느끼게 해준 남편이었다. 그를 잃고 싶지 않았다. 프시케는 에로스를 찾아 온 세상을 돌아다녔다. 그런 어느 날, 프시케는 아프로디테의 성에 도착했다. 프시케는 아프로디테가 누구인지도 모르고 고민을 털어놓았다. 남편을 꼭 찾고 싶다는 프시케의 말에 아프로디테는 조건을 내걸었다.

"내가 도와주지. 그러나 남편을 만나려면 몇 가지 과제를 해내야 해."

프시케는 에로스를 만나게 해준다면 그 무슨 일이라도 하겠다고 했다.

아프로디테가 프시케에게 내린 첫번째 과제는 곡식들을 분류하는 일이었다. 밀, 보리, 콩, 수수들이 마구 뒤섞여 있는 곳에서 아프로디테가 명령했다.

"이 곡식들을 각각 종류별로 가려놓아라. 저녁이 되기 전까지 마쳐야 해!"

프시케는 산더미 같은 곡식들을 보며 한숨을 내쉬었다. 그러나 아폴론이 개미들을 잔뜩 보내주어 프시케를 도와주었다. 그다음 일은 사람을 잡아먹는 양의 털을 깎는 일이었다. 그 일도 아폴론이 도와주어 잘 해낼 수 있었다. 프시케는 금빛 양털을 가득 안고 아프로디테에게로 갔다. 지하세계로 내려가는 스틱스 강의 물을 한 양동이 길어오라는 일도 프시케는 해낼 수 있었다. 아프로디테는 더 어려운 과제를 또 내주었다.

"저승세계에 다녀오너라. 거기 가면 저승의 왕비 페르세포네가 있다. 그녀에게서 아름다움의 비결이 담겨 있는 상자를 받아오도록 해라."

페르세포네는 저승의 여신이었다. 지하세계라면 죽어야만 갈 수 있는 곳이 아닌가! 그러나 프시케는 포기할 수 없었다. 프시케는 탑의 꼭대기로 올라가 뛰어내리려고 했다. 그런데 탑 속에서 어떤 목소리가 들려왔다.

"가여운 프시케야. 왜 목숨을 끊으려고 하느냐?"

그 목소리는 저승세계로 가는 법을 알려주었다. 그리고 가는 중에 위험을 피하는 방법, 지하세계를 지키는 머리 셋 달린 개를 무사히 지나가는 요령도 알려주었다. 그리고 저승의 강을 건너갔다가 다시 돌아오려면 어떻게 뱃사공을 설득해야 하는지도 알려주었다. 그리고 덧붙였다.

"페르세포네가 상자에 아름다움을 채워서 줄 거야. 그때 주의해야해. 절대 그 상자를 열어서도, 그 안을 들여다봐서도 안 돼."

프시케는 목소리가 알려준 대로 저승세계에 도착할 수 있었다. 페르세포네는 친절하게 프시케를 대해주었다. 그리고 그녀를 가엾게 여기면서 바구니 가득 아름다움을 채워주었다. 프시케는 목소리가 일러준 대로 온 길을 되짚어 이승으로 무사히 돌아왔다. 그때였다. 프시케는 문득 페르세포네가 건네준 상자에 무엇이 들어 있는지 궁금했다. 아름다움이 담겨 있는 상자에서 아름다움을 꺼내보고 싶었다. 남편을 만나기 전에 더 아름다워지고 싶었던 것이다. 프시케는 떨리는 손으로 상자를 열었다. 그런데 그 상자 속에는 잠이 가득 들어 있었다. 상자 속에 갇혀 있던 잠은 뚜껑이 열리자마자 몰려나와 프시케를 덮쳤다. 프시케는 길 한가운데 쓰러져 잠들어버렸다.

에로스는 그동안 그녀를 계속 지켜보고 있었다. 그녀의 깊은 사랑을 확인할 수 있었던 에로스는 단숨에 프시케가 잠들어 있는 곳으로 날아가 그녀를 깨웠다. 프시케는 에로스를 다시 만나 기쁨의 눈물을 흘렸다.

"당신을 얼마나 그리워했는지 몰라요."

에로스는 사랑스러운 프시케를 안고 하늘로 올라갔다. 그리고 제우스 신에게 사랑을 허락해달라고 간청했다. 제우스는 아프로디테에게 그들이 사랑할 수 있게 하자고 설득했다. 프시케의 한결같은 사랑이 제우스 신을 움직였고, 아프로디테의 얼어붙은 마음도 녹였다. 아프로디테는 에로스를 만나기 위해 죽을 결심까지 한 프시케를 더는 어떻게 할 수가 없었다.

제우스는 프시케에게 신들의 음료인 넥타르와 불로불사의 음식인 암브로시아를 건넸다. 그 음식을 먹은 프시케는 불사의 신이 되었다. 그리고 에로스와 마침내 부부의 인연을 맺게 되었다. 도저히 이룰 수 없는 사랑인 줄 알았던 신과 인간의 결혼이 마침내 이루어진 것이다.

우리는 과연 참된 사랑을 하고 있는 것인지

———

사랑은 그렇게, 천상과 지상을 뛰어넘게 하는 힘을 가졌다. 영원한 사랑은 오래 참고 견딘 자에게만 주어지는 특권이다. 모차르트의 고향인 잘츠부르크는 땅속에서 나는 소금으로 유명하다. 그 소금은 숲의 지각 변화에 의해 땅에 묻혔다가 오랜 세월 동안 썩어서 마침내 유익하고 아름다운 결정체인 소금으로 변하게 된다고 한다. 그렇게 땅속에서 오래오래 묻히고 완전히 썩고 나서야 아름답게 승화되는 잘츠부르크의 암염, 그것이 바로 사랑의 진정한 모습이라고 스탕달은 강조했다.

그렇다면 우리는 과연 참된 사랑을 하고 있는 것인지 물음표를 찍어보게 된다. 아주 작은 바람에도 흔들리는 사랑…… 과연 진실한 것일까? 아주 작은 구름에도 흐려지는 사랑…… 혹시 거짓은 아닐까? 천둥과 번개, 비바람과 거친 폭풍우를 견뎌야 소금이 된다는데 우리는 아주 작은 충격에도 너무 쉽게 포기해버리는 것은 아닐까?

사람이 사람을 만나 사랑하는 일은 영겁의 세월, 억겁의 인연을 통과해야 하는, 어렵고 힘든 일이라고 한다. 그런데 너무 쉽게 그 인연을 보내버리고 있는 것은 아닐까? 오랜 인내와 힘든 고행을 거쳐 아름다운 사랑을 이뤄낸 프시케에게 사랑의 비법에 대해 한 수 배우고 싶어진다. 그러면 프시케는 이렇게 전해주지 않을까? 많이 참아주고 기꺼이 견뎌주고 오래오래 기다려주라고……. 마음에 차고 넘치는 충분한 사랑, 그 사랑 하나만 있으면 그 무엇도 두렵지 않은 사랑을 간직하고 있는가? 그렇다면 사랑을 잘 지켜낼 수 있을 것이다. 충분히 사랑할 수 있는 사람이야말로 인생의 최강자니까.

가여운 숙명을 지닌
슬픈 행운, 그것이 사랑이다

'아프로디테'의 스캔들

사랑은 뇌와 마음을 모두 취하게 하는 이 세상 최고의 아름다운 술이다. 구름에 둥둥 떠서 살아가게 하는 힘, 사랑 말고 그 어떤 것이 또 있을까. 사랑하는 마음으로 시간을 보면 황홀한 추억이 새겨지는 고마움이고, 사랑하는 마음으로 세상을 보면 세상이 우리를 축복하는 예쁜 케이크처럼 보인다. 그러니 사랑을 하는 마음은 시인의 마음이고 사랑을 하는 순간은 시를 쓰는 절정의 시간이다. 그런데 술도 그렇듯 사랑도 분별이 필요하다. 과음하고 나면 머리가 아프듯이 몰애沒愛에서 깨고 나면 숙취의 기운처럼 쓰리고 나른하게 삶을 살아가게 된다.

아름다움과 사랑은 통하는 것일까? 아름다움의 여신과 사랑의 여신은 같다. 아프로디테(로마신화에서는 '베누스', 영어식 발음으로는 '비너스')이다. 누가 뭐래도 아프로디테는 모든 여성들의 워너비 여신이다. 남성들의 사랑을 받고 천상의 아름다움을 지녔으니 선망의 대상일 수밖에 없다.

그런데 과연 사랑의 여신인 그녀의 사랑은 완벽했을까? 그녀의 사랑은 우리 모두가 꿈꾸듯 고결하고 아름답기만 했을까? 아프로디테는 그녀의 사랑을 통해 사랑의 본질을 전해주는지도 모른다. 사랑이란 즉흥적이고 비참하고 슬프고 황당하고 지리멸렬한 것일지도 모른다고…….

'거품Aphros에서 태어난 여신'이라는 뜻인 그녀의 이름처럼 사랑은 물거
품처럼 사라지고 마는 것이라고…….

거품에서 태어난 여신, 아프로디테

———

아프로디테는 바다 거품에서 태어났다. 크로노스가 우라노스의 생식기
를 낫으로 베어버렸을 때 그 일부가 바다로 떨어졌다. 바다로 떨어진 그
피는 한 덩어리의 거품이 되어 오랜 세월 바다 위를 떠돌다가 펠로폰네
소스 반도의 남쪽 앞바다에 있는 키테라 섬으로 흘러들어갔다. 그러다
가 또다시 지중해 동쪽 끝 키프로스 섬으로 흘러갔다. 지금은 '사이프
러스'라고 불리는 터키 남쪽의 섬이 그곳이다.

키프로스 섬으로 흘러들어간 어느 날, 거품에서 아름다운 여신이 솟
아올랐다. 바다의 신은 거대한 조개껍데기를 밀어올려 이 여신을 태웠
고 서풍의 신은 이 조개를 해변으로 밀고 가서 섬에 안전하게 내려주었
다. 올림포스 신전에서 제우스가 그녀를 따뜻하게 맞아주었다.

그런데 아름다운 여신을 본 남자 신들이 그녀를 차지하기 위해 다툼
이 일어났다. 신들의 왕인 제우스는 평화를 위해 빨리 짝을 맺어주기
로 했다. 많은 남신들 중에서 제우스와 헤라는 엉뚱한 선택을 했다. 아
름다운 아프로디테의 짝으로 올림포스 최악의 추남인 헤파이스토스를
정한 것이다.

제우스와 헤라의 아들인 헤파이스토스는 불과 대장간의 신이었다.
그는 못생기고 다리를 절룩였지만 누구보다도 손재주가 뛰어났다. 그
는 아프로디테를 위해 황금과 보석으로 만든 마법의 벨트를 만들어주

었다. 그 벨트를 차면 누구도 저항할 수 없는 매력을 발산할 수 있었다. 사랑을 불러일으켜주는 황홀한 선물을 받은 아프로디테는 기꺼이 헤파이스토스의 청혼을 받아들였다. 가장 아름다운 미의 여신과 가장 못생긴 추남 신의 만남, 가장 어울리지 않는 커플의 탄생이었다. '미녀와 야수' 원조라고 불릴 만했다.

신들의 세상에서 미녀와 야수 커플의 사랑은 과연 어떻게 이어질까? 수많은 드라마와 영화 속에 담겨지는 애정의 삼각관계, 허락되지 않은 불온한 사랑의 원형은 어쩌면 아프로디테의 결혼에서 시작되었는지도 모른다.

그들의 결혼식은 성대했고 결혼하고 나서 한동안 아프로디테는 행복했다. 호화로운 궁전도 순식간에 만들어주었고 갖고 싶은 것이면 무엇이든 뚝딱뚝딱 만들어주는 남편이 좋았다. 그러나 결혼의 행복은 너무나 빨리 사라져갔다. 밤낮없이 일만 하는 대장장이 신 헤파이스토스가 점점 따분해지기 시작했다. 누구든 사랑에 빠져드는 마법의 벨트를 지닌 아프로디테. 그녀의 유혹에 걸려들지 않을 남자는 없었다.

그때 아프로디테에게 거침없이 다가드는 신이 있었다. 아레스다. 아레스는 '잡아간다', '쳐부순다'라는 뜻으로, 이름이 말해주는 것처럼 전쟁의 신이다. 용맹하고 잘생긴 아레스는 전쟁의 신답게 무엇이든 탐나는 것이 있으면 거침없이 빼앗았다. 아레스는 이미 아프로디테에게 매혹되어 있었다. 아름답지만 문란한 여자와 폭력적이지만 잘생긴 남자의 만남. 이렇게 올림포스의 떠들썩한 스캔들은 시작되었다. 아프로디테와 아레스는 언제 어디서든 만나 거침없는 사랑을 나누었다.

그런 어느 날 아레스가 아프로디테를 산속으로 불러냈다. 한낮의 밀회는 뜨거웠다. 그때 태양신 헬리오스가 그들의 불온한 연애 행각을 보고 말았다. 그리고 헤파이스토스에게 아프로디테와 아레스의 밀회를 말해버렸다.

신화 속, 세기의 스캔들

분노와 배신감에 부들부들 떨던 헤파이스토스는 그물을 하나 짜기 시작했다. 올이 너무나 가늘어서 눈으로는 보이지 않는 아주 정교한 강철 그물이었다. 헤파이스토스는 침대에 그 그물을 쳤다. 그리고 아프로디테에게 일러두었다.

"일 때문에 멀리 가야 돼. 며칠 집을 비울 거야."

헤파이스토스가 집을 비우자 아레스는 아프로디테의 궁전으로 달려갔다. 그들은 견딜 수 없는 욕정으로 서로를 안았다. 그때였다. 무엇인가가 그들의 몸을 포박하기 시작했다. 헤파이스토스가 미리 쳐놓은 그물이었다. 아프로디테와 아레스는 벌거벗은 채 꼼짝없이 그물에 갇혀버리고 말았다. 밖에서 상황을 지켜보고 있던 헤파이스토스가 집으로 들이닥쳤다. 그는 침실 문을 열어젖히고 괴성을 질러댔다. 헤파이스토스의 고함을 듣고 신들이 몰려들었다. 벌거벗은 채 서로 껴안고 있는 아프로디테와 아레스의 모습은 신들에게 재밌는 구경거리였다.

아폴론이 옆에 있던 헤르메스에게 물었다.

"당신 같으면 어떻게 하겠어요? 저렇게 그물에 꽁꽁 묶이더라도 저 아름다운 아프로디테 곁에 눕고 싶은가요?"

헤르메스는 망설이지 않고 대답했다.

"치욕을 당하면 어때요? 온 세상 신들이 다 모여 구경거리가 된다고 해도 아프로디테와 저렇게 갇혀보았으면 좋겠어요. 그때는 그물이 저것보다 세 배는 더 질겼으면 좋겠는데요."

헤르메스의 그 말에 신들은 폭소를 터뜨렸다.

그렇게 아프로디테와 아레스의 불온한 사랑은 신들의 세상 속, 세기의 스캔들이었다.

그후 아레스는 자신의 신전이 있는 트라키아로 도망쳐버렸다. 그리고 오랫동안 두문불출하고 집에 틀어박혀 지냈다. 그러나 아프로디테는 그렇게 하지 않았다. 그녀는 당당하게 처녀의 샘이 있는 키프로스 섬으로 갔다. 그리고 몸을 씻으면 다시 처녀로 거듭나게 해주는 샘에 몸을 씻고 더욱 아름답게 모습을 가꿨다. 사랑이 떠나면 다른 사랑을 기다리는 존재, 사랑 없이는 못 사는 존재, 그게 바로 아프로디테, 사랑의 여신이었다.

당신 같으면 어떻게 하겠어요?

———

아폴론이 헤르메스에게 던진 질문인 "당신 같으면 어떻게 하겠어요?" 이 질문에 과연 21세기를 사는 남자들은 어떤 대답을 들려줄까?

헤르메스의 대답은 사랑의 속성을 그대로 전해주는지도 모른다. 불타 죽을지도 모르지만 불을 향해 달려드는 불나방처럼 위험하지만 끌려들어갈 수밖에 없는 것, 그것이 사랑이니까. 누군가는 그 불빛을 가로막는 유리창이 있는 줄도 모르고 혼을 태워보기도 전에 유리창에 부딪치다 명멸하기도 한다. 뛰어들 불빛이 없어서 새카만 어둠 속으로 뛰어들기도 한다.

그러니 차라리 영혼을 남김없이 태워볼 수 있다는 것은 행운인지도 모른다. 가여운 숙명을 지닌 슬픈 행운, 그것이 사랑이니까.

이별은 죽음보다
혹독한 형벌이다

물총새가 된 '알키오네'

걸어가 그곳에 닿으면 사랑하는 사람이 있었다. 혼자 길을 걸을 때는 추웠지만 그곳에 들어가면 그 사람 온기가 있어서 추운 줄 몰랐다. "춥다" 소리가 나오기도 전에 그 사람의 미소가 먼저 난로를 피웠기 때문이다. 그런데 이제 그 창에 불이 꺼져 있다. 사랑이 사라져버렸기 때문이다. 그 사람이 없는 사계절은 모두…… 겨울이다. 기온이 떨어지고 바람이 불어서 추운 것보다 더 혹독한 체감온도의 원인, 그것은 '부재중인 사람'이다.

이 세상에서 가장 혹독한 형벌은 헤어짐이라는 사실, 이 세상에서 가장 고통스러운 고난은 그 사람의 '부재'라는 사실을 알려주는 이야기가 있다. 물총새가 된 부부의 이야기다. 알키오네와 케익스는 금슬 좋은 부부의 상징이다.

금슬 좋은 부부, 알키오네와 케익스

테살리아 왕 아이올로스의 딸인 알키오네는 트라키아 왕인 케익스를 사랑했다. 그들은 맹세했다.

"죽음이 우리를 갈라놓을 때까지 사랑해요."

두 사람은 결혼했고 행복하게 살았다. 그런데 부부가 너무 사랑하면 신이 질투한다고 했던가.

케익스는 델포이에 가서 신탁을 받아보기로 했다. 나라에 자꾸 변고가 생기고 가족에게도 이상한 일들이 일어나자 답답한 마음이 들었던 것이다. 그런데 델포이로 가는 육로에는 나그네를 괴롭히는 무법자가 버티고 있다는 소문이 돌았다. 하는 수 없이 케익스는 배를 타고 바다로 가기로 했다.

케익스의 아내 알키오네는 남편이 먼 길을 떠나는 것이 불안했다. 바람의 신 아이올로스의 딸이기에 그녀는 바람의 무서움을 누구보다도 잘 알고 있었다. 떠나면 그것으로 마지막이 될 것 같아 알키오네는 남편을 붙잡았다.

"제발 부탁이에요. 날 두고 가지 마세요."

그러나 케익스의 의지는 확고했다. 가야 한다는 남편의 말에 알키오네는 더욱 불안해져서 그의 팔을 붙들었다.

"그렇다면 나도 함께 데려가주세요."

케익스는 알키오네를 달래며 꼭 돌아온다는 약속을 했다. 그리고 혼자 항해를 떠났다.

결국 알키오네가 우려했던 일이 그대로 일어났다. 케익스의 배가 폭풍우를 만난 것이다. 바람이 그의 배를 강타했고, 그의 배는 부서지고 말았다. 케익스는 바닷물에 휩쓸려가며 기도했다.

"파도여. 나의 시신이라도 내 아내에게 데려다주오."

한편, 남편의 생사를 알 수 없는 알키오네는 결혼생활의 수호신인 헤라의 신전에 찾아가 간절히 기도를 올렸다.

"신이시여. 저의 남편을 보살펴주세요. 그가 꼭 살아서 돌아오게 해주
세요."

그러나 그때는 이미 케익스가 죽은 후였다. 헤라는 남편이 죽은 줄
도 모르고 기도하는 알키오네가 안타까웠다. 도저히 그 기도를 계속
해서 듣고 있을 수가 없었다. 헤라는 하는 수 없이 꿈의 신을 그녀에게
보냈다.

한 쌍의 새가 된 부부의 인연

—

어느 날 밤, 깊이 잠든 알키오네의 꿈속에 남편이 나타났다. 꿈의 신 모
르페우스가 케익스로 변신해 나타난 것이다. 알키오네는 기쁨의 눈물
을 흘렸다.

"살아 있었군요. 얼마나 걱정했는지 몰라요!"

케익스는 슬픈 얼굴로 말했다.

"나는 이미 이승을 떠난 몸이오. 그러니 이제 더이상은 바다에 나가
지 말아요."

무슨 말인지 몰라 망연자실하여 보는 알키오네에게 꿈속에서 만난
남편이 말을 이었다.

"난 이제 당신 품으로 돌아올 수가 없소. 그러니 이제는 나를 돌아오
게 해달라는 기도를 드리지 말아요."

알키오네는 그럴 리 없다고 울부짖으며 남편의 팔을 잡으려 했다. 그
러나 두 팔만 허공에서 허우적거릴 뿐, 남편을 붙잡을 수 없었다. 케익
스는 그렇게 꿈속에서 홀연히 사라져버렸다.

잠에서 깨어난 알키오네는 망연히 앉아 있었다. 너무나 생생한 꿈이었다. 남편이 이미 죽었다는 것을 깨달을 수 있었다. 알키오네는 벌떡 일어나 바다로 달려갔다. 남편이 떠난 바닷가에 서서 알키오네는 하염없이 바다를 바라보았다. 그때였다. 저멀리 남편이 보였다. 그런데 시신이었다. 남편의 시신이 파도에 밀려오고 있었다. 케익스가 시신이라도 아내 곁에 돌아가게 해달라고 간절히 올린 기도를 신이 받아들인 것이다. 알키오네는 밀려오는 케익스의 시신을 보았다.

"당신…… 왜 이제야 오시나요?"

알키오네는 엷은 미소를 지으며 방파제로 올라갔다. 그리고 남편을 향해 몸을 던졌다. 알키오네를 가엾게 여긴 신들이 그녀를 물총새로 변하게 하였다. 새가 된 알키오네가 케익스의 시신에 부리를 대었다. 그러자 케익스도 물총새로 다시 살아났다. 그렇게 알키오네와 케익스는 한쌍의 물총새가 되어 먼 하늘로 날아갔다. 그들은 부부의 인연을 이어갈 수 있었다.

사 랑 의 끝 은 기 록 되 지 않 는 다

—

다른 새들은 바위틈이나 육지에서 새끼를 낳는다. 그런데 물총새는 바다 위에서 새끼를 낳는다. 물총새들이 새끼를 낳는 동지 무렵의 2주일 동안에는 바다에 바람이 불지 않는다. 물총새가 새끼를 낳는 동안에는 바람의 신이 바람을 가라앉혀 바다를 평온하게 만들기 때문이다. 선원들은 이때를 가리켜 알키오네의 이름을 딴 '알키온'이라고 불렀다. 물총새를 뜻하는 '핼시언'은 평화롭다는 뜻으로도 쓰인다. 사랑하는 사람을 기다리다가 물총새가 되었다는 두 사람의 이야기는 이별이 얼마나 혹독한 형벌인지 말해준다.

마음이 깜깜해지면 언제나 등불을 환하게 켜주던, 마음의 점등인이었던 그 사람이 이제 없다는 사실……. 밖으로 나갔던 내 마음이 돌아오는 길을 찾지 못해 방황하며 울고 싶을 때 다정하게 손 내밀어줄 그 사람이 이제 더이상 없다는 사실…….

두렵고 슬픈 사실이다. 사랑의 시작은 분명히 인생의 아름다운 사건이다. 그러나 사랑의 끝은 인생이 다하는 날까지 도무지 기록이 되지 않는다. '끝났다'고 말은 하면서도 가슴속에서는 끝낼 수가 없기 때문이다. 이미 사랑을 해버린 가슴은 그렇게 이별을 받아들이기 쉽지 않다. 눈에서 멀어지면 마음에서도 멀어지는 것이 어쩌면 더 편할지도 모른다. 그런데 그것도 맘대로 되는 것이 아니다. 그러니 그 사람을 이제 풍경 속에 풀어놓는 건 어떨까? 자주 보이는 나무에, 늘 다니는 길목의 가로등에, 풀잎에 그 사람을 새겨두면, 그러면 마음속에서 언제나 그 사람을 호출할 수 있으니까.

사랑은 그 사람에게
스며드는 것이다

사랑의 법칙을 알려주는 '알페이오스'

한쪽이 없으면 다른 한쪽도 아무 소용이 없어지는 것들이 있다. 한 짝이 없는 벙어리장갑, 한 짝을 잃어버린 양말, 한쪽이 없는 젓가락, 레일 한쪽이 고장난 철로……. 그렇게 한 짝이 한 짝을 만나 두 개가 있어야 완전한 하나가 되는 것들이다.

두 개가 있어야 완전한 하나가 되는 것들 중에는 우리, 사람도 포함돼야 할 것 같다. 그 어떤 맛과 향기도 사랑하는 이가 없으면 아무 의미 없어지니까. 그래서 언제나 사랑을 갈구하고 외롭고 그리운 존재들……. 우리는 그렇게 두 사람이 뭉쳐 하나가 되는 세트 구성물인지도 모른다.

당나라 시인 노조린의 시에 전설의 물고기 비목어比目魚가 나온다. 한쪽 눈이 없는 이 물고기는 슬픔에 잠긴 채 살아가다가 또다른 외눈박이 물고기를 만난다. 한쪽 눈이 없어서 살아가기 불편했던 두 물고기는 서로 사랑했고, 서로에게 부족했던 한쪽 눈을 보완해가며 의지해서 살아갔다.

그렇게 불완전한 하나가 또하나의 불완전한 하나를 만나서 완전한 생을 살아가게 되는 일……. 사랑이다. 우리는 반쪽을 찾아 헤매는 운명을 지닌 자들이다. 그런데 사랑하는 사람이 있는데도 외로운 것은 왜일까? 다만 절반의 빈자리를 메꿔줄 대상을 찾느라 사랑한다는 것은 어쩌면 이기심인지도 모른다. 외로움을 달래느라 만난 사람은 결국 외로움을 채워주지 못할 때 사랑이 식어버릴 수 있다. 사랑은 다만 그 사람을 사랑하지 않을 수 없기 때문에, 그의 곁에서 동행해줄 준비가 되어 있기 때문에, 그 사람 자체가 그냥 좋기 때문에 사랑해야 하는 것이다.

반쪽이 반쪽을 찾는 게 아니라 온전한 하나가 다른 완전한 하나를 만나 더 완벽한 온 것이 되는 사랑, 그것이 진정한 사랑의 형태다.

스스로 강이 된 알페이오스

—

사냥꾼 알페이오스는 그렇게 진정한 사랑을 할 줄 아는 이였다. 알페이오스에게 처음 찾아온 사랑은 사냥의 여신인 아르테미스였다. 그런데 아르테미스는 결코 결혼하지 않겠다고 선언하고 수많은 남자들의 구애를 잔인하게 물리치는 독신주의 신이었다. 그녀는 구애하며 다가오는 남자들에게는 가차없이 보복하는 잔인한 면도 가지고 있었다. 그런 그녀를 사랑하는 일은 위험한 일이었다. 그럼에도 불구하고 알페이오스는 그 사랑을 멈출 수가 없었다.

그런데 아르테미스도 그에게는 약간 마음이 있었던 것 같다. 아르테미스는 그가 쫓아다니는 것을 눈치채고 그의 사랑을 한번 시험해보고 싶었다. 아르테미스는 알페이오스의 마음이 어떤 것인지 궁금했다. 사냥꾼으로서 사냥의 신을 존경하는 것인지, 아니면 이성으로서 사모하는 것인지 알 수가 없었다. 아르테미스는 시녀들을 데리고 알페이오스 앞에 나타났다. 아르테미스의 얼굴에도, 시녀들의 얼굴에도 진흙이 발라져 있었다. 그녀들은 일제히 알페이오스에게 물었다.

"우리 중에 누가 아르테미스인가요?"

아르테미스는 만일 그가 이성으로 사랑한다면, 그리고 그 사랑이 진실하다면 아무리 진흙을 발라도 자신을 알아볼 수 있을 거라고 생각했다. 알페이오스의 대답을 기다리는 아르테미스의 마음은 떨림과 설렘이 있었다. 그는 과연 알아맞출 수 있을까? 그러나 알페이오스에게는 잔인한 시험이었다. 그는 진흙을 바른 여자들 속에서 아르테미스가 누구인지 도저히 알 수가 없었다. 알페이오스는 절망했다. 그 역시 사랑한다면 아무리 얼굴을 가려도, 아무리 오랜 세월 볼 수가 없었어도, 아무리 몸과 얼굴이 변한다고 해도 한눈에 알아볼 수 있어야 한다고 생각했다. 알페이오스는 고개를 떨구었다.

"나는 당신을 사랑할 자격이 없습니다."

알페이오스는 조용히 아르테미스와 시녀들 앞을 떠났다. 그가 그렇게 떠났을 때 아르테미스의 마음은 어땠을까? 그가 몰라줘서 서운했을까, 차라리 다행이라고 여겼을까?

사랑에도 자격이 필요하다. 그런데 그 자격증은 다른 이가 주는 게 아니다. 스스로 자기 사랑에 대해 자격을 부여해야 한다. 알페이오스는 아르테미스 여신에 대한 사랑에는 자격이 없다고 판단했다. 그래서 조용히 돌아섰다. 떠날 때가 언제인지를 알고 떠나는 이의 뒷모습은 아름답다. 멋진 사랑의 결말이었다.

알페이오스는 오랜 세월이 흐른 후 또하나의 사랑을 만날 수 있었다. 강에서 목욕을 하고 있는 아레투사라는 님프를 본 그는 사랑에 빠졌다. 그러나 사랑의 비극은 언제나 어느 한쪽이 더 사랑한다는 데 있다. 더 많이 사랑하는 자가 사랑에서는 약자일 수밖에 없다. 아레투사는 알페이오스의 사랑을 거부했다. 알페이오스는 첫번째 사랑에는 실패했지만 이번에는 죽어도 사랑을 놓치고 싶지 않았다. 그래서 사랑을 호소했다. 내 사랑을 받아달라고 애원도 했다.

그러나 아레투사의 마음은 열릴 줄 몰랐다. 아레투사는 알페이오스를 피해 멀리 달아나 샘으로 변신해서 꼭꼭 숨어버렸다. 알페이오스는 사랑하는 이가 멀리 떠난 바다를 하염없이 바라보았다. 사랑하는 이가 물이 되어 흐르는 바다를 보면서 그는 생각했다.

'당신을 따라 나도 물이 되리라.'

사랑하는 이와 하나가 되는 방법은 그 방법밖에 없었다. 그는 바닷속으로 몸을 던졌다. 강이 된 알페이오스는 바다 밑으로 밑으로 흘러 흘러서 사랑하는 이에게로 갔다. 알페이오스는 드디어 아레투사의 샘물까지 흘러갈 수 있었다. 그리고 그녀와 하나가 될 수 있었다. 그제야 아레투사는 그의 진정한 사랑을 느끼고 받아주었다. 그들은 그렇게 몸을 섞으며 강이 되었다.

나를 낮추고 그에게 맞추는 사랑

———

알페이오스는 사랑하는 이에게 "나에게 너를 맞춰달라"고 요구하지 않았다. "왜 나를 사랑해주지 않느냐"고 채근하지도 않았다. 그저 조용히 상대에게 흘러들어가 상대의 모습이 되어주었다. 상대방에게 나를 닮아라, 나를 따라와라, 요구하는 게 아니라 스스로의 모습을 낮춰서 그에게 흘러들어간 것이다.

내가 사랑하는 풀이 되고자

나를 낮추어 흙으로 갑니다.

나를 다시 원한다면

당신의 구두창 밑에서 찾으십시오.

　당신이 찾을 때 땅끝까지 내려가 풀이 되겠다고 월트 휘트먼은 「나의 노래」라는 시에 썼다. 내 자세를 최대한 낮추는 사랑, 그 사람 발밑에서 그 사람을 올려보는 입장에서의 사랑, 그 사람에게 스며들어 그 사람과 하나가 되는 사랑…… 사랑을 지켜나가는 법칙은 바로 그것이다. 나를 낮추고 그에게 맞추는 것이 사랑의 유일한 방법이다.

　사랑에도 고수가 있다. 그는 사랑을 잘 시작하는 사람이 아니다. 사랑이다 싶으면 그 사랑을 잘 지켜나가는 사람이다. 그 조건을 누군가는 이렇게 든다. 사과를 잘 쪼개는 사람, 사탕을 끝까지 녹여 먹는 사람, 유리창을 닦아본 사람, 찬밥도 맛있게 먹는 사람, 혼자서도 잘 노는 사람이 바로 연애의 고수라는 것이다. 사과를 잘 쪼갠다는 것은 서로 나눌 줄 안다는 것, 사탕을 끝까지 녹여 먹는다는 것은 기다릴 줄 안다는 것, 유리창을 닦아본다는 것은 정성을 들인다는 것, 찬밥도 맛있게 먹는다는 것은 사랑이 초라해도 맛있게 소화한다는 것, 혼자서도 잘 논다는 것은 상대방을 배려하고 자기 욕심으로 상대를 만나지 않는다는 것을 뜻한다.

　'사람은 사랑하기 위해 태어났다'고 말한 철학자도 있고, '우리의 생은 언제나 지나간 사랑과 앞으로 다가올 사랑 사이에 있다'는 말도 있다. 그런 말들을 다 종합해보면 사랑은 감미롭고도 고통스러운 인간의 본능이라는 것을 알 수 있다.

그렇다. 사랑은 우리 인생의 가장 호사스러운 것이다. 너무도 아름다워서 분에 넘치는 사치품이다. 그만큼 어렵고 그래서 고귀한 것이다. 내가 필요해서 하는 사랑이 아니라, 내가 기쁘기 위해서 하는 사랑도 아니라, 내가 덕을 보려고 하는 사랑도 아니라, 그저 사랑을 위해 사랑하는 사람은 휘트먼처럼 이렇게 말할 수 있을 것이다. "당신이 나를 찾으실 때, 나는 어딘가 멈추어 당신을 기다리고 있겠다"고.

불신은 돌이킬 수 없는
비극을 낳는다

'네소스'의 셔츠

DVD를 보다가 인상적인 대목이 나오거나 놓친 부분이 있을 때 우리는 되감기를 한다. 그러면 뺨으로 흘러내렸던 눈물이 다시 뺨에서 눈으로 올라가고, 걸어갔던 걸음이 다시 뒷걸음치고, 펼쳤던 우산이 다시 접혀지고, 활짝 폈던 꽃망울이 다시 오므라들고, 죽어서 누워 있던 사람이 다시 일어난다. 그렇게 우리가 사는 것도 영화처럼 되감기가 되면 얼마나 좋을까? 그러나 우리가 사는 인생은 한번 가면 절대 돌이킬 수 없는, 철저한 일회성의 법칙을 갖고 있다.

드라마를 찍을 때는 배우가 NG를 내면 "죄송합니다. 다시 할게요!"라고 말한다. 그러면 다시 찍을 수가 있다. 그런데 우리 사는 일이 어디 그런가? 인생에는 NG가 없다. 어제가 마음에 안 든다고 해서, "죄송합니다, 어제를 다시 살아볼게요" 할 수도 없고, 방금 전 쏟아버린 말이 마음에 안 든다고 해서 "죄송합니다, 아까 한 말 다시 할게요" 할 수도 없다. 특히 사람을 사랑하는 일에 대해서는 NG가 있는 드라마가 부러울 수밖에 없다.

"죄송합니다, 다시 할게요"라는 말 한마디로 다시 시작할 수 있다면, 그럴 수만 있다면 얼마나 좋을까……. 사랑에도 NG가 있다면 얼마나 좋을까……. 이렇게 한탄하는 이는 신화 속에서도 찾아볼 수 있다.

의심의 씨앗이 된, '네소스의 셔츠'

영어에 '네소스의 셔츠'라는 관용구가 있다. 이 말 역시 그리스신화에서 나온 말인데 '받는 사람에게 고통과 재난을 초래하는 선물'이라는 뜻이다. 그러니까 '네소스의 셔츠'는 곧 치명적인 선물이다.

고난과 역경의 열두 과업을 마친 영웅 헤라클레스에게도 이제 행복이 찾아왔다. 그러나 그 행복은 너무 짧았다. 헤라클레스는 칼리돈의 공주인 데이아네이라와 재혼해서 편안한 날들을 보내고 있었다. 그런 어느 날 헤라클레스 부부가 강을 건너려고 하는데 네소스가 다가와 말을 걸었다. 그는 반은 인간이고 반은 말의 모습을 한 괴물이었다.

"제가 태워드리죠. 강을 건너려면 이 배를 타세요."

헤라클레스와 그의 아내는 그의 말을 그대로 받아들였다. 네소스는 먼저 아내를 데리고 강을 건넜다. 그런데 네소스는 헤라클레스의 아름다운 아내에게 반해 그녀를 배에 태운 채 도망치기 시작했다. 그제야 네소스의 의도를 알아차린 데이아네이라는 두려움에 떨며 남편을 불렀다. 아내의 비명 소리를 들은 헤라클레스는 네소스를 향해 재빨리 활을 쏘았다. 아홉 개의 머리를 가진 무시무시한 뱀 히드라를 물리치며 얻은 독이 발린 화살이었다. 그 독화살이 날아가 네소스의 심장을 정확히 꿰뚫었다.

네소스는 쓰러져 죽어가면서 데이아네이라에게 말했다.

"내 셔츠를 받아주시오. 잘못을 뉘우치는 뜻으로 드리는 거라오."

데이아네이라는 그 옷을 받으려고 하지 않았다. 그러나 네소스가 속삭였다.

"이 옷이 쓰일 데가 있을 것이오. 잘 간수해두었다가 남편의 사랑이 식으면 이 옷을 입히시오. 그러면 당신을 사랑하게 될 거요."

'남편의 사랑이 식으면'이라는 말이 데이아네이라의 귀에 박혔다. 그녀는 떨리는 손으로 그 셔츠를 받아들었다. 그것이 파멸을 불러올 줄은 까맣게 몰랐다.

그후 시간이 흘러갔다. 데이아네이라는 헤라클레스가 다른 여자에게 마음이 생긴 것은 아닐까 불안했다. 만일 다른 여자를 사랑하면 어떡하나, 걱정이 되어 견딜 수가 없었다. 그의 사랑을 영원히 붙잡아두고 싶었다. 그때 문득 떠오르는 게 있었다. 네소스가 건네준 셔츠였다.

"이 옷을 남편에게 입히면 다시 당신을 사랑하게 될 거요."

네소스의 말대로 그 셔츠가 사랑의 묘약이 되어 남편의 사랑이 다시 돌아오기를 데이아네이라는 간절히 바랐다.

아무것도 모르는 헤라클레스는 아내가 건네주는 셔츠를 입었다. 그 순간 그는 온몸이 타들어가는 고통을 느끼고 비명을 질렀다. 헤라클레스가 화살을 쏘았을 때 흘린 네소스의 피에는 히드라의 독이 있었다. 그 독이 온몸에 침투되었다. 네소스가 죽어가면서 헤라클레스에게 복수를 한 것임을 아내는 그제야 깨달았다. 온몸에 독이 들어가 고통으로 몸부림치는 남편을 보던 데이아네이라는 죄책감과 슬픔을 이기지 못하고 스스로 목숨을 끊었다.

헤라클레스는 자신이 죽을 때가 다가왔음을 깨달았다. 그는 장작더미 위에 올라가 누웠다. 그리고 친구들에게 부탁했다.

"장작에 불을 붙여주게. 어서!"

친구들은 도저히 그렇게 할 수 없어서 달아나고 말았다. 헤라클레스는 누운 채 하늘을 향해 비명을 질렀다. 그때 마침 목동 포이아스가 그 앞을 지나갔다. 헤라클레스가 그를 불러 세웠다.

"내 몸에 불을 붙여주시오. 그러면 그 대가로 내 화살과 활을 드리리다."

포이아스가 그의 말대로 했다. 헤라클레스는 불길에 휩싸였다.

인간으로 태어난 헤라클레스의 육체가 모두 타고 나자 갑자기 구름이 몰려와 그의 몸을 떠받치고 하늘로 올라갔다. 천둥소리가 요란했다. 헤라클레스의 육신은 별이 되어 하늘에 올랐다.

믿을 수 없을 때, 사랑은 구속이고 고통이다

—

헤라클레스를 믿지 못해서 결국 파멸로 이끈 데이아네이라. 그녀는 시곗바늘을 그전으로 돌려놓고 싶었을 것이다. 그러나 그럴 수 없었다. 인생은 되감기가 불가능하니까. 한순간의 불신, 그 대가는 엄청난 비극을 가져왔다.

사랑하다가 결국은 헤어지는 커플들, 그들의 이별에는 많은 이유가 있을 것이다. 그러나 대부분 믿음이 사라졌기 때문이라는 사실을 알 수 있다. 그런데 사랑이 점점 성숙하는 커플을 보면 그들의 사랑에는 신뢰가 있다는 사실을 알게 된다. 사랑하는 사람을 믿을 수 없을 때, 이미 사랑은 구속이고 고통이다. 사랑하는 사람의 믿음을 얻지 못하는 상대방 역시 지옥인 것은 마찬가지다. 반면에 내가 사랑하는 사람을 백 퍼센트 신뢰할 때 사랑은 자유이며 기쁨이다. 사랑하는 사람의 신뢰를 받는 상대방 역시 사랑이 천국일 수밖에 없다. 그 사람을 믿지 못하고 늘 불안해하며 간섭하는 마음은 사랑의 생존을 방해한다.

하지만 그 사람이 어디에 있든 "잘 있겠지" 신뢰하는 마음, 그가 무엇을 하든 "잘 하겠지" 믿어주는 마음은 사랑을 키우는 거름과 같다. 사랑이 위태롭다면 사랑의 진단서에 이런 처방을 내려보는 건 어떨까?

"당신을 백 퍼센트 믿습니다."

인연은
신의 특별한 선물이다

'오르페우스'의 불멸의 사랑

그 사람을 생각하면 가슴이 울렁거린다. 그 사람만 보면 얼굴이 붉어진다. 숨고 싶다. 그러면서도 보고 싶다. 책장마다 그의 얼굴이다. 그의 목소리가 거리에 퍼진다. 만나고 싶다는 생각만으로 뜨거워지고 그 사람이 던진 한마디 때문에 차가워진다. 시도 때도 없이 마음에 구름이 일고, 수시로 마음에 비가 내리고, 예고도 없이 마음에 폭풍이 인다. 그 사람과 함께라면 절대 정상체온이 될 수 없는 상태…… 사랑이다. 커튼 사이로 이른 햇살에 가장 먼저 찾아보는 얼굴, 꿈속에서도 베갯잇에 젖던 얼굴, 자꾸 가려운 심장의 알레르기, 내 마음의 작은 폭풍…… 사랑이다.

신화 속에는 천재적인 음악가가 나온다. 오르페우스다. 오르페우스는 오직 단 한 사람만을 사랑했다. 그의 사랑은 우리에게 전해준다. 사랑은 황홀한 마음의 폭풍이라고…….

저승세계를 감동시킨 오르페우스의 음악

오르페우스는 태양의 신이면서 음악의 신이기도 한 아폴론의 아들이다. 그의 어머니는 천상의 목소리로 노래하는 뮤즈 칼리오페다. 아폴론과 칼리오페 사이에 태어난 오르페우스는 아름답고 신비로운 음악을 연주하는 음악가였다. '어둠'을 뜻하는 오르페우스, 그 이름 때문일까. 오르페우스가 리라를 연주하면 모든 이가 슬픔에 잠겨들었다. 아버지 아폴론에게서 받은 리라를 오르페우스가 연주하면 사람과 신들만이 아니라 산천초목과 동물들도 다 감동하고 슬퍼했다.

천재적인 음악가인 오르페우스는 아름다운 에우리디케와 사랑에 빠졌다. 그들은 결혼하고 그 누구보다 행복하게 살았다. 그런데 그 행복은 잠시뿐이었다. 에우리디케가 숲을 거닐고 있을 때였다. 지나가던 양치기가 그녀를 보고 반했다.

양치기는 에우리디케를 겁탈하려고 달려들었고 에우리디케는 두려워서 도망치기 시작했다. 그런데 급하게 도망치다가 그만 풀 속에 있던 뱀을 밟았다. 뱀에게 발을 물린 에우리디케는 결국 그 자리에서 죽고 말았다. 사랑하는 아내를 잃은 오르페우스는 깊은 슬픔에 빠졌다. 먹지도 않고 잠을 자지도 않고 오직 그녀를 그리워하며 리라를 연주했다. 그가 연주하는 리라 소리는 너무나도 구슬펐다.

오르페우스는 슬픔을 이기지 못하고 아내가 있는 곳을 찾아 나섰다. 아내는 저승세계에 있으니 그곳에 가야 했다. 아내가 있는 곳은 살아서는 갈 수 없는 곳이라는 것을 잘 알고 있었다. 그러나 아내를 만날 수만 있다면 그곳이 죽음의 세계라고 해도 가고 싶었다.

지하세계로 가려면 우선 배를 타고 강을 건너야 했다. 뱃사공은 오르페우스의 구슬픈 리라 소리를 듣고 감동받았다. 그래서 그 어떤 대가도 바라지 않고 그를 배에 태워 스틱스 강을 건너도록 해주었다.

강을 건너자 이번에는 괴물 케르베로스가 지하세계로 가는 문을 지키고 있었다. 그는 머리가 셋이고 뱀의 꼬리가 달려 있는 무서운 괴물이었다. 그러나 그의 음악은 괴물의 가슴에도 파고들었다. 괴물은 오르페우스의 리라 소리를 듣고 감동했다. 오르페우스는 그렇게 두번째 관문도 통과할 수 있었다.

어둠의 지하세계를 끝없이 걸어가면서도 오르페우스는 계속 리라를 연주했다. 그리고 사랑하는 아내의 이름을 목놓아 불렀다. "에우리디케, 에우리디케……." 오르페우스의 구슬픈 음악을 듣고 지하세계의 왕 하데스와 여왕인 페르세포네의 마음에도 슬픔이 고여들었다. 지하세계는 통곡의 바다로 변해버렸다. 그곳에 있던 망령들까지도 눈물을 흘렸다. 그의 슬픈 음악에 감동받은 페르세포네가 입을 열었다. "에우리디케를 지상으로 데려가거라." 그러나 하데스가 조건을 붙였다. "그러나 지상에 도착하기 전까지는 절대로 뒤를 돌아봐서는 안 돼."

오르페우스의 구슬픈 노래

—

죽은 자를 똑바로 보지 않는 것은 지하세계의 규칙이었다. 오르페우스는 절대 뒤돌아보지 않겠다는 약속을 하고 에우리디케와 함께 차가운 지하세계를 떠났다. 오르페우스가 앞장서서 걸었다. 그뒤를 에우리디케가 따라갔다. 오르페우스는 쉬지 않고 리라를 연주했다. 그리고 에우리디케는 사랑하는 이의 음악 소리를 등불 삼아 앞으로 걸어갔다. 그들은 그렇게 어둡고 험한 길을 걸어갔다. 오르페우스는 한시라도 빨리 그리운 아내의 얼굴을 보고 싶었지만 돌아볼 수 없었다. 하데스와의 약속이 있었기 때문이다.

마침내 저멀리서 빛이 보이기 시작했다. 이제 다 왔다 생각하니 마음의 긴장이 풀리면서 사랑하는 아내의 얼굴을 빨리 보고 싶었다. 더이상은 견딜 수 없었다. 그는 사랑하는 아내의 얼굴을 보기 위해 고개를 돌렸다. 그때였다. 에우리디케가 비명을 지르는가 싶더니 지하세계로 끝없이 빨려들어가버렸다.

"사랑하는 이여, 이제는 정말 안녕……."

에우리디케가 건네는 작별인사도 오르페우스는 들을 수 없었다. 오르페우스가 가슴을 쥐어뜯으며 후회해도 소용없었다. 다시 지하세계로 내려가게 해줄 것을 탄원했지만 사공도 더이상은 그의 부탁을 들어주지 않았다.

오르페우스는 강가에 앉아서 오랫동안 구슬픈 노래만을 불렀다. 그후 오르페우스는 여자를 멀리하며 에우리디케와의 추억을 간직하고 살았다. 많은 여성들이 그의 뒤를 따라다니며 구애를 했지만 그의 마음은 다른 여자가 다가서는 것을 용납하지 않았다. 오르페우스는 오직 에우리디케만을 그리워하며 여성들에게 차갑게 대했다. 그의 가슴에는 방이 하나밖에 없었다. 그 방에 다른 여자가 침입하려 들면 그는 차갑게 밀어냈다. 여자들은 상처받고 눈물을 흘렸다. 굴욕감을 느끼고 한을 품은 여자들이 늘어갔다.

그런 어느 날, 디오니소스 축제에서 만난 여자들이 그에게 달려들었다. 여자들은 오르페우스의 몸을 찢어 죽여버렸다. 여자들의 한은 무서웠고 오르페우스의 육신은 가랑잎처럼 흩어져버렸다. 오르페우스의 몸은 레이베트라에 묻혔다. 레이베트라에 가면 지금도 밤꾀꼬리가 아름다운 소리로 운다고 전해진다. 오르페우스가 늘 들고 다니며 연주하던 리라는 제우스 신이 별자리 사이에 가져다놓았다.

죽어서 지하세계로 간 오르페우스는 어떻게 되었을까. 오르페우스는 그곳에서 그리운 에우리디케를 만날 수 있었다. 그들은 서로를 끌어안았다. 그리고 약속했다. 이제는 절대 헤어지지 말자고……. 삶의 세계와 죽음의 세계, 그 어디에 있는가는 중요하지 않았다. 함께 있는 것이 소중할 뿐. 그들은 행복하게 들판을 거닐었다. 때로는 그가 앞서기도 하고 때로는 그녀가 앞서기도 하면서……. 오르페우스는 이제 그녀 얼굴을 맘껏 바라보아도 벌을 받을 걱정이 없었다. 그래서 그녀의 얼굴을 보고 또 보고, 하염없이 바라보았다.

언제나 함께 하고픈 사랑이 있다는 것은 신의 축복이다

삶의 세계를 넘어서 죽음의 세계에서도 함께 하고픈 사랑, 그런 대상이 있다는 것은 생의 축복이다. 그 어떤 슬픔과 고통이 있어도 그 사람이 있으니 견딜 만하고, 그 어떤 어둠 속에 있어도 등불을 켜주는 사람 있으니 걱정할 것 없고, 그 사람의 존재가 내 인생의 커다란 버팀목이 되어준다는 것은 참 멋진 일이다.

이 세상에 그 사람만큼 착한 사람은 또 없을 거라는 확신, 세상에 그만큼 훌륭한 사람은 또 없을 거라는 믿음이 있다는 것은 엄청난 행운이다. 그와 함께 있을 때는 나 이상의 내가 되는 기분, 그를 위해서 이전의 나보다 더 나은 내가 되고 싶어지는 마음, 함께 있을 때는 모든 부정적인 것들이 사라지는 것 같은 느낌……. 이런 사람이 있다는 것은 대단한 행복이다. 그런데 그 사람에 대한 그런 느낌은 그냥 오는 것이 아니다. 말 못하는 그리움과 기다림의 세월을 지나, 함께 겪은 고통과 슬픔의 계단을 지나 비로소 다가오는 생의 축복이다.

모든 것을 다 거는
사랑은 위험하다

'이아손'의 모험과 '메데이아'의 핏빛 사랑

하늘에서 내리는 비는 여러 가지다. 마른하늘이 갑자기 흐려지면서 쏟아지는 소나기도 있고, 폭풍을 동반한 비바람도 있고, 언제 내리기 시작했는지 모를 정도로 가만가만 내리는 가랑비도 있다. 사랑도 그렇다. 소나기처럼 갑자기 다가오는 사랑도 있고, 폭풍우처럼 두려울 정도의 속도로 다가오는 사랑이 있고, 언제 내리는지도 모르게 내리기 시작해서 천천히 젖어드는 가랑비 같은 사랑도 있다. 누구나 소나기 같은 사랑에 특별한 기대감을 갖게 되곤 한다. 갑자기 다가와서 나를 정신 못 차리게 하는 사랑, 푹 빠져들어서 헤어나올 수 없는 사랑, 당신을 떠나려야 떠날 수 없다고 매달리는 사랑, 당신을 사랑하는 일 외에는 아무것도 중요하지 않은 그런 사랑 말이다.

그런데 마치 폭우가 쏟아지듯 사랑한 여인이 있다. 그 사랑은 절절했다. 아니, 치열했다. 그 사랑을 색으로 나타내려면 검붉은 빛 외에는 도리가 없을 것이다. 사랑은 복수를 낳았고 모두의 파멸을 가져왔다. 사랑을 잃은 자의 복수는 치열하고 참담했다. 파멸의 사랑을 했던 여인, 메데이아는 영웅 이아손을 사랑했다. 이아손은 그리스신화 속에서 손꼽히는 영웅이다. 그가 황금양피를 찾아 떠나는 모험 이야기는 수많은 작품 속에서 다뤄졌다. 그러나 그의 사랑 이야기는 신화 속에서도 가장 강한 핏빛 복수로 이어진다. 그 이야기는 이렇게 시작된다.

아르고 호의 모험

이올코스의 왕인 펠리아스는 어느 날 델포이의 예언자를 찾아갔다.

"한쪽 발에만 샌들을 신은 젊은 사내가 나타날 겁니다. 그 젊은 사내가 왕의 목숨과 권력을 앗아갈 겁니다."

그 젊은 사내는 바로 이아손이었다. 이아손은 원래 그 나라의 왕이 될 사람이었다. 그러나 아버지의 형제인 펠리아스가 왕위를 빼앗았다. 이아손의 신상을 걱정한 아버지는 펠리온 산에 사는 케이론에게 이아손을 맡겼다. 아이는 자라 청년이 되었다. 이아손은 숙부에게 왕위를 돌려달라고 요구하기 위해 길을 나섰다. 이올코스로 가는 길에 이아손은 강가에 멈춰섰다. 물살이 거친 강 앞에 노파가 홀로 서 있었다.

"나를 건너편까지 데려다줄 수 있을까?"

이아손이 보기에 물살이 너무 거칠고 험해 위험했다. 그러나 노파의 부탁을 거절할 수 없었던 이아손은 노파를 업고 강을 건너기 시작했다. 그 노파는 엄청난 무게로 그의 등을 짓눌렀다. 이아손은 간신히 강 건너편까지 그 노파를 업고 가서 내려드렸다. 그러다가 그만 한쪽 샌들이 벗겨지면서 물살에 휩쓸려가고 말았다. 노파는 헤라 여신이 변신한 것이었다. 헤라는 이아손의 힘과 용기를 시험해보고 싶었다. 펠리아스는 헤라의 신전에서 사람을 죽인 적이 있어서 헤라는 그를 증오해왔기 때문이다. 헤라는 이아손이 힘도 강하고 용기도 있다는 점을 확인했다.

이아손은 한쪽 발에만 샌들을 신고 이올코스 성에 도착했다. 펠리아스는 그를 만나자 긴장했다. 한쪽 샌들을 신은 젊은이가 목숨과 왕위를 가져갈 것이라는 예언이 문득 생각났던 것이다. 이아손은 펠리아스에게 당당하게 말했다.

"이 나라의 왕좌를 돌려주십시오."

펠리아스는 냉정을 찾고 그에게 조건을 내걸었다.

"콜키스에 있는 황금양피를 가져오게. 그러면 왕위를 돌려주겠네."

그 황금양피는 머나먼 나라 콜키스에 있었다. 흑해의 동쪽 끝에 있는 콜키스로 가려면 위험한 항해를 떠나야 했다. 더구나 콜키스의 소중한 보물인 황금양피는 절대 잠들지 않는 거대한 용이 지키고 있었다. 황금양피를 가져오는 일은 그가 죽기를 바라는 것과 다르지 않았다. 일종의 저주였다.

그러나 이아손은 그 조건을 받아들였다. 이아손은 혼자서는 황금양피를 가져오는 일이 불가능하다고 판단하고는 원정에 참가할 동지들을 모집했다. 그리스 각지에서 젊은이들이 모여들었다. 헤라클레스나 테세우스 같은 영웅들도 원정에 합류했고 음악가인 오르페우스도 참가했다. 그렇게 오십 명의 원정대가 결성되었다. 원정대를 태우고 갈 배는 그리스 최고의 목수인 아르고스가 만들었다. 그의 이름을 따서 배의 이름은 '아르고 호'라고 지었다. 그리고 배의 선원들은 원정대원이라는 뜻의 '아르고나우타이'라고 불렀다. 아르고 호는 오르페우스의 수금 가락을 타고 의기양양하게 출항했다.

메데이아의 열정적인 사랑

—

그들은 온갖 역경과 고난을 뚫고 콜키스에 도착했다. 이아손은 곧바로 왕궁으로 달려갔다. 그리고 콜키스의 왕인 아이에테스에게 황금양피를 달라고 요청했다. 그러나 아이에테스가 자신의 보물 황금양피를 호락

호락하게 내줄 리가 없었다. 더구나 "이방인이 황금양피를 가져가면 왕위를 잃을 것"이라는 신탁을 받아놓고 있었다. 이미 아이에테스는 잠들지 않는 용에게 황금양피를 철저히 지키라고 명령해두었다. 그리고 양피가 있는 곳 근처만 가도 누구든 이유 불문하고 처형시켜버렸다. 그러나 이아손이 순순하게 물러날 것 같지 않자 아이에테스 왕이 조건을 내걸었다.

"청동 발굽을 하고 코에서 불을 내뿜는 무시무시한 황소에게 멍에를 씌우고 땅을 갈도록 하라. 그리고 그곳에 카드모스 왕이 퇴치한 용의 이빨을 뿌리고 그 자리에서 솟아난 무장 전사들을 모두 해치워라. 그렇다면 자네가 원하는 황금양피를 내주겠다."

그 조건은 곧 이아손을 죽이기 위한 것이었다. 이아손은 왕이 내건 임무를 어떻게 완수해야 할지 골머리를 앓고 있었다.

그때 아이에테스 왕의 딸인 메데이아가 그 앞에 나타났다. 공주 메데이아는 마법에 능한 마녀였는데, 마술을 써서 독을 섞어 불을 만드는 여인이었다. 메데이아는 이아손에게 한눈에 반했다. 사랑의 신 에로스가 메데이아의 가슴에 황금화살을 쏘았던 것이다. 사실 이것은 메데이아가 이아손을 도와주게 하기 위한 헤라와 아테나의 작전이었다. 메데이아는 이아손에게 어떤 불과 검에도 다치지 않는 마법의 약을 건네주었다.

"이 약을 온몸에 바르면 황소의 불길을 피할 수 있을 거예요."

이아손은 메데이아의 도움으로 불을 내뿜는 황소와 땅에서 솟아나온 전사들을 물리칠 수 있었다.

그러나 아이에테스 왕은 약속을 지키지 않았다. 황금양피를 내어주기는커녕 오히려 아르고 호 일행을 죽이려고 했다. 이아손은 분노가 치밀었다. 그때 메데이아가 이아손의 손을 잡아끌며 말했다.

"황금양피를 지키고 있는 용은 제게 맡기세요. 제가 잠들게 할게요. 대신 한 가지만 약속해주세요. 나를 당신의 아내로 맞아주겠다고 해주세요."

"황금양피만 가질 수 있다면 당연히 당신과 결혼하겠소."

이아손의 약속을 받아낸 메데이아는 황금양피가 있는 숲으로 이아손을 데려갔다. 이아손은 메데이아의 도움을 받아 용을 잠들게 한 다음 양피를 훔쳤다.

아르고 호 일행은 황금양피를 손에 쥐고 배에 올랐다. 아르고 호는 먼 바다로 나아갔다. 왕은 잠든 아들을 깨워 명령했다.

"네 누이가 납치당했어! 빨리 쫓아가 구해오너라!"

메데이아는 남동생이 부하들을 거느리고 추적해오는 것을 보았다. 메데이아는 사랑을 위해 못할 게 없는 여자였다. 메데이아는 콜키스의 군대를 따돌리기 위해 동생을 죽여야 했다. 그리고 동생의 시체를 바다에 버렸다. 콜키스의 군대는 격분했다. 그러나 왕자의 장례를 치러주기 위해서는 추격을 뒤로 미룰 수밖에 없었다.

이아손과 메데이아가 고향으로 돌아가는 길은 순탄치 않았다. 그러나 메데이아의 마법의 힘은 앞길을 가로막는 장애물을 어렵지 않게 해결했다. 황금양피를 들고 이아손이 찾아오자 펠리아스 왕은 크게 당황했다. 그가 살아서 돌아올 줄은 꿈에도 몰랐던 것이다. 그는 순순히 왕위를 내어주지 않았다. 오히려 이아손을 위협했다. 이아손이 증오와 분노에 치를 떠는 것을 본 메데이아는 마법의 힘을 빌려 펠리아스 왕을 죽여버렸다. 남편의 복수를 도운 것이다.

이아손은 펠리아스를 살해한 죄로 이올코스에서 쫓겨나야 했다. 이아손은 메데이아와 함께 코린토스로 갔다. 크레온 왕은 그들을 반갑게 맞아주었다. 이아손과 메데이아는 아들 둘을 얻고 행복한 날들을 보내고 있었다. 그런데 코린토스의 왕 크레온은 영웅인 이아손을 사위로 삼고 싶었다.

"자네, 내 딸과 결혼하지 않겠나? 그러면 이 나라는 자네의 것이 될 걸세."

이아손은 이미 결혼한 몸이었지만 권력을 얻을 수 있는 기회를 놓치고 싶지 않았다. 이아손은 크레온의 딸 글라우케와 결혼하겠노라고 승낙해버렸다.

모든 것을 잃은 이아손

—

"나와 아이들을 버리시겠다구요? 어떻게 그럴 수가 있어요?"

아무리 설득하고 붙잡았지만 이아손의 결심은 확고했다. 이아손이 아내 때문에 흔들리는 것을 본 크레온 왕은 메데이아에게 추방을 명령했다.

"이 나라를 떠나라. 기한은 하루를 주지."

메데이아는 이를 악물었다. 그 상황을 에우리피데스는 『메데이아』에 이렇게 쓰고 있다.

"나를 지금 추방했다면 내 복수를 막을 수 있었을 텐데, 하루의 여유를 주다니. 오늘 하루 동안에 나는 모조리 복수하고야 말리라."

메데이아는 그동안 이아손을 한결같이 사랑해왔다. 그를 위해서는 모든 걸 다 해왔다. 부모형제도 다 버렸다. 그를 위해 살인도 불사했다. 그토록 잔인할 수 있었던 것은 모두 사랑의 힘이었다. 뼈아픈 배신에 슬퍼하던 메데이아는 이아손에게 복수할 것을 결심했다. 메데이아는 결혼 축하 선물이라고 하며 독을 바른 옷을 글라우케에게 보냈다. 한 치의 의심도 없이 글라우케는 그 옷을 입었다. 그러자 옷에서 불길이 타올랐다. 놀란 크레온 왕이 딸을 구하려고 달려들었다가 그의 몸에도 불이 옮겨붙었다. 두 사람은 그렇게 불에 타 죽었다.

그래도 메데이아의 한은 풀리지 않았다. 사랑이 깊었기 때문에 그 상처도 깊었다. 메데이아는 이아손이 가장 슬퍼할 일을 찾았다. 메데이아가 가슴을 쥐어뜯으며 괴로워했듯이 그도 고통받기를 원했다. 이아손이 가장 사랑하는 것을 빼앗고 싶었다. 그것은 그의 자식들이었다. 에우리피데스의 『메데이아』에서 메데이아는 남편과 아비에게 버림받은 여인과 아이들의 불행을 탄식했다.

"오오, 저주스러운 자식들이여, 저주받은 어머니의 자식들이여, 어서 사라지고 말아라, 아버지와 더불어."

메데이아는 사랑하는 어린아이들을 앞에 놓고 슬퍼했다.

"아, 귀여운 손, 귀여운 입, 오똑한 콧날……. 얼마나 예쁜지 몰라. 사랑하는 나의 아이들아. 우리는 행복할 수 있어. 여기가 아니더라도……. 여기서의 행복은 아버지가 파괴해버렸어. 잘 가. 너무 슬퍼서 이제 더는 보고 있을 수는 없어. 그래. 나도 알아. 내가 얼마나 참혹한 짓을 하려는지……."

불길한 예감에 이아손이 달려왔으나 때는 이미 늦었다. 메데이아는 용이 끄는 수레를 타고, 그 품에는 아이들의 시체를 품고 있었다. 이아손이 괴로워하며 아이들의 시체를 장사라도 지내게 해달라고 했지만 묵살했다. 그 시체에 손을 대는 것조차 거절했다. 그리고 메데이아는 수레를 몰고 사라져버렸다. 절망한 이아손은 참담한 슬픔에 빠져 각지를 방황했다. 그러다가 어느 해안에서 아르고 호의 잔해를 발견했다. 그는 배가 썩을 때까지 배의 그늘 아래 앉아 몇 년을 보냈다. 어느 날, 뱃머리에서 목소리가 들려왔다.

"아직도 세상에 미련이 남았느냐?"

이아손은 대답했다.

"전혀 없습니다."

그 순간 배가 산산조각나며 이아손의 머리를 내리쳤다.

미워서 미워지도록 사랑하리라

—

신화 속에 등장하는 사랑 이야기 중에서도 가장 핏빛이 도는, 강렬하고 참담한 메데이아의 사랑.

절절한 연애, 심장이 타들어가듯 애가 타고 애달픈 사랑을 꿈꾸는 사람들도 많다. 그런데 곁에 있으면 이제는 설레지도 않고 가슴 벅찬 떨림도 없지만 곁에 없으면 허전한 것……. 이상하게 일이 손에 안 잡히는 것……. 그의 부재가 이제는 불편함이 되어버린 일상의 사랑, 그런 가랑비 같은 사랑에 기대를 거는 사람들도 있다.

소나기처럼 갑자기 내리는 떠나려야 떠날 수 없는 사랑, 그리고 가랑비처럼 천천히 스며들어 떠나도 떠난 것 같지 않은 사랑……. 당신은 그중에 어떤 사랑이든 사랑을 꿈꾸고 있는지.

절망은
죽음에 이르는 병이다

'안티고네'의 절망

세계 역사상 가장 넓은 영토를 정복했던 칭기즈칸은 '칭기즈칸의 일기'
에 이렇게 썼다.

집안이 나쁘다고 탓하지 말라.
나는 아홉 살 때 아버지를 잃고 마을에서 쫓겨났다.

가난하다고 말하지 말라.
나는 들쥐를 잡아먹으며 연명했고,
목숨을 건 전쟁이 내 직업이고 내 일이었다.

작은 나라에서 태어났다고 말하지 말라.
그림자 말고는 친구도 없고 병사로만 십만.
백성은 어린애, 노인까지 합쳐 이백만도 되지 않았다.

배운 게 없다고 힘이 없다고 탓하지 말라.
나는 내 이름도 쓸 줄 몰랐으나
남의 말에 귀 기울이면서 현명해지는 법을 배웠다.

너무 막막하다고, 그래서 포기해야겠다고 말하지 말라.

나는 목에 칼을 쓰고도 탈출했고,

뺨에 화살을 맞고 죽었다 살아나기도 했다.

그는 말한다. 그 어떤 것보다 무서운 적은 바로 나 자신이었다고…….
나는 불행하게 태어났다는 자아의식, 나는 승리하지 못할 거라는 패배
의식, 그래서 결국 포기하고 마는 자신이야말로 그 어떤 적보다 두려운
적이라고…….

신화 속의 안티고네. 그 비극적인 여인에게 희망을 논한다는 것은
너무 잔인한 일인지도 모른다. 그러나 들쥐를 잡아먹으며 연명하고 목
에 칼을 쓰고 지내고 뺨에 화살을 맞아도 살아난 이도 있다. 그런 사
람도 세기의 영웅이 되었다. 그는 절망에 지지 않고 희망을 붙들었기
때문이다.

에테오클레스와 폴리네이케스, 형제의 싸움

—

안티고네는 결국 마음의 적인 절망에 지고 말았다. 그녀에게 절망은 죽
음에 이르게 하는 병이었다. 오이디푸스 비극 속에서 아름답게 빛나는
여성, 안티고네. 부모에 대한 효성이 깊고 형제들을 향한 우애가 지극한
여성인 안티고네. 그녀의 삶 속으로 눈물과 슬픔과 절망이 흘렀다. 오이
디푸스가 가장 사랑한 딸 안티고네는 오이디푸스가 눈먼 방랑의 수행
자가 되어 떠돌아다닐 때 그의 곁에서 함께 동행하며 극진히 보살폈다.
그러다가 오이디푸스가 죽음을 맞자 테베로 돌아왔다. 소포클레스의

비극에서 안티고네는 의미심장한 말을 남긴다.

"저는 서로 증오하기 위해서 태어나지 않았어요. 더불어 살아가기 위해 태어났어요."

아버지 오이디푸스가 테베를 떠난 후, 안티고네의 오빠인 에테오클레스와 폴리네이케스는 일 년씩 교대로 왕이 되자고 합의했다. 첫해는 에테오클레스가 다스리게 되었는데, 그는 기한이 다 되어도 나라를 아우에게 넘겨주기를 거부했다. 폴리네이케스는 불만과 위협을 느껴 다른 나라로 피신했다. 아르고스의 왕은 그 나라로 잠시 피신한 폴리네이케스를 딸과 결혼시켰다. 그리고 군대를 주어 왕위를 빼앗도록 했다.

형제의 싸움이 시작되었다. 비극적이게도 형제는 서로의 손에 쓰러지고 말았다. 에테오클레스와 폴리네이케스의 외삼촌인 크레온이 그 나라의 왕이 되었다. 크레온은 전사한 에테오클레스는 정중히 매장하게 하였다. 그러나 나라를 침입했다는 죄로 폴리네이케스의 시체는 그가 전사한 곳에 그대로 방치해두었다. 그리고 백성들에게 선포했다.

"반역자 폴리네이케스의 시신을 묻어주는 자는 사형에 처하리라!"

안티고네는 테베로 갔다가 오빠의 시체가 들판에 버려진 채 짐승의 먹이가 되어가는 것을 보고 말았다. 안티고네는 누이가 된 도리로 오빠의 시체를 독수리의 밥이 되게 할 수는 없었다. 모두 사형이 두려워 안티고네를 도와주지 않았기에 그녀 혼자서 오빠의 시체를 묻었다.

"이제 오빠의 영혼이 편안히 쉴 수 있겠다."

그녀는 오빠의 무덤 앞에서 안도의 눈물을 흘렸다. 그러나 기쁨은 잠시였다. 그녀는 현장에서 체포되고 말았다. 크레온은 아들 하이몬에게 명령을 내렸다.

"국가의 엄숙한 포고를 위반했다! 안티고네를 생매장하도록 하라!"

이 모든 일이 일어나기 전, 행복했던 시절에 안티고네는 크레온의 아들 하이몬과 서로 결혼을 약속한 사이였다. 하이몬은 안티고네를 아직도 사랑하고 있었다. 차마 그녀를 자기 손으로 죽일 수 없어서 지하 감옥에 가두었다. 그리고 하이몬은 아버지에게 애원했다.

"안티고네를 살려주십시오. 우리가 행복해질 수 있도록 도와주십시오!"

그러나 크레온은 "내가 결정하면 그것이 곧 법이니라!"라고 외치며 그의 간청을 묵살했다. 하이몬은 그래도 뜻을 굽히지 않고 눈물로 간청했다. "제발 살려주세요. 안티고네 없이는 저도 살 수 없습니다."

그러자 크레온은 할 수 없다는 듯 대답했다.

"좋다! 안티고네를 살려주지."

그러나 크레온은 조건을 걸었다.

"안티고네의 목숨은 살려주겠지만 풀어줄 수는 없다. 지하 감옥에 가두고 음식을 주지 말아라. 굶어죽을 때까지."

절망에 빠진 안티고네

—

하이몬은 더이상 그녀의 슬픈 운명을 막을 길이 없어 고통스러워했다. 안티고네는 좁은 감방 안에 쭈그려 앉은 채 지냈다. 그녀를 사랑하는 약혼자 하이몬은 밖에서 눈물로 시간을 보냈다.

그때 예언자인 테이레시아스가 테베에 나타났다. 그는 크레온 왕에게 예언했다.

"살아 있는 자는 지상으로 데려오고 죽은 자는 지하에 매장해야 나라가 편안해집니다."

예언자의 말이 이어졌다.

"그렇게 하지 않으면 오이디푸스에게 내렸던 저주가 왕에게로 내려질 것이오. 그리고 그 저주가 자손 대대로 이어질 것이오."

예언자의 말이 두려운 크레온 왕은, 안티고네를 풀어주라고 명령했다. 하이몬은 기쁨에 차서 감옥으로 달려갔다. 안티고네의 이름을 수없이 부르며 달려가 감옥 문을 열었다. 그때, 하이몬은 하얗게 질리며 주저앉고 말았다. 안티고네는 스스로 죽음을 선택하고 말았던 것이다. 하이몬은 아버지를 저주하며 칼을 빼어들었다. 그리고 스스로 목숨을 끊었다. 하이몬의 어머니는 아들의 죽음에 절망하여 성벽 위에서 뛰어내렸다. 그 비극은 크레온의 울부짖음으로 끝이 났다.

"이제야 자식을, 아내를, 너를, 당신을 괴롭히지 않게 되었다."

소포클레스의 비극에서 크레온 왕은 절규했다.

아, 모든 것이 잘못되었도다.
감당할 수 없는 파멸의 무게가 나를 짓누르는구나.

비극적인 이 죽음들에 대해 철학자 키에르케고르는 이렇게 이름 붙였다. '절망은 죽음에 이르는 병'이라고. 안티고네가 조금만 희망을 품고 기다렸다면 얼마나 좋았을까. 키에르케고르는 경고한다. 성공을 막는 가장 무서운 병은 쉽게 절망하는 버릇이라고, 포기하기 시작하면 그것도 습관이 된다고 말이다.

나를 풀어주고 싶은 마음, 1인치의 유혹

인생에는 누구에게나 그런 1인치가 있다. 포기하고 싶은 지점인 1인치. 마지막 힘을 내서 1인치만 더 나아가면 목표를 이룰 수 있는데 직전에 포기하고 싶은 마음이 든다. 이제 그만 모든 것을 놔버리고 나를 편안하게 풀어주고 싶은 마음. 그것이 바로, 1인치의 유혹이다.

윈스턴 처칠이 말년에 모교에서 연설할 때였다. 교장은 학생들에게 말했다.

"윈스턴 처칠은 가장 훌륭한 연설가이니 그의 연설을 모두 받아적도록 하라!"

드디어 처칠이 연단에 올랐고, 잔뜩 쏟아질 그의 명연설을 기다리며 학생들은 두꺼운 노트를 꺼내들었다. 그런데 처칠은 안경 너머로 학생들을 바라보며 단 한마디만 말했다.

"절대! 절대! 절대! 절대로 포기하지 마십시오!"

그러고는 자신의 자리로 돌아가 앉았다.

조금 늦게 이뤄진다고 해서 금세 절망하고 금방 포기해버린다면 저기서 기다리고 있던 꿈에게 미안하지 않을까? 이제 그만 포기하고 싶을 때에는 한번 물음표를 찍어볼 일이다. 희망하던 그 일이 바로 발 앞에 놓였는데 포기하고 마는 것은 아닐까? 내가 멈춘 지점에서 한 발짝만 더 나가면 되는데 그만 걸음을 멈춰버리는 것은 아닐까? 내가 돌아서는 지점 바로 앞에 그 사람이 있는데 그만 돌아서버리는 것은 아닐까?

결국 인생의 승자와 패자는 바로 그렇게 1인치 싸움이다. 그 1인치 앞에서 죽을힘을 다 냈는가, 그만 포기하고 말았는가. 1인치…… . 어쩌면 바로 1인치 앞에 골인지점이 있는지도 모른다.

목숨까지 내주는 것이
부부의 사랑이다

남편을 대신해서 죽음을 택한 '알케스티스'

남편이 농사를 짓다가 망하고 십 년 넘게 화원일을 하며 고생했다. 남편이 물었다.

"그때 왜 날 말리지 않았어?"

그러자 아내가 대답했다.

"당신이 하는 일이니 그냥 잘되겠지 했어요."

당신이 하는 일이 "이러저러하니 가능성 있어 보였다"가 아니라 그냥 당신이 하는 일이니까 잘될 거라 생각했다는 아내의 말. 그처럼 남편에게 힘이 되는 말이 또 있을까?

그런데 알고 보면 남편 역시 아내가 하고 싶은 일을 모두 할 수 있게 자유를 허락했다. 빵 만드는 기술을 익히러 다니느라 남편보다 더 바쁜 아내에게 미소를 지어주는 남편, 아내가 하려는 일이 "이러저러하니 해보라"가 아니라 "당신이 하고 싶은 일이니 해보라"는 남편, 남편의 그 마음처럼 아내에게 힘이 되는 게 또 있을까? 우종영의 『나는 나무처럼 살고 싶다』에 나오는 대목이다.

세상에 완벽한 남편이 있을까? 세상에 완벽한 아내 역시 존재하지 않는다. "왜 다른 사람처럼 성공하지 못해?" "왜 남처럼 완벽하지 못해?" 추궁이 섞인 기대는 남편을, 그리고 아내를, 지치고 슬프게 한다. 서로 가까이 있는 두 나무가 하나로 합쳐지는 연리지 현상. 모자란 부분을 인정하면서 그의 모습을 서서히 받아들여서 하나가 되는 연리지, 한번 연리지가 된 가지는 두 번 다시 떨어지지 않는 것. 결혼이란 그런 것 아닐까?

신화 속에도 이런 연리지처럼 돈독한 부부애를 전하는 이야기가 있다. 아내가 남편을 살리기 위해 목숨을 내놓는 알케스티스의 이야기는 에우리피데스의 희곡 『알케스티스』의 소재가 되었다. 그 이야기는 아주 특별한 인연과 함께 시작된다.

남편을 대신해서 죽은 알케스티스

—

페라이의 왕인 아드메토스는 따뜻한 성품을 지니고 있어서 모두 그를 좋아했다. 신들도 모두 그를 좋아했다. 그런데 한때 아폴론 신이 그의 하인이 되어 지내게 되었다.

신이 인간의 하인이 되어 지내다니, 어떻게 된 일일까? 아폴론의 아들이 죽은 사람을 살려내자 신들의 분노를 샀다. 제우스 신은 그에게 벼락을 내렸다. 아들을 잃은 아폴론은 제우스에게 앙심을 품었다. 그러나 제우스 신에는 덤비지 못하고 대신 벼락을 만든 외눈박이 거인을 죽여버렸다. 제우스는 아폴론의 처사에 화를 내며 벌을 내렸다.

"아폴론을 지하세계의 가장 구석인 타르타로스로 보내겠다!"

하지만 신들은 죄 지은 인간들이 벌을 받고 있는 그곳으로 신을 보낸다는 것은 신의 자존심에 상처를 입는 일이라며 반대했다. 제우스는 신들의 의견을 받아들여 벌칙을 변경했다.

"인간의 밑에서 노예로 지내거라!"

신이 인간의 노예가 된다는 것은 치욕이었다.

"단, 주인이 될 인간은 너 스스로 정해도 좋다!"

제우스의 명령대로 아폴론은 인간의 노예로 일 년 동안 지내게 되었고, 인간들 중에서 따뜻하고 친절하기로 알려진 아드메토스의 노예가 되겠다고 했다.

아드메토스의 노예로 지내기 위해 아폴론은 남루한 옷차림을 하고 찾아가 말했다.

"저에게 일자리를 주십시오."

아드메토스는 초라한 행색의 아폴론을 따뜻하게 맞아주었다. 그리고 그에게 맞는 일자리를 주기 위해 생각하다가 목동이 되어 일해달라고 했다. 하인이 되어 지내는 동안 아폴론은 아드메토스의 성품에 깊이 감동받았다. 감사한 마음에 아폴론은 그의 암소들이 모두 쌍둥이를 낳게 했다. 아드메토스의 소들은 금세 엄청난 수로 불어났다.

아폴론은 날이 갈수록 아드메토스가 더 좋아졌다. 그는 한결같이 친절했고, 배려심이 깊었고, 성실했고, 용감했다. 아폴론은 계속 그를 돕고 싶었다. 아폴론은 아드메토스가 알케스티스 공주와 결혼하는 데에도 도움을 주었다. 알케스티스의 아버지는 딸의 구혼자들에게 까다로운 조건을 내걸었다. 사자와 멧돼지가 끄는 마차를 끌고 오라는 것이었다. 도저히 해낼 수 없는 일이었다. 그러나 아드메토스는 아폴론의 도움을 받아 동물들에게 멍에를 씌우고 마차를 조종할 수 있었다.

알케스티스와 행복한 결혼식을 올리는 날, 아드메토스는 깜빡 잊고 아르테미스 신에게 제물을 바치지 않았다. 화가 난 아르테미스가 그의 신방에 뱀을 잔뜩 풀어놓았다. 그때 아폴론이 동생인 아르테미스를 설득해 화를 풀어주었고, 아드메토스는 또 한번 아폴론의 도움으로 곤경에서 벗어날 수 있었다. 아폴론은 아드메토스의 목숨도 살려주었다. 아드메토스가 큰 병에 걸려 죽게 되었다. 운명의 여신이 아드메토스를 찾아왔을 때였다. 아폴론은 운명의 여신을 취하게 만들어 약속을 받아냈다.

"아드메토스를 데려가지 않겠다."

그러나 운명의 여신은 한 가지 조건을 내걸었다.

"단, 아드메토스를 대신해서 죽어줄 사람이 있어야 한다."

아폴론은 아드메토스의 목숨을 구하기 위해 아드메토스의 부모를 찾아갔다. 그러나 그의 부모는 죽기를 꺼려 했다. 실망한 아폴론은 백성들 중에서 왕을 대신해 죽어줄 사람들을 찾아다녔다. 하지만 그 누구도 왕을 대신해 죽어줄 사람이 없었다. 그때였다. 아드메토스의 아내 알케스티스가 나섰다.

"제가 남편을 대신해 죽겠습니다."

알케스티스의 결심은 확고했고, 결국 남편을 대신해서 중병에 걸려 죽고 말았다.

건강해진 아드메토스는 뒤늦게야 알게 되었다. 아내의 죽음으로 자신이 새 생명을 얻었다는 사실을……. 아내의 희생을 알게 된 그는 지독한 슬픔과 그리움에 잠겨 지내야 했다. 그후 헤라클레스가 모험을 떠나던 길에 페라이에 머물게 되었다. 헤라클레스도 아드메토스의 따뜻하고 친절한 마음에 감동했다. 아드메토스의 얼굴에 그늘이 어려 있는 것을 본 헤라클레스가 그 까닭을 물었다. 아드메토스는 그를 대신해 죽은 아내의 이야기를 들려주었다. 헤라클레스는 착한 아드메토스에게 도움을 주고 싶었다.

착한 사람은 이렇게 늘 그를 돕는 사람들이 있게 마련이다. 착한 사람에게는 늘 수호신이 따라다닌다. 그것이 곧 복이다. 복은 곧 자신이 짓는 것이다. 헤라클레스는 알케스티스의 무덤으로 내려갔다. 그리고 죽음의 신인 타나토스와 격투를 벌였다. 결국 헤라클레스는 타나토스를 이겼고 알케스티스는 다시 살아나게 되었다. 아드메토스는 살아 돌아온 아내와 그렇게 해후했다. 아드메토스는 아내를 안고 말했다. 이제부터는 내가 당신을 지켜주겠노라고.

먼저 주는 것이 사랑이다

—

남편을, 아내를 위해 목숨을 내놓을 수 있는 사람이 몇이나 될까? 나는 늘 많이 주는데 받는 것이 너무 없다고 생각하면 그것은 준 것이 아니다. 나는 사랑을 많이 하는데 너는 왜 나를 사랑하지 않느냐고 생각한다면 그 역시 내 사랑이 부족하다는 얘기다. 내가 많이 존경했는데 그는 왜 나를 아껴주지 않는가 한다면 역시 그를 다 존경하지 않은 것이고, 나는 잘 가르쳤는데 왜 너는 잘하지 못하느냐고 타박한다면 그 역시 지도력에 문제가 있는 것이다.

사랑하는 이에게 무엇인가를 줬는데, 줬다는 사실조차 의식하지 못하는 마음, 그것이 완벽한 '드림'의 마음이다. '용서' 또한 마찬가지. 내가 용서했다는 사실조차 잊어버리는 마음, 그것이 진정한 용서다.

신화 속의 아내는 사랑하는 이를 위해 목숨도 기꺼이 내놓았다. 받는 것은 사랑이 아니다. 주는 것이 사랑이다. 아까울 것이 없는 것이 사랑이다. 더 먼저 다가가서, 더 낮은 자리에서, 더 많이 주는 것이 사랑이다.

사랑은
운명의 장난이다

월계수가 된 '다프네'

_____

사랑 참 어렵다는 노래가 있다. 사랑하는 사람이 마음을 몰라줘 애가 타고, 깊이 사랑하지만 그 사랑을 지키지 못해 애가 끓는다. 도무지 사랑할 수 없을 것 같은 사람과 마치 교통사고처럼 한순간에 사랑에 빠지기도 하고, 오래 혼자 사랑해온 사람이 어느 순간 타인처럼 낯설게 느껴지기도 한다. 사랑은 그렇게 짓궂은 운명의 장난이다. 그래서 그리스신화에서도 사랑의 신 에로스는 장난꾸러기 같은 어린아이의 모습으로 그려진다. 아이처럼 에로스가 함부로 쏜 화살이 가슴에 정통으로 맞아 사랑의 열병에 빠지는 우리, 그래서 사랑 때문에 울고 웃고 그리워하고 애달파하는 우리. 그래서 우리는 깊은 한숨 내쉬며 신음한다. "그놈의 사랑 참······."

"사랑 참 어렵다"라는 한탄이 절로 터져나오는, 힘든 사랑을 한 신이 있다. 에로스의 장난으로 화살을 맞아버린 아폴론이었다.

에로스의 황금화살에 맞은 아폴론

푸른 잎사귀가 햇빛을 받아 반짝인다. 태양이 간질이면 잎이 까르르 웃고 태양이 내리쬐면 수줍어 고개를 내린다. 마치 태양과 나무가 연애하는 사이 같다. 월계수나무와 태양, 그들 사이에 어떤 사연이 있는 것일까. 태양의 신 아폴론이 길을 걸어가는데 사랑의 신 에로스가 화살을 가지고 놀고 있었다. 아폴론이 조롱을 담아 에로스에게 말했다.

"어린애가 위험한 무기를 가지고 노는 거 아니야."

사랑의 신 에로스는 어린아이의 모습을 하고 있지만 사실 막강한 권력을 가지고 있었다. 마음만 먹으면 신이든 인간이든 누구나 사랑에 빠지게 할 수 있는 사랑의 실권자였던 것이다. 아폴론에게 어린애 취급을 당한 에로스는 화가 나서 아폴론을 향해 황금화살을 쏘았다. 에로스의 황금화살을 맞으면 누구든 처음 보는 자와 무조건 사랑에 빠지게 되는 화살이었다. 그 화살을 맞은 아폴론의 앞을 지나가는 한 여인이 있었다. 강의 신 페네이오스의 딸 다프네였다.

그녀에게 첫눈에 반한 아폴론이 사랑을 고백하기 위해 다가갔다. 그런데 그 순간 에로스의 납화살이 날아와 다프네의 가슴에 박혔다. 에로스의 납화살은 황금화살과 달리 처음 본 사람을 무조건 미워하게 되는 화살이었다. 사랑의 슬픈 운명은 그때부터 시작되었다. 아폴론은 다프네를 사랑했지만 다프네는 아폴론을 미워하게 되었다. 아폴론은 다프네를 쫓아다니며 사랑을 구걸했다. 제발 내 사랑을 받아달라고⋯⋯. 그러나 아폴론이 그럴수록 다프네는 달아나기만 했다.

아폴론은 애타는 가슴을 전하기 위해 다프네를 쫓아 뛰어갔다. 다프네는 바람보다도 빨리 달아났다. 그 달아나는 모습까지도 아폴론의 눈에는 아름답게만 보였다. 너풀거리는 머리칼이 오히려 그를 유혹하는 것 같았다. 그는 도저히 다프네를 품에 안지 않으면 못 견딜 것 같아 바짝 뒤쫓았다. 아폴론이 바로 뒤까지 쫓아와 헐떡거리는 숨소리가 다프네의 귓가에 들리는 것 같았다.

월계수 나무가 된 다프네

—

다프네는 그만 힘이 빠져서 쓰러지고 말았다. 그 순간 아폴론의 손에 잡힐 것만 같아서 다프네는 다급하게 강의 신인 아버지에게 호소했다.

"아버지! 살려주세요. 아폴론의 손에 잡히기 싫어요! 제 모습을 바꿔주세요!"

다프네의 말이 끝나자마자 그녀의 몸이 굳어져갔다. 다프네의 손끝에서 초록 잎사귀가 돋아나기 시작했다. 그녀의 양팔은 나뭇가지가 되었고, 가슴은 부드러운 나무껍질로 뒤덮여갔다. 부드러운 머리카락은 무성한 나뭇잎이 되었고 하얀 두 다리는 뿌리가 되어 땅속에 단단히 박히고 말았다. 그렇게 다프네는 한 그루 월계수나무로 변해버렸다. 바람이 불어오자 나뭇잎이 슬프게 흔들렸다.

너무 놀라 문득 멈춰서버린 아폴론이 슬픔에 잠겨 외쳤다.

"오, 다프네…… 다프네…… 다프네……."

아폴론의 슬픔이 월계수 나무가 된 다프네의 마음에 닿아왔다.

"다프네. 당신이 설령 나무가 되어도 나는 내 사랑을 그대에게 드리고 싶소. 나의 나무가 되어주오."

아폴론의 애절한 사랑 고백이 다프네의 마음을 움직였다. 다프네는 그의 사랑을 받아들일 수밖에 없었다. 월계수 나뭇가지 하나가 고개를 끄덕이자 아폴론은 기뻐하며 말했다.

"당신을 내 왕관으로 쓰겠소. 그리고 위대한 장군들이 개선 행진을 할 때, 나는 그들의 이마에 그대의 잎으로 엮은 화관을 씌워주리다. 그대에게 나는 영원한 젊음을 주겠소. 그대는 늘 푸르를 것이오. 내가 당신의 잎을 시들지 않도록 해주리다."

월계수로 변해버린 다프네를 사랑한 아폴론은 그녀의 잎사귀로 왕관을 만들어 쓰고 다녔다. 태양의 신 아폴론을 기리기 위해 고대 그리스에서는 올림픽에서 승리를 한 자에게 월계관을 씌워주었다. 월계관은 승리와 명예와 영광의 상징이 되었다.

✹

상대의 마음에 가닿아야 사랑이다

그 사람이 내 마음의 의자를 차지하고 앉은 어느 날…… 그날부터 다른 어떤 사람도 의자에 대신 앉을 수 없다. 그런데 빈 의자가 되는 것도 상상할 수가 없다. 길을 걸을 때 빈손을 잡아줄 이도 오직 그 사람이어야 하고, 아프면 뜨거운 이마를 짚어줄 사람도 오직 그 사람이어야 한다. 그 사람의 전화 말고는 그 어떤 전화도 반갑지 않고, 그 사람과 함께하는 자리가 아니면 그리 흥미롭지 않다. 그 사람과 함께하지 않을 때에도 세상은 온통 그 사람이고, 그 사람과 함께 있으면 아무도 보이지 않는다. 그렇게, 아무도 안 보이고 오직 한 사람만 보이는 '맹목'…… 그것이 사랑이다.

아폴론 역시 그런 사랑을 했다. 그러나 사랑을 받지는 못했다. 신발은 신고 있기만 하면 신발의 역할을 못한다. 신고 걸어가야 신발의 노릇을 해준다. 자전거 역시 마찬가지. 타고 있다고만 해서 앞으로 가지 않는다. 페달을 밟아야 나간다. 바람개비도 들고 뛰어가야 바람개비이고, 비눗방울도 불어줘야 방울이 맺히고, 풍선도 바람을 넣어야 부푼다. 사랑도 다르지 않다. 사랑이 상대의 마음에 가닿아야 사랑이다. 그래서 그도 나를 사랑해야 사랑이다. 사랑은 홀로 기뻐하는 마음이 아니라 함께 행복한 마음이기 때문이다.

사랑하는 이에게 듣는 고백은, 바람 부는 세상에서 털옷처럼 따뜻하고, 피곤한 몸을 감싸는 하얀 홑이불처럼 부드럽다. 사랑하는 이들이 그런 고백을 서로 나눴으면 좋겠다. 그래서 행복했으면 좋겠다.

3부
———

빌린 날개로는
하늘을 날 수 없다

빌린 날개로는
하늘을 날 수 없다

'이카로스'의 날개

———

배를 출항시키면 그 배는 위험에 노출된다. 갑자기 풍랑을 만날 수 있고 갑자기 암초에 부딪칠 수도 있다. 그러나 배는 바다를 항해하기 위해 만들어진 것이지 정박해 있으라고 만든 것이 아니다. 우리 인생도 마찬가지. 무엇인가에 도전하는 일은 위험을 감수해야 하는 일이다.

파도에 휩쓸릴 수도 있고 뜻하지 않은 바위를 만날 수도 있다. 그러나 실패가 두려워 도전조차 하지 않는다는 것은 이미 실패를 예약해두는 일과 같은 것이다. 안전한 것만 추구하는 사람은 절대 발전하기 힘들다. 변화가 요구되는 시대에서 제자리에만 머물러 있는 것은 후퇴와도 같다. 후퇴하는 삶을 사는 일이야말로 자존심이 상하는 일이다. "고난은 전진하는 자의 벗"이라고 니체도 말했다. 정박하는 배가 아니라 출항을 위한 꿈을 꾸어야 한다. 그러나 과연 어느 정도의 꿈을 꾸어야 하는 것일까. 욕망과 희망의 경계는 어디일까? 내 꿈의 한계는 어디까지일까?

미궁에 갇힌 이카로스와 다이달로스

—

신화 속에서 이카로스는 헛된 욕망의 상징이다. 끝없이 도전하다가 추락하는 이카로스를 통해 신화는 무엇을 경고하고 싶었을까? 하늘에 떠 있는 아주 작은 별이 있다. 그 별은 우주 공간에서 보면 한 점 티끌에 불과하다. 그러나 그 어떤 행성보다 가까이 태양에 접근해 있다. 그 소행성에는 '이카로스'라는 이름이 붙었다. 아주 작은 티끌에 불과하면서 태양의 가장 가까운 곳에 있는 별, 그게 이카로스다.

신화에서 유래한 '이카로스의 날개'라는 말은, 아주 높은 곳까지 날아오르다가 추락하는 것을 상징한다. 예전에 패기와 열정만으로 재벌의 꿈을 키우다가 몰락한 청년 실업가들을 '이카로스의 후예'라고 일컬었다. 또, 흑인 해방운동을 하다가 인종차별주의자들이 보낸 괴한들이 쏜 총에 맞아 죽은 맬컴 엑스를 '검은 이카로스'라고 부르기도 했다. 높이, 높이, 더 높이 날아오르다가 태양 가까이에서 그만 빠르게 추락하고만 이카로스, 과연 무엇이 이카로스를 그 높은 곳으로 이끌었을까?

이카로스는 다이달로스의 아들이었다. '지상의 헤파이스토스'라는 별명을 가진 다이달로스는 미노스 왕의 딸인 아리아드네가 도망칠 수 있게 도와주었다. 테세우스가 아리아드네와 함께 미로를 탈출해 도망가 버린 사실을 알게 된 미노스는 걷잡을 수 없는 분노로 펄펄 뛰었다. 누가 아리아드네에게 실타래를 건네주었는지는 알아볼 필요도 없었다. 그럴 수 있는 자가 누구이겠는가? 다이달로스 말고는 없었다. 다이달로스에게 미노타우로스를 가둘 미궁을 만들라고 하면서 일찍이 경고해둔 바 있다.

"만약 미궁에서 살아나오는 자가 있으면 너를 그곳에 가둘 것이다."

더구나 왕비가 포세이돈의 황소와 사랑을 나눌 수 있게 만들어준 자도 다이달로스였다는 사실을 알게 된 미노스 왕은 크게 분노했다.

격분한 미노스는 다이달로스와 그의 아들 이카로스를 미궁 속에 가두고 말았다.

"니 아들놈과 니가 만든 미궁 속에 갇혀보아라. 그리고 어디 한번 그 속에서 빠져나와보아라."

미노스는 그들이 절대 도망치지 못하도록 군사들을 동원해 미궁을 겹겹이 에워싸게 했다. 바다로 나가는 배들도 모두 철저하게 수색했다. 다이달로스는 그렇게 자신이 만든 미궁에 갇혀버리고 말았다. 하나밖에 없는 사랑하는 아들 이카로스도 함께였다.

다이달로스가 크레타 섬으로 오게 된 이유가 있었다. 올림포스 12신 중의 하나인 대장장이 신 헤파이스토스와 동급으로 비교될 만큼 손재주가 뛰어난 그는 아테나 여신의 사랑을 한몸에 받았다. 아테나 여신은 그의 재주를 인정해서 아테네의 아크로폴리스 언덕에 있는 신전에 다이달로스의 작업장을 만들어주었다.

신의 사랑과 신망을 한몸에 받다보니 다이달로스의 오만함이 하늘을 찔렀다. 그에 대한 소문을 듣고 제자들이 그에게 몰려들었다. 여러 제자를 두게 된 다이달로스의 제자 중에는 탈로스라는 어린 제자가 있었다. 탈로스는 점점 재주가 늘어가더니 스승인 다이달로스를 능가하기 시작했다. 아테네 사람들의 관심이 다이달로스에서부터 탈로스로 옮겨가기 시작했다. 뛰어난 제자를 보는 다이달로스의 마음에 질투가 끓었다. 사랑하는 제자였지만 자신을 앞지르는 것은 두고 볼 수가 없었다. 질투심에 이성을 잃은 다이달로스는 탈로스를 신전 지붕 위로 데려가 밀어버렸다. 그길로 탈로스는 목숨을 잃었다.

여기서 '다이달로스의 질투'라는 말이 나왔다. 다른 사람이 자신을 능가하는 것을 참지 못하는 마음을 뜻한다. 모차르트를 향한 살리에리의 질투도 '다이달로스의 질투'에 비유되곤 한다. 다이달로스는 끓어오르는 질투심 때문에 제자를 죽였다. 그런 다이달로스를 아테나 여신은 용서할 수 없었다. 그를 아꼈기 때문에 실망과 분노는 더 컸다. 아테나 여신은 그를 크레타 섬으로 쫓아내고 말았다. 그의 재주가 아까웠기 때문에 차마 죽이지는 못한 것이다.

그렇게 해서 다이달로스는 크레타 섬으로 쫓겨났지만 크레타 섬에서도 그의 재주는 빛을 발했다. 크레타의 왕 미노스는 그의 재능을 인정하고 그를 곁에 두었다. 다이달로스는 크레타의 왕 미노스의 사랑을 받으며 그곳에서 결혼해 아들을 낳았다. 그 아들이 바로 이카로스였다. 그렇게 행복한 나날을 보내던 다이달로스가 때아닌 사건에 휘말리면서 자신이 만든 감옥에 아들과 함께 갇히게 되다니, 앞날은 알 수 없는 것이었다.

녹아내린 이카로스의 날개

—

아들과 함께 미궁 속에 갇힌 다이달로스는 눈앞이 캄캄했다. 아무리 생각을 쥐어짜도 설계도를 기억해내지 못했다. 기억력이 약한 게 다이달로스의 약점이었다. 다이달로스는 아들과 함께 미궁 한가운데 멍하니 앉아만 있었다. 아무리 궁리해도 빠져나갈 방도가 없었다.

그런 어느 날이었다. 다이달로스는 한숨을 내쉬며 아들을 쓰다듬다가 문득 답답한 마음에 미궁의 제일 높은 곳, 첨탑의 꼭대기를 바라보았다. 그때였다. 첨탑 위로 새떼들이 날아올랐다. 다이달로스는 그제야 지붕이 뚫려 있다는 사실을 알게 되었다. 미로 위로 새들이 빙빙 돌며 날아다녔다. 그런데 새들이 힘차게 날갯짓을 하다가 깃털을 자꾸 떨구었다. 다이달로스는 그 깃털을 주워서 들여다보았다. 그 모양을 자세히 관찰해보니 깃털의 밑은 넓적하고 위는 구부러져 있다는 것을 알아냈다. 순간 다이달로스에게 한 가지 생각이 떠올랐다.

"미노스가 땅과 바다는 막았지만 하늘은 막지 못하겠지."

그때부터 다이달로스는 첨탑에 떨어진 새의 깃털을 모으기 시작했다. 깃털을 다 모은 다이달로스는 작업을 시작했다. 큰 깃은 옷에서 뽑아낸 실로 묶고 작은 깃은 미궁의 천정 모서리에서 긁어낸 양초의 밀랍으로 붙였다. 마침내 커다란 날개 두 개가 완성되었다. 다이달로스는 자신도 날개를 달고 아들 이카로스에게도 날개를 달아주며 말했다.

"아들아. 너무 높게 날아오르면 안 된다. 태양이 밀랍을 녹여버릴 거야. 너무 낮게 날아서도 안 돼. 날개가 물에 젖게 될 거야. 나를 따라서 적당한 높이로 날아야 한다."

다이달로스와 이카로스는 그렇게 날개를 달고 하늘로 날아올랐다. 다이달로스는 아들보다 앞서 날며 아들 이카로스가 제대로 따라오는지 중간중간 뒤를 돌아보았다. 이카로스는 아버지가 시키는 대로 적당한 높이로 하늘을 날고 있었다. 아버지는 이제 안심해서 조금씩 속도를 내기 시작했다. 두 사람의 성공적인 탈출이 눈앞에 있었다.

그런데 델로스 섬을 지날 무렵, 이카로스는 하늘을 나는 기분에 도취되었다. 푸른 바다와 여러 섬을 눈 아래로 굽어보며 나는 기분은 그를 우쭐하게 만들었다. 이카로스는 아버지의 당부를 잊고 말았다. 그래서 조금씩 고도를 높이기 시작했다. 높이, 더 높이 날아오르고 싶었다. 이카로스는 날개를 세워 높이 날아올랐다. 높이 날아올라 내려다본 세상은 정말 아름다웠다. 또 한번 날개를 세워 더 높이 날아올랐다. 아득히 비상했다. 이카로스는 이제 창공의 한 점이 되어버린 듯했다.

그때였다. 태양이 그의 날개를 녹이기 시작했다. 그것도 모르고 이카로스는 오르고 또 올랐다. 깃털을 이어붙인 밀랍이 태양열에 녹는 것도 알지 못했다. 오직 날아오르는 데만 도취되었다. 태양과 가까워진 이카로스의 날개는 결국 밀랍이 녹아내려 새의 깃털들이 하나하나 분해되어 떨어져 내리기 시작했다.

이카로스는 그제야 아버지의 충고를 떠올렸다. 그러나 때는 이미 늦어버렸다. 이카로스의 날개, 그 깃털들은 조각조각 바다로 떨어져내렸고 이카로스는 아득히 추락하고 말았다. 비상보다 추락은 그 속도가 훨씬 빨랐다.

앞에서 날아가던 아버지 다이달로스가 뒤돌아봤을 때는 이미 이카로스가 바다에 추락하고 난 후였고 몇 개의 깃털만이 허공에 떠 있었다.

"오, 이카로스! 나의 아들아!"

아버지의 슬픈 울음소리만 바다 위를 떠돌 뿐, 더이상 이카로스는 찾을 수 없었다. 바다 위에는 그저 하얀 포말만이 무심히 잦아들고 있을 뿐이었다. 그 후 이카로스가 추락한 그 바다는 '이카로스의 바다'라는 뜻으로 '이카리아 해'라고 불리게 되었다.

우리에게 안전한 비행이란 없다

—

이카로스를 높이, 더 높이 날아오르게 만든 것은 바로 '도취'였다. 성공에 도취된 자는 더 성공하고 싶어진다. 돈의 맛에 도취된 자는 더 많이 갖고 싶어한다. 그 성공과 돈이 잠시 빌려 입은 옷이라는 것은 까마득히 잊어버린다.

바빌로니아신화에는 에타나 왕이 등장한다. 그는 탄생의 식물을 얻기 위해 독수리 등을 타고 하늘로 올라간다. 그런데 너무 높이 올라가는 바람에 그만 정신을 잃고 떨어져버린다. 바로 그 에타나의 몰락을 묘사한 서사시에 이런 내용이 나온다.

빌린 날개로는 하늘을 날지 말지어다.

이카로스의 날개는 끝없이 도전하는 젊은이의 패기를 뜻할 때 인용되기도 한다. 그러나 대부분 욕심과 욕망의 참담한 말로를 뜻할 때 쓰인다. 바빌로니아신화 속에서 에타나 왕이 타고 갔던 독수리도, 그리스신화 속에서 이카로스의 등에 달았던 날개도 결국 아주 잠깐 동안 빌린 것이다. 문제는 자신의 몸에 달린 자신의 날개가 아니라는 점이다. 빌린 것은 돌려줘야 한다. 그러나 빌렸다는 사실을 잊어버린 채 교만해지고, 더 크고 높은 것을 끝없이 추구하다가 몰락하고 만다.

꿈을 꾸는 것은 좋다. 도전하는 것도 좋다. 그러나 수시로 자신의 자리와 위치를 점검해야 한다. 과연 그것이 온전한 나의 것인지를 잘 돌아봐야 한다.

한 치 앞도 바라볼 수 없는 우리에게 안전한 비행이란 없다. 도전하는 것은 좋다. 이끌림이 있기 때문에 그곳으로 가는 것이다. 용기가 있으니까 도전하는 것이다. 그러나 방향이 중요하다. 나는 지금 잘 가고 있는 것인가. 꿈의 속도, 그 계기판도 수시로 체크해야 한다. 인생에도 한계 주행속도는 분명히 있다. 그리고 어디까지가 내 몫인지 돌아봐야 한다. 잠깐 빌린 날개로 너무 높이 날아오른다면 그것은 용기가 아닌 만용이다. 도전이 아닌 무모한 시도다. 꿈이 아닌 탐욕이다.

나만 가지려는 욕심이
불화의 원인이다

'파리스'의 사과

———

두 사람이 숲을 걷다가 한 사람이 무심코 땅 위에 떨어진 과일을 밟았다. 그런데 그 과일이 갑자기 두 배로 커지는 것이었다. 또다른 사람이 힘주어 밟았더니 다시 두 배로 커졌다. 두 사람은 이상히 여겨서 들고 있던 작대기로 서로 돌아가며 그 과일을 힘껏 내리쳤다. 그러자 그 과일이 너무 커져서 그만 숲길을 막아버렸다. 그때 도사가 나타나서 이렇게 말했다.

"자꾸 건드리지 말아라. 맞서지 않으면 처음 그대로이나, 상대하여 맞서면 계속 커지는 이상한 과일이다."

그 과일의 정체는 바로 '말싸움'이었다. 최예선의 『명상, 나를 찾아서』에 나오는 그 과일, 말싸움은 상대방이 맞서지 않으면 아무 문제가 없다. 그러나 맞서면 계속 커지고 결국은 둘의 마음을 막아버린다.

신화 속에서도 비슷한 불화의 씨앗이 나온다. 바로 '파리스의 사과'이다. '파리스의 사과'는 '불화를 일으키는 씨앗'이라는 고사성어가 되었다. 불화의 씨앗은 처음에는 아주 작은 일에서 시작된다. 그러나 잘못 다루면 자칫 큰 재앙을 불러올 수 있다는 사실을 신화 속에서는 '파리스의 사과'를 통해 경고한다. 십 년 동안의 길고 긴 트로이전쟁의 씨앗이 된 사과, 과연 이 사과의 정체는 무엇일까.

트로이전쟁의 시작, 파리스의 사과

바다의 여신 테티스와 펠레우스의 결혼식에 거의 모든 신이 초대받았다. 그런데 초대받지 못한 신이 있었다. 불화의 여신 에리스였다. 화가 치밀어오른 에리스는 결혼식장에 나타났다. 그리고 그곳에 황금사과 하나를 툭 던지고 사라져버렸다. 그 황금사과에는 이런 글귀가 새겨져 있었다. '가장 아름다운 여신에게'.

바로 그 글귀 때문에 여신들 사이에서 싸움이 일어나고 말았다. 제우스의 부인이자 결혼의 여신 헤라, 지혜의 여신 아테나, 미의 여신 아프로디테가 서로 자신이 그 사과의 주인이라고 나선 것이다.

"이건 내 거야!"

"무슨 소리야? 가장 아름다운 여신의 것이라고 쓰여 있잖아!"

결혼식에 참석한 신들은 그 싸움을 지켜볼 수밖에 없었다. 결국 세 여신은 신들의 왕인 제우스에게 심판을 부탁했다. 제우스도 골치 아프기는 마찬가지. 그는 고민 끝에 트로이의 왕자 파리스에게 그 심판을 맡겨버렸다.

파리스는 누구인가. 그는 트로이의 왕자였다. 그러나 낳자마자 버려졌다. 그가 태어날 때 그의 어머니는 도시가 불타는 꿈을 꾸었다. 장차 나라를 망하게 할 아이라고 판단한 왕은 파리스가 태어나자마자 산에 내다버렸다. 그러나 파리스는 죽지 않고 살아나 그 산의 양치기로 살아가고 있었다.

세 여신은 파리스를 만나 사과의 주인이 누구인지 물었다.

"우리 중에 누가 가장 아름답지?"

세 여신은 달콤한 말로 파리스의 마음을 흔들었다. 헤라 여신은 '권력'을, 아테나는 '명예'를 약속했다. 그리고 아프로디테가 말했다.

"나를 선택하면 너에게 가장 아름다운 여인을 주겠어."

파리스는 아프로디테를 택했다. 파리스의 선택으로 아프로디테는 마침내 황금사과를 손에 쥐었다. 가장 아름다운 여신에 뽑힌 것이다.

아프로디테는 약속을 지켜 최고의 미인을 파리스에게 소개해주었다. 그런데 최고의 미인으로 알려진 헬레네는 스파르타의 왕 메넬라오스와 이미 결혼한 유부녀였다. 스파르타로 간 파리스는 아프로디테의 도움을 받아 헬레네의 남편이 궁을 비운 사이에 헬레네를 유혹해 트로이로 도망쳐버렸다. 아내를 빼앗긴 스파르타의 왕은 분노가 치밀어 지원군을 모집했다.

결혼 전 아름다운 헬레네에게는 많은 구혼자들이 있었다. 구혼자들은 그때 서로 약속한 바가 있었다. 헬레네의 짝이 누가 되던 간에 모두 힘을 합해 헬레네를 보호하자는 약속이었다. 헬레네가 트로이로 납치되어 갔다는 사실을 알게 된 그들은 그리스 동맹군을 결성했다. 그렇게 만들어진 연합군은 트로이로 쳐들어갔다. 트로이전쟁의 시작이었다. 사과 한 알이 피비린내 나는 트로이전쟁으로 커진 것이다.

트로이전쟁은 십 년 동안이나 계속되었다. 불화의 씨앗은 아주 작았지만 그 결과는 크고 잔인했다. 누가 누가 아름다운가, 마치 미인대회처럼 시작된 아주 작은 일이 너무나 큰 사건으로 이어진 것이다. 이런 일은 우리 주변에도 흔히 일어나곤 한다. 누가 더 아름다운지가 그렇게 중요한 문제였을까? 파리스는 그런 어리석은 심판에서 꼭 그런 선택을 해야 했을까? 그리고 자신의 욕망을 위해 남의 것을 훔쳐야 했을까? 파리스의 사과는 곧, 인간의 욕망에 대한 경고다.

우리도 생의 주문을 잊고 사는 것은 아닐까

—

서로 나누는 덕담 중에 장난처럼 건네는 말이 있다. "잘 먹고 잘 살자!" 잘 먹는다는 것은 분명히, 경제적인 것과 관련이 있을 것이다. 하지만 잘 산다는 것이 경제적인 것에 국한된 것이 아니다. 잘 산다는 말에는 '함께'라는 말이 들어가야 한다. 내 욕망 때문에 남에게 피해를 주는 일은 없어야 하는 것, 나 혼자 살아가는 것이 아니라 더불어 살아가는 것, 그것이 잘 사는 조건이다. 꿈을 위해 매진하는 것은 좋다. 그러나 목적을 위해서 양심을 버리는 일은 없어야 한다. 변화하는 것은 좋다. 그러나 변질되는 것은 좋지 않다. 남을 비방하기 전에 나 자신부터 돌아보는 것이 정말 '잘 사는' 일이다.

『아라비안 나이트』의 「알리바바와 40인의 도적」 이야기가 있다. 정직한 알리바바는 도적들이 금은보화를 쌓아둔 바위문 앞에서 "열려라, 무엇무엇!" 하는 그 주문을 알게 돼서 큰 부자가 된다. 그러나 욕심쟁이 형 카심은 들어가기는 했지만 그 운명의 주문을 잊어버려서 나오지 못한 채 결국 비참한 최후를 맞는다. 어린 시절 그 이야기를 읽을 때는 그저 권선징악의 단순한 교훈만을 얻었다. 그러나 이제는 이런 생각이 든다. 카심이 주문을 잊어버렸듯이, 우리도 어쩌면 생의 주문을 잊어버리고 사는 건 아닐까. 결코 잊어버려서는 안 되는 자신의 자리를 잊어버리고 사는 건 아닐까.

결국, "열려라, 무엇무엇!" 그 주문은 자기 마음을 여는 주문이다. 다른 비밀번호는 다 잊어버려도 좋다. 그러나 내 마음을 방문하는 그 주문만큼은 절대 잊지 말아야 한다.

황금으로
행복은 살 수 없다

'미다스'의 손

_____

세네카의 어록에 이런 말이 나온다.

　가난한 사람은 적게 가진 사람이 아니라, 너무 많이 갈망하는 사
　람이다.

　우리나라에서는 경제적으로 먹고살 만하고 가족들이 문화를 누리며
사는 가정을 중산층이라고 여긴다. 그런데 서양의 중산층의 정의는 이
렇다고 한다.

　- 외국어를 하나 이상 구사할 수 있을 것
　- 스포츠를 한 가지 이상 즐길 것
　- 악기를 하나 이상 다룰 것
　- 남과 다른 나만의, 혹은 우리집만의 요리법을 하나 이상 지닐 것
　- 그리고 사회의 정의에 대해서 생각하며 살 것

　그런가 하면, 부자의 기준으로는 개인 요리사를 두고, 한 끼 350달러
짜리 일식당을 이용하고, 자녀에게 시간당 400달러짜리 수학 과외와
함께 프랑스 고성으로 여름캠프를 보낼 정도가 되어야 한다고 한다. 그

러나 하얀 요트를 가지고 지중해를 미끄러지는 즐거움만 누리는 것이 아니라 남을 위한 자애로운 마음을 펼칠 때의 두근거림과 설렘도 갖춘 사람이 진정한 부자가 아닐까? 부자가 되는 방법은 바라는 만큼 가지는 것도 있겠지만, 또 '아예 그만큼을 바라지 않는 것'이 부자가 되는 방법이 아닐까? 결국 저마다 마음의 계산기가 따로 달려 있다. 내가 행복하니 정말 부자다 싶으면 진짜 부자다.

닿으면 모두 황금이 되는 미다스의 손

가져도 가져도 더 가지고 싶은 욕망을 경고하는 신화 이야기가 있다. 미다스의 이야기다. 미다스는 영어로 '마이더스'라고 한다. '마이더스의 손' 하면 돈을 버는 재주, 대박을 터뜨리는 능력을 뜻한다. 손대는 사업마다 번창하는 경영인에게도 '마이더스의 손'이라는 수식어가 따라다닌다. 마이더스의 손이라는 호칭은 최고의 찬사이자 부러움의 대상이다.

그러나 그리스신화에 등장하는 미다스 왕은 부러움의 대상만은 아니다. 미다스의 손이라는 말은 한편으로는 탐욕과 욕심에 대한 경계의 뜻으로 쓰이기도 한다. 미다스는 부자로 이름난 프리지아의 왕이었다. 어느 날 농부들이 미다스 왕에게 노인 한 명을 데리고 왔다. 노인이 숲에서 혼자 잠들어 있었다는 것이다. 뚱뚱하고 머리는 벗겨진데다 들창코를 한 이 노인은 낡은 옷을 입은 지저분한 모습이었다. 그 노인을 천천히 살펴보던 미다스 왕은 그가 누구인지 알아보았다. 그는 바로 술과 황홀경의 신인 디오니소스의 양아버지이자 스승인 실레노스였다. 디오니소스 신이 스승과 친구들과 함께 프리지아로 여행을 왔는데 스승이 그만 술에 취해 숲에서 잠들어버린 것이었다. 미다스 왕은 열흘 동안 주연을 베풀며 노인을 극진히 대접하고 보살펴주었다.

스승을 모시러 온 디오니소스는 미다스 왕에게 고마워하며 말했다.

"소원이 있으면 뭐든 들어주겠소."

미다스 왕은 순간 욕심에 눈이 멀어 대답했다.

"제 손이 닿는 것마다 모두 황금으로 변하게 해주십시오."

디오니소스는 그의 소원이 마땅치 않았다. 그래서 다시 한번 기회를 주었다.

"그것 말고 다른 소원은 없소?"

그러나 미다스 왕은 소원을 바꾸지 않았다. 디오니소스는 "그대가 원하는 대로 되리라" 약속하고 돌아갔다.

'정말 손이 닿는 것마다 황금으로 변할까?' 시험해보고 싶은 마음에 미다스는 뜰에 있는 나뭇가지를 꺾어보았다. 그러자 황금가지로 변했다. 신기한 왕은 이번에는 사과나무에서 사과를 하나 따보았다. 사과역시 황금사과로 변했다. 미다스는 신이 나서 이것저것 만졌다. 돌멩이도, 잔디도 그가 만지는 것마다 모두 금으로 변했다.

미다스는 기뻐서 어쩔 줄 몰랐다. 축배를 들고 싶었다. 그런데 포도주가 황금으로 변하는 게 아닌가! 식사를 하려고 했다. 그런데 빵에 손을 대자 빵이 금으로 변해 딱딱해져버렸다. 미다스는 크게 당황했다. 사방이 황금으로 넘쳐났지만, 먹을 수도 마실 수도 없었다. 미다스 왕은 그제야 자신이 어리석었음을 깨달았다. 빵 한 조각도 먹을 수 없고 물 한모금도 마실 수 없는데 황금이 무슨 소용이란 말인가! 디오니소스가왜 다른 소원을 말해보라고 했는지 알 것 같았다.

축복받은 손이 아니라 저주받은 손

그때 공주가 나와서 괴로워하는 미다스 왕에게 물었다.

"아버지. 왜 그렇게 슬퍼하세요?"

미다스 왕은 슬픔이 복받쳐 공주를 끌어안았다. 그런데 공주마저 싸늘한 황금동상으로 변해버리고 말았다. 무서운 재앙 앞에서 미다스는 찢어지는 가슴을 부여잡고 고통스러워했다. 미다스는 손만 닿으면 모든 것이 금으로 변하는 능력을 떨쳐내려고 두 손을 마구 털어보았다. 그러나 아무리 털어내도 그 능력을 떨쳐낼 수는 없었다. 결국 미다스는 축복을 받은 손이 아니라 저주를 받은 손, 그 양쪽 손을 허공으로 쳐들고 디오니소스를 찾아가 엎드렸다.

"제발 이 고통스러운 능력을 다시 가져가주십시오."

미다스 왕이 눈물로 애원하자 디오니소스는 그에게 방법을 알려주었다.

"그대의 어리석음을 깨달았는가? 그렇다면 팍톨로스 강으로 가라. 가서 그대의 몸을 씻으라. 그리고 그대의 경솔함과 그에 대한 죄를 씻도록 하라."

미다스 왕은 한달음에 팍톨로스 강으로 뛰어갔다. 그리고 디오니소스가 알려준 대로 그 강물에 몸을 씻었다. 미다스 왕이 강물에 손을 씻는 순간 금을 만드는 능력이 강물로 옮아갔다. 순간 모래가 반짝반짝 빛났다. 강바닥의 사금은 그렇게 생겨났다.

만지는 것마다 황금으로 변하는 것이 축복이 아니라 저주였던 것을 알게 된 미다스는 그 마법에서 풀려나 기뻐했다. 그후로 미다스는 부귀를 누리던 생활을 청산하고 소박한 일상에 행복해하며 지냈다.

정말 소중한 것은 느낌으로 고여드는 것이다

미다스의 손이라고 불리던 경영인들이 사회적인 해악을 끼치며 비참하게 몰락하는 경우를 우리는 흔히 보게 된다. 탐욕과 과욕이 화를 불렀기 때문이다. 신화 속의 미다스 왕처럼……. 신화 속에서 디오니소스는 미다스 왕을 너그럽게 용서했다. 그러나 현실은 과욕과 탐욕에 그다지 너그럽지 않다. 만일 미다스가 이런 소원을 빌었다면 어땠을까.

"아주 작은 일상에도 언제나 감사할 수 있는 마음을 주십시오."

그랬다면 황금보다 더 큰 행복을 얻고 진짜 부자가 될 수 있었을 텐데. 그랬다면 가엾은 딸의 희생을 막을 수 있었을 텐데……. 우리는 미다스처럼 그렇게 늦게야 깨닫는 인생의 느림보들인지도 모른다.

『돈으로 살 수 없는 것들』이라는 잘 알려진 책에 쓰인 것처럼, 돈으로 집을 살 수 있지만 가정을 살 수는 없다. 침대를 살 수 있지만 잠을 살 수는 없다. 시계를 살 수 있지만 시간을 살 수는 없다. 책을 살 수 있지만 지식을 살 수는 없다. 지위를 살 수 있지만 존경을 살 수는 없다. 약을 살 수 있지만 건강을 살 수는 없다. 피를 살 수 있지만 생명을 살 수는 없다. 쾌락을 살 수 있지만 사랑을 살 수는 없다. 그러고 보면 이 세상에 정말 소중한 것은 돈으로는 살 수 없는 것이다. 황금만능이라고들 하지만 황금은 결코 만능이 될 수 없다. 황금으로 살 수 없는 것도 많고, 황금이 없이 누릴 수 있는 것도 많다.

우리는 모두 같은 하늘 아래 살고 있다. 그렇지만 바라보고 있는 지평선은 모두 다르다. 어떤 이는 성공을, 어떤 이는 세속의 행복을, 어떤 이는 부귀와 명예의 지평선을 바라본다. 또 어떤 이는 순수의 지평선을 보기도 하고, 성공과 명예의 짐이 되기도 하는 사랑을 절대 놓지 않는 이도 있다.

황금보다 소중한 것은 결국 마음이다. 느끼고 사랑하고 감사하고 기뻐하는 마음, 그것이 진정한 부富의 척도이다. 아이들에게 물려줘야 할 최고의 유산 역시 돈도 집도 땅도 아니라 '감동하는 마음'이다. 우리가 꼭 지녀야 할 다짐의 항목 역시 감사하는 마음이다.

아주 작은 일에도 감사하는 정서, 감동을 저축하는 것. 그것이야말로 우리 인생의 가장 소중한 재테크는 아닐까? 서로의 마음을 훈훈하게 채워줄 작지만 소중한 추억들을 마음속 타임캡슐에 많이 저장했으면 좋겠다.

지금의 영광은
잠시 빌려입은 옷이다

거미가 된 '아라크네'

나비는 아름다운 날개를 가진 후에 애벌레 시절을 잊어버린다. 올챙이 시절을 아는 개구리도 만나기 어렵다. 부드럽고 달콤한 홍시도 한때는 딱딱하고 떫고 파란 감에 지나지 않았다는 사실을 잊어버린다. 인간이라고 다르지 않다. 떨리고 설레고 작은 것에도 감사하던 그 첫 마음을 자꾸 잊어버린다. 하찮은 성과에 우쭐거리고 그 자리가 영원한 줄 알고 어깨를 높인다. 최고를 경험하고 나면 그후에는 나보다 못한 사람을 경멸하고 나보다 잘하는 사람을 인정하지 않는다. 그래서일까. 벤저민 프랭클린은 이렇게 지적했다.

"인간의 성품 가운데 가장 뿌리 깊은 것이 교만이다."

재능을 가진 사람들, 성공을 맛본 사람들은 자만의 덫에 걸리기 쉽다. 그래서 우쭐대기 쉽다. 그러나 신들은 인간의 교만함에 대해서 가차 없이 벌을 내렸다. 그중에 아라크네 이야기가 있다.

신을 조롱하는 수를 놓은 아라크네

'거미'를 뜻하는 이름을 가진 아라크네는 리디아에 사는 염색 명인 이드몬의 딸이었는데 베짜는 솜씨가 뛰어났다. 사람들은 그녀의 솜씨에 입을 다물지 못했다.

"이건 인간의 솜씨가 아니야. 아테나 여신이 내려준 솜씨임에 틀림없어."

오만해진 아라크네는 그 말에 발끈했다.

"아테나 여신이 내려준 솜씨라니? 내가 아테나보다 훨씬 나아."

심지어 아라크네는 아테나 여신과 한번 솜씨를 겨뤄보고 싶다고 큰소리쳤다. 이 소문을 들은 아테나 여신은 허름한 노파로 변장해 아라크네를 찾아가 타일렀다.

"감히 신과 겨룰 생각을 하다니……. 그런 경솔한 말을 하면 안 돼."

아라크네는 노파의 말을 귀담아듣지 않고 비웃었다.

"여신 같은 건 하나도 두렵지 않아요. 자신 있으면 나와서 나랑 한번 겨뤄보자고 해요."

아테나 여신은 더 이상 참을 수 없어서 신의 모습을 드러냈다.

아테나와 아라크네는 나란히 앉아 베를 짜기 시작했다. 아라크네는 베를 다 짠 후, 그 위에다 신들을 조롱하는 수를 놓았다. 여러 가지 모습으로 변신하며 여자들을 쫓아다니는 제우스의 모습을 수놓았다. 뿐만 아니라 바다의 신 포세이돈, 태양의 신 아폴론, 술의 신 디오니소스가 여자를 겁탈하거나 비행을 저지르는 내용을 수놓았다. 아라크네의 작품은 훌륭했다.

그러나 그 속에는 불손함과 교만함이 그대로 들어 있었다. 그녀의 오만불손한 마음을 아테나는 도저히 용서할 수 없었다. 아테나는 들고 있던 북을 내리쳐서 아라크네의 베 폭을 찢어버렸다. 그리고 그녀의 이마에 손을 대고 그녀를 응시했다. 오만방자함에 대한 뜨거운 질책이었다. 그때서야 자신이 얼마나 교만했는지 깨달은 아라크네는 목을 매 자살을 기도했다. 그러나 아테나 여신은 아라크네의 자살을 허용하지 않았다.

"죽지 말고 살아서 이 교훈을 영원히 기억해라. 너도 네 자손도 잊지 말아라."

아테나는 목을 매고 늘어져 있는 아라크네의 배 속에서 줄을 뽑았다. 그리고 그녀의 몸에 식물의 즙을 뿌렸다. 그러자 아라크네는 그만 거미로 변하고 말았다.

우리는 실존이라는 옷걸이 위에 옷을 입는다

—

거미가 된 아라크네가 슬픈 얼굴로 우리에게 전해준다. 재능이 있다고 해서, 성공했다고 해서, 영광을 얻었다고 해서, 높은 자리에 앉아 있다고 해서 우쭐거리는 것은 어리석은 일이라고…… 누구나 아라크네처럼 한순간 작은 성공에 도취한 적이 있을 것이다. 누구나 그때의 오만한 마음을 떠올리면 부끄러움에 얼굴이 뜨거워질 것이다. 한때의 성공, 한때의 영광, 한때의 지위…… 우리가 잠시 빌려 입은 옷일 뿐이다. 한때의 실패, 한때의 시련, 한때의 추락…… 역시 우리가 잠깐 빌려 입은 옷일 뿐이다. 우리는 그렇게 실존이라는 옷걸이 위에 옷을 입는다. 그런데 옷의 특징은 언제든 벗어버릴 수 있다는 것이다. 아니, 언젠가는 벗어야 한다는 것이다.

그런데 그 옷이 마치 자신의 본질인 것처럼 교만한 것은 아닐까? 혹은 잠시 입고 있는, 빌린 옷 때문에 좌절하는 것은 아닐까?

이탈리아 음악의 거장 베르디에게 전해오는 일화가 있다. 어느 날 베르디에게 한 젊은 작곡가가 작품 한 곡을 들고 왔다. 베르디는 그곡을 몇 소절 피아노에 옮겨보고 나서 이렇게 말했다.

"이 곡에는 아름다운 곳과 새로운 곳이 있다."

그 순간 젊은 작곡가는 우쭐해졌는데 하지만 베르디는 말을 이렇게 이었다.

"그러나 아름다운 곳은 새롭지 않고 새로운 곳은 아름답지 않다."

살아가는 동안 우리는 젊은 작곡가처럼 성급하게 우쭐해질 때가 있다. 조그만 재주 하나에 우월감을 갖고 남보다 좀더 배운 것, 좀더 가진 것에 자만하기도 한다. 내가 누리고 있는 것에 대해 자존심과 겸손함을 함께 지니는 것은 참 어려운 일이다. 그럴수록 우리 마음에 언제나 중용이라는 것이 필요하다.

놀이터 앞을 지나다보면 시소가 보인다. 중앙에 구심점이 있고 양쪽에 한사람씩 타고 앉았는데, 한쪽의 무게가 무거우면 다른 쪽이 가볍게 올라가는 시소, 어쩌면 우리는 언제나 그 시소 게임을 하며 살아가는 것은 아닐까? 사람과 사람 사이에도 너와 내가 구분되는 무게가 있어서 한쪽이 미움의 무게가 더 무거우면 가볍게 들어올리는 쪽의 사랑이 애처롭다. 현실과 꿈 사이에도 구분되는 무게가 있어서 꿈의 무게가 높으면 현실이 안타깝고, 현실의 무게가 무거우면 또 꿈이 애처롭다. 그렇게 구심점이 되는 무엇인가를 타고 앉아서 서로의 무게를 맞춰가야 하는 존재가 바로 우리다.

누군가는 시소를 이렇게 정의 내리기도 한다. 마음의 밭에 '긍정'을 심으면 긍정적인 결과가 나오고 '부정'을 심으면 부정적인 결과를 낳는다고……. 그러니까 생각 속에 성공을 넣으면Success In, 성공의 결과가 나온다Success Out, 첫 자를 모으면 SISO가 된다. 마음도 콩 심은 데 콩이 난다. 겸손한 마음과 기쁜 마음을 마음밭에 적절히 잘 심어볼 일이다.

지금의 성공은 완벽한 성공이 아니다. 지금의 실패도 다 실패한 것이 아니다. 정상에 올라가면 언젠가는 내려와야 한다. 그러니 정상에 있다고 '야호' 하면서 환호성을 터뜨릴 것도 없고, 산 아래에 있다고 어깨를 내릴 이유도 없다.

자랑하는 그 순간
복은 달아난다

'니오베'의 자식 자랑

한 번도 가난해보지 못한 부자가 가난한 사람을 이해하는 일은 매우 힘들 것이다. 밑바닥까지 내려가보지 못한 사람이 절망에 찬 사람을 이해하기도 힘든 일이다. 더구나 인생의 목적지를 아주 높은 지점에 둔 사람들에게 낮고 약한 사람들을 이해하는 일은 너무나 힘든 일이다. 누군가를 이해하는 일은 그보다 높이 선 자리에서는 불가능한 일이다. 그의 눈높이에 맞춰 선다고 해도 이해하기는 힘든 일이다. 눈높이를 낮춰서 그를 우러러볼 때에만 비로소 그를 이해한다고 말할 수 있을 것이다. 그래서 '이해한다'는 것은 'understand'이다. 'overstand'가 아니다. 'understand'라는 것은 문자 그대로 '아래에 선다'는 뜻인 것이다. 높은 마음을 가지고 있는 사람에게는 아무도 마음 문을 열지 않는다. 최대한 낮추고 최대한 섬기는 자세로 다가가야 비로소 마음의 문이 열린다.

운전과 인간관계에서 상반되는 점은 바로 그 점이다. 운전은 시야가 높을 때 가시거리가 넓어지지만 인간관계에서는 한 걸음 아래로 내려갔을 때 시야가 더욱 넓어진다. 노자는 이렇게 말했다.

바다와 강이 수백 개의 산골짜기 물줄기에 복종하는 이유는 그것들이 항상 낮은 곳에 있기 때문이다. 따라서 다른 사람들보다 높은 곳에 있기 바란다면 그들보다 아래에 있고, 그들보다 앞서기 바란다면 그들

뒤에 위치하라.

높은 곳에 있고자 하면 오히려 몸을 낮추고, 앞서기 바란다면 오히려 그들 뒤에 서라고, 물도 높은 곳에서 낮은 곳으로 흐른다고 노자는 전한다.

열네 명의 자식을 둔 니오베

—

오만하기 때문에 다른 사람의 마음을 이해하지 못하는 이들은 자신도 모르게 남을 아프게 한다. 그것은 죄가 되고 그래서 벌을 받게 된다. 그 중에서도 가장 참혹한 벌을 받은 이는 아마 니오베일 것이다. 오만함 때문에 니오베는 열네 명이나 되는 아이들을 모두 잃었다. 그것도 아주 참담하게 잃었다.

테베의 왕비인 니오베는 세상 부러운 것은 다 가진 여자였다. 좋은 가문에서 태어났고 한 나라의 왕을 남편으로 두었다. 빼어난 아름다움도 지녔다. 그중에서도 가장 니오베가 자랑스러워하는 것이 있었으니 그것은 그녀의 자식들이었다. 니오베는 아들과 딸 각각 일곱 명씩을 낳았다. 그 당시에는 자식이 많은 것이 대단한 자랑거리인 시대였다. 니오베는 자식을 많이 둔 것을 무척 자랑스러워했다. 그런데 자식 자랑이 너무 지나쳤다. 단 두 명의 자식을 아주 힘들게 출산한 레토 여신의 심기를 건드리고 만 것이었다.

레토 여신은 어떤 어려움을 겪고 아이를 낳았을까. 레토는 제우스와 사랑을 나눴고 아이를 가졌다. 그 사실을 알게 된 제우스의 아내 헤라는 어떡하든 그 아이를 낳지 못하게 하려고 모든 방법을 총동원했다. 레토는 헤라의 눈을 피해 아이를 낳을 수 있는 곳을 찾아 세계를 떠돌았다.

그러나 헤라는 이미 모든 나라에 해가 비치는 곳에서는 아이를 낳지 못하도록 명령해두었다. 하늘 아래 해가 비치지 않는 곳을 찾아 헤매던 레토를 받아준 곳은 아스테리아 섬이었다. 이 섬은 고정되어 있는 섬이 아니라 바다 위를 떠도는 섬이었다. 그래서 그 어디에도 속하지 않았기 때문에 헤라의 방해를 피할 수 있었다. 제우스는 포세이돈을 시켜 파도를 높게 쳐서 그 섬에 해가 비치지 않게 하라고 명령했다. 레토는 그 섬의 나무 아래서 간신히 몸을 풀 수 있었다.

그때 레토는 쌍둥이를 낳았는데, 먼저 태어난 아이는 사냥의 여신 아르테미스였다. 그리고 뒤이어 낳은 아이가 태양의 신 아폴론이었다. 아폴론과 아르테미스는 어렵게 그들을 낳은 어머니에 대한 효성이 지극했고, 레토는 자식들에 대한 애정이 대단했다. 아폴론과 아르테미스는 태어나자마자 어머니를 박대했던 큰 뱀 피톤을 죽이는 일부터 시작했을 정도였다.

신이여, 제발 내 자식 하나만이라도 살려주소서!

레토 여신은 테베 사람들로부터 추앙받아왔다. 테베 사람들은 여신 레토를 섬겨 해마다 축제를 벌이곤 했다. 레토 여신을 축복하기 위한 축제일이 되었다. 테베 사람들은 제단 앞에 모여들었다. 그때 니오베가 자랑스러운 얼굴로 자식 자랑을 했다.

"나한테는 아들이 일곱 명이나 있고, 딸이 일곱 명이나 있어요. 그런데 레토는 어떤가요? 고작 두 명밖에 없잖아요. 그런데도 레토를 추앙하겠어요?"

그녀의 자랑은 계속 이어졌다.

"나는 정말 행복해요. 앞으로는 더 행복하겠죠. 아이들이 있으니까요. 내 자식들이 미래를 보장해주잖아요. 어느 신이 나보다 더 행복할 수 있겠어요?"

그녀의 위험한 자랑은 도를 넘기 시작했다.

"운명의 여신이요? 내 자식을 데려가려면 데려가라죠. 내 자식 몇을 데려간다 해도 둘밖에 없는 레토보다는 많이 남겠죠."

니오베의 자식 자랑을 듣다가 사람들은 자식이 둘밖에 없는 레토를 추앙하는 일이 어쩐지 부질없게 느껴졌다. 그래서 축제를 하다 말고 모두 흩어져버렸다.

레토는 쌍둥이 남매를 피눈물 쏟는 과정을 통해 간신히 얻었다. 그런데 자식이 많다는 이유로 신을 능멸한 니오베를 용서할 수 없었다. 레토의 상처를 제대로 건드린 것이다. 레토는 효성이 깊은 아들 아폴론과 딸 아르테미스를 불러 니오베에게 모욕을 당한 대가를 치르도록 호소했다.

"이 어미의 가슴이 찢어질 듯 아프구나. 나를 모욕한 그자에게 벌을 내려다오."

아폴론과 아르테미스는 복수심에 주먹을 쥐었다. 어머니의 가슴을 아프게 한 자는 용서할 수 없었다. 그들 쌍둥이 남매는 곧바로 테베로 달려갔다.

아폴론은 니오베의 아들들을 찾았다. 그 아이들은 전쟁놀이를 하고 있었다. 니오베의 맏아들이 아폴론의 화살을 맞아 죽었다. 도망가던 둘째도 화살을 피하지 못했다. 테베의 왕자들은 그렇게 모두 아폴론의 화살에 맞아 죽었다. 그 소식을 들은 암피온 왕은 슬픔을 이기지 못해 목숨을 끊고 말았다. 니오베는 남편의 주검과 아들들의 시신 앞에 엎드려 악을 써댔다.

"잔인한 신이여! 해볼 테면 어디 해봐! 내 아들들을 죽였지만 아직도 나는 당신보다 더 많은 딸들이 있어!"

니오베의 절규가 끝나기도 전에 활시위를 잡아당기는 소리가 들렸다. 그 화살은 니오베의 딸들을 향해 날아왔다. 첫째, 둘째, 셋째, 넷째, 다섯째, 여섯째…… 딸들이 차례로 죽어갔다. 니오베는 마지막 남은 막내딸을 꺼안고 통곡하며 빌었다.

"신이여, 제발 내 자식 하나만이라도 살려주소서!"

그러나 마지막 남은 품안의 자식마저 죽고 말았다.

니오베는 자식들이 죽어가는 것을 보다가 정신을 잃고 말았다. 자식 자랑 한 것을 뼈저리게 후회했다. 레토 여신의 상처를 건드린 것을 반성했다. 그러나 내뱉은 말을 주워 담을 수는 없었다. 니오베는 아무 말도 할 수 없었고 아무것도 먹을 수 없었다. 그저 하염없이 눈물만 흘릴 뿐이었다. 그녀의 자랑거리였던 자식들이 모두 죽었을 때 그녀는 그대로 거기 앉아 눈물만 흘리며 움직이지 않았다. 그녀는 그 자리에서 바위가 되고 말았다. 신들은 그녀를 물이 흘러나오는 대리석으로 만들었다. 사람들은 그 바위를 '니오베 바위'라고 불렀다. 테베에 있는 니오베 바위에서는 아직도 눈물이 떨어지고 있다고 한다.

사랑은 바짝 다가서는 것이 아니라
울타리를 멀리 치는 것이다

———

니오베는 자식이 많기 때문에 자식이 없는 이의 심정을 헤아리지 못했다. 레토 여신에게는 자식이 없는 것이 깊은 슬픔이며 한이라는 것을, 그 한이 얼마나 사무치는 것인 줄 미처 생각하지 못했다.

자식을 사랑하는 것은 좋다. 그러나 제 자식이 소중하면 남의 자식도 소중하다. 내가 가진 열네 명의 자식도 소중하지만 남이 가진 두 명의 자식도 소중한 것이다. 내가 가진 풍요로운 행복도 중요하지만 남이 가진 소박한 행복도 가치가 있다. 결국 오만함이란, 남의 것을 인정하지 않음에서 오는 죄이다. 옛날 우리 선조들은 이웃이 방문하면, 혹시 그의 마음이 아플까봐 집 안의 재물을 천으로 덮어뒀다고 한다. 자랑하면 복이 달아난다고 생각해서 말을 조심했고, 아이가 태어나면 오히려 이름을 천하게 지어 아명으로 불렀다. 개똥이라는 아명이 많았던 것도 그 때문이다.

새해가 되면 자기 복을 비는 마음조차 미안해서 새해 첫날을 '신일愼日'이라 부르며 근신하며 경거망동을 삼가는 날로 삼았다. 그런데 지금의 현실은 어떤가. 많이 가진 자들은 가진 것들을 자랑하고 내세운다. 그리고 감사할 줄 모르고 가지지 않은 자를 돌아보지 않는다. 지금 가지고 있는 것에 대해 겸손한 감사를 드려야 한다. 과분한 복을 누리고 있다는 생각에 더욱 고개를 조아려야 한다.

니오베의 이야기 속에서 어머니의 자식 사랑에 대한 생각도 해보게 된다. 과연 어떤 것이 진정한 사랑일까? 어버이가 자식을 대놓고 사랑하는 일은 어쩌면 쉽다. 본능을 따라가면 되기 때문이다. 그러나 마음에 가득한 사랑을 쏟는 것보다 그 사랑을 절제하는 게 더 힘들다. 사랑은 바짝 다가서는 것이 아니라 적당한 거리에 울타리를 치는 것이다. 그리고 남의 자식도 내 자식처럼 아끼며 겸손하게 기도하는 일이다. 그저 믿는 마음으로 멀리서 지켜보는 것이다.

욕심으로 금고는 채워도
영혼은 채울 수 없다

'에리직톤'의 끝없는 식욕

나이 지긋한 어떤 장군이 골동품 잔을 만지고 있었다. 고풍스럽고 신비한 예술품을 보며 그는 감탄했다. 이렇게 아름다운 것을 손 안에 쥐고 있다는 것이 경이롭고 자랑스러웠다. 그런데 순간 방심하는 사이에 그 골동품 잔을 떨어뜨릴 뻔했다.

"헉!" 하는 소리와 함께 크게 놀랐고 그의 심장도 덜컥 내려앉았다. 장군은 잠시 후, "대군을 이끌고 사지를 넘나든 내가 잔 하나로 이리 놀랐단 말인가!" 하며 그 잔을 던져버렸다. 전진하는 자는 집착의 대상을 과감히 버려야 할 때가 있다. 독주하려는 과욕, 세상의 부를 다 가지려는 욕망, 상대는 보지 않고 내 마음만 챙기는 욕심의 이름이 집착이다. 욕심 때문에 인생을 망가뜨린 또하나의 인물이 신화에 등장한다. 미다스가 황금에 눈이 먼 자였다면 에리직톤은 먹을 것을 탐하다가 인생을 통째로 집어삼킨 자이다.

먹어도 먹어도 허기진 에리직톤

곡물의 여신 데메테르의 숲은 신성하고 행복한 곳이었다. 그곳에 떡갈나무 한 그루가 있었다. 다른 나무들과 비교가 안 될 만큼 크고 아름다운 나무였다. 데메테르는 그 나무를 무척 좋아했다. 숲의 요정들은 그 나무 주위에서 춤을 추며 놀곤 했다. 그 나무는 그렇게 신이 사랑하는 나무였고, 요정들의 놀이터와 같았다. 그러던 어느 날 에리직톤이 하인들을 데리고 나타났다.

"아주 훌륭한 나무야. 이런 나무는 한 그루만 있어도 충분히 집을 지을 수 있겠어. 아주 좋은 목재가 생겼어."

에리직톤은 하인들에게 나무를 베라고 했다. 그러나 하인들은 그 나무를 베지 않았다.

"여신의 정원입니다. 그 나무를 베면 안 됩니다."

하인들이 말렸지만 에리직톤은 귀담아듣지 않고 도끼를 뺏어 들었다. 요정들이 아무리 사정하며 그 나무를 베지 말아달라고 해도 소용없었다. 에리직톤은 도끼로 그 나무를 찍었다. 그러자 그 나무에서 피가 흘러나왔다. 하인이 더이상은 안 된다고 말리자 하인을 발로 차고는 다시 도끼로 나무를 찍었다. 요정들은 두려움에 떨며 데메테르 여신에게 달려가 그 사실을 알렸다. 데메테르는 할머니로 변신하고 에리직톤이 앞에 나타났다.

"당장 멈추고 더이상 불경스러운 짓을 하지 말아라!"

데메테르의 충고에 에리직톤은 코웃음을 쳤다.

"난 목재가 필요해요. 이걸로 집을 지어서 돈을 벌 겁니다. 나그네가 쉬어가게 하고 돈을 받는 거예요."

데메테르 여신은 그때까지 누군가에게 벌을 내려본 적이 없었다. 그러나 이번만큼은 그냥 넘어갈 수 없었다. 데메테르는 기아의 여신 리모스를 불렀다.

"아주 불경스럽고 욕심 많은 자가 있다. 그에게 욕심이 많으면 어떻게 된다는 것을 보여주어라."

데메테르의 명령을 받은 기아의 여신 리모스는 에리직톤의 혈관에 독을 불어넣었다. 잠이 들었던 에리직톤은 심한 허기를 느끼며 잠에서 깨어났다. 에리직톤은 식당으로 바로 달려갔다. 그리고 눈에 보이는 음식을 모조리 먹어치웠다. 그러나 허기는 조금도 채워지지 않았다. 아무리 먹어도 배가 부르지 않았다. 먹어도 허기가 채워지지 않자 일을 할 수가 없었다. 그는 먹는 일에만 몰두해야 했다. 배가 고파서 견딜 수가 없었기 때문이었다. 그런데도 살이 불어나기는커녕 오히려 더 야위어갔다. 돈이 많은 그였지만 허기를 채우는 동안 재산은 눈에 띄게 줄었다. 더이상 음식을 구할 돈이 없었다. 그러나 여전히 에리직톤의 위는 먹을 것을 달라고 졸라댔다. 허기로 눈이 뒤집힌 에리직톤은 먹을 것을 마련하기 위해 딸 메스트라를 노예로 팔기까지 했다. 바다의 신 포세이돈은 메스트라에게 변신 능력을 주었다.

"너는 모든 것을 동물로 바꿀 수 있게 될 것이다."

메스트라는 그 능력을 이용해서 아버지를 위해 음식을 마련했다. 그러나 밑 빠진 독에 물 붓기였다. 딸의 눈물겨운 노력도 아버지의 식욕에는 한계가 있었다. 먹어도 먹어도 채워지지 않는 허기를 이기지 못한 에리직톤은 결국 자기 몸을 먹기 시작했다. 이제 머리만 남은 중에도 그의 치아들은 서로 부딪치며 먹을 것을 달라고 아우성쳤다. 그의 욕심은 그의 인생까지 송두리째 먹어치우고 말았다.

당신은 지금 무엇을 놓지 못하고 있습니까?

먹어도 먹어도 허기를 채울 수 없는 에리직톤의 모습, 그것은 현대인들의 초상인지도 모른다. 가져도 가져도 만족을 모르는 욕심, 이루고 또이뤄도 감사할 줄 모르는 욕심은 마음의 지독한 병이다.

정채봉의 『생각하는 동화』에는 이런 일화가 소개되고 있다. 아프리카 원주민들이 손쉽게 원숭이를 잡는 방법이 있다. 그들은 가죽으로 자루를 만드는데 입구를 아주 좁게 한다. 원숭이의 손이 겨우 들어가고 나올 정도의 입구만 만들어놓는 것이다. 다음에는 그 자루 속에 원숭이가 좋아하는 바나나를 넣어서 나뭇가지에 매달아놓는다. 그렇게 하고 기다리고 있으면 원숭이가 나타난다. 원숭이는 자루 속에 있는 바나나를 보고는 좋아서 어쩔 줄 모르며 자루 속에 손을 집어넣어 바나나를 꺼내려고 한다. 하지만 원숭이의 손은 자루에서 빠져나오지를 못한다. 손만 빠져나오면 충분히 나올 수 있지만 바나나를 쥐고 있기 때문에 좁은 입구를 통과할 수가 없다. 그 바나나를 놓기만 하면 손을 뺄 수 있을 텐데, 절대 그 썩어버린 바나나를 포기하지 못한다. 결국 그 바나나를 쥔 채 원숭이는 사냥을 당하고 만다. 원숭이를 죽음으로 몰아간 것은 바로 '욕심'이었다.

많은 사건사고들을 돌아보면 거기에는 바로 욕심이 있었다. 꼭 커다란 사회나 정치 뉴스가 아니더라도 개인적인 인생의 뉴스 속에도 아주 부끄러운 한 지점에는 욕심이 있었다. 안타까운 이별의 원인도 욕심이었고, 지우개로 지우고 싶어지는 수치심의 근거도 욕심이었다. 내가 나를 돌아봐야 할 때가 언젠가는 찾아온다. 논리로 풀지도 못하고 수리로 계산도 안 되는 문제가 닥칠 수 있다. 방정식처럼 법칙이 있는 것도 아니고 암기과목처럼 외우면 되는 것도 아닌 문제, 무방비 상태로 인생이라는 그 이상한 문제에 한 방 먹을 수 있다. 그럴 때에는 조용히 자신의 마음을 돌아봐야 한다. 그래서 나쁜 마음은 과감히 버리고 좋은 마음은 소중히 지녀야 한다.

사람인지라 어쩔 수 없이 부리게 되는 욕심, 잃어버리지 않으려고 꽁꽁 움켜쥐고 있던 그 마음이 가을이 되면 나무에게서 배우게 된다. 가을 나뭇잎은 나무에서 떨어져나온다. 그리고 미련 없이, 아름답게 우주의 한곳에 자기 몸을 내려놓는다. 우주에 떨어지는 낙엽은 묻고 있다.

"당신은 지금, 무엇을 손에 쥐고 놓지 못하고 있습니까?"

마음에는
두 마리 늑대가 산다

'벨레로폰'의 편지

이런 이야기가 있다. 추장이 손자에게 말했다. "우리 모두의 마음속에서는 언제나 두 마리 늑대가 싸우고 있단다." 손자가 물었다. "어떤 늑대가 이기나요?" 그러자 추장은 간단하게 대답했다. "내가 먹이를 주는 놈이 이기지."

신화 속 인물인 벨레로폰의 마음속에도 두 마리 늑대가 살았다. 그는 용감했지만 나중에는 결국 교만에 빠지고 말았다. 교만이라는 늑대에 먹이를 주었던 벨레로폰은 결국 마음의 늑대에 지고 말았다.

'벨레로폰의 편지를 받았다'는 표현을 가끔 보게 된다. 그것은 불리한 제안을 받았다는 뜻이다. 벨레로폰의 편지에는 어떤 내용이 적혀 있었을까? 그 이야기는 어떤 음모로 시작된다.

페가소스를 타고 키메라를 물리친 벨레로폰

벨레로폰은 코린토스의 왕자였지만 조국에서 추방당했다. 명예롭지 못한 죄를 짓고 쫓겨난 벨레로폰을 받아준 사람은 티린스의 왕인 프로이토스였다. 그런데 잘생긴 벨레로폰을 본 안테이아 왕비는 그를 유혹했다. 벨레로폰은 그녀의 사랑을 받아들일 수 없었다. 쫓겨난 자신을 기꺼이 받아준 왕의 은혜를 저버릴 수 없었기 때문이다. 왕비의 사랑을 거부하자 왕비는 단단히 화가 났다. 왕비는 남편인 프로이토스 왕에게 거짓말을 했다.

"벨레로폰이 저를 유혹하려 했어요."

음모였다. 그러나 왕은 왕비의 말에 속아넘어갔다. 왕은 벨레로폰을 당장 죽여버리고 싶었다. 그러나 벨레로폰은 다른 나라에서 온 손님이 아닌가. 고대 그리스에서 나그네는 신과 동격으로 삼을 정도로 귀히 여겼다. 그는 자신의 손에 피를 묻히는 것이 꺼림칙했다. 그래서 꾀를 하나 생각해내고는 편지 한 장을 내밀었다.

"이 편지를 리키아의 이오바테스 왕에게 전해주게."

이오바테스 왕은 프로이토스 왕의 장인이었다. 아무것도 모르는 벨레로폰은 왕의 편지를 들고 리키아로 갔다. 그리고 그 편지를 리키아의 왕에게 전했다. 편지에는 이렇게 적혀 있었다.

"이 편지를 들고 온 사람을 죽여주십시오."

결국 벨레로폰은 자신의 사형 집행 영장을 들고 간 셈이었다. 여기서 '심부름하는 사람에게 몹시 불리한 편지'를 의미하는 '벨레로폰의 편지'라는 용어가 생겨났다.

그런데 이오바테스 왕도 나그네를 죽이는 일은 할 수 없었다. 사위의 부탁은 들어줘야겠고, 찾아온 손님을 자신의 손으로 직접 죽일 수는 없어서 고민하던 이오바테스 왕은 벨레로폰에게 부탁을 했다.

"우리나라에 괴물이 하나 있네. 그 괴물이 인간을 제물로 요구하면서 곡식을 파헤치고 동물을 죽이고 있어. 자네가 그 괴물을 처치해주게."

머리는 사자인데 몸은 염소이고 독사의 꼬리를 지녔으며 화염을 뿜어내는 무서운 괴물 키메라를 처치하라니, 도저히 이길 수가 없는 게임이었다. 왕은 벨레로폰를 죽이는 일을 키메라에게 넘긴 셈이었다. 그 무시무시한 괴물을 어떻게 죽여야 할지 암담하기만 한 그의 앞에 예언자가 나타나 일러주었다.

"아테나 여신의 신전에 찾아가보시오. 방법을 찾을 수 있을 것이오."

벨레로폰은 예언자의 말을 따라 아테나 여신의 신전으로 갔다. 그곳에서 잠시 잠이 든 사이, 꿈속에 아테나 여신이 나타났다.

"페가소스의 도움을 받아 키메라를 물리쳐라."

페가소스는 영웅 페르세우스가 무서운 괴물 메두사의 목을 베어 죽였을 때 흘러나온 피에서 생겨난, 날개 달린 천마였다.

"내가 그대에게 페가소스를 길들일 수 있는 황금고삐를 주겠노라."

벨레로폰이 잠에서 깨어나보니 손에 황금고삐가 쥐어져 있었다. 아테나 여신이 정말 다녀간 것이었다. 페가소스는 그때까지 그 누구도 길들일 수 없었다. 그러나 벨레로폰이 황금고삐를 내밀자 날뛰던 페가소스가 금세 차분해졌다.

페가소스를 탄 벨레로폰은 하늘을 날아 무시무시한 괴물 키메라를 처치하러 갔다. 키메라가 쉴새없이 내뿜는 화염도 하늘을 나는 페가소스의 빠른 날개에는 닿지 못했다. 벨레로폰이 쏜 화살을 정통으로 맞은 키메라는 결국 죽었고, 벨레로폰은 의기양양하게 돌아와 왕에게 자랑스럽게 말했다.

"분부하신 대로 키메라를 물리쳤습니다."

키메라를 물리친 사실에 놀란 이오바테스는 또다른 과제를 내주었다.

"여전사들인 아마존과 솔리모이 군대와 맞서 싸워주게."

벨레로폰은 왕의 명령대로 또 한번 페가소스를 타고 날아올라 그들을 물리쳤다. 해적을 소탕하라는 명령도 역시 완수해내었다. 이오바테스 왕은 그의 어려운 명령을 모두 완수해낸 벨레로폰을 그제야 인정했다. 벨레로폰이 억울하게 죄를 뒤집어쓰고 왕을 찾아왔다는 사실도 알게 되었다. 왕은 그의 용기와 성실성을 인정했고, 그의 둘째 딸 필로노에 공주와 결혼시켰다.

인간의 오만에 대한 신의 경고는 가차 없다
—

그후 벨레로폰은 행복한 나날을 보냈다. 벨레로폰은 틈만 나면 페가소스를 타고 사방으로 날아다녔다. 그러다보니 황금고삐를 믿고 점점 거만해졌다. 두려움도 없고 불가능한 일도 없었다. 벨레로폰 역시 '교만'이라는 병에 걸리고 만 것이다. 벨레로폰은 급기야 페가소스를 타고 신들이 사는 올림포스에 오르려는 시도를 했다. 올림포스는 신들만이 사는 신들의 장소였다. 인간은 감히 꿈꾸면 안 되는 곳이었다. 그런데 인간이 올림포스에 오르려고 했다.

제우스는 감히 인간이 올림포스에 오르는 것을 두고 볼 수 없었다. 제우스는 벨레로폰을 향해 등에 한 마리를 보냈다. 등에가 페가소스의 엉덩이를 찌르자 페가소스가 놀라 몸을 일으켰다. 그 순간 벨레로폰은 말에서 떨어지고 말았다. 벨레로폰은 땅에 떨어졌다. 그의 몸은 마비되었고, 날아오르느라 태양을 너무 가까이 봤기 때문에 눈이 멀었다. 그후 벨레로폰이 어디로 갔는지 아는 사람은 아무도 없었다.

인간의 오만에 대한 신의 경고는 가차 없다. 잔인하다. 벨레로폰에게 있어서 페가소스는 빌린 말이다. 벨레로폰 자신의 것이 아니다. 목적을 이루면 그것을 돌려줬어야 했다. 그러나 돌려주지 않았고 마치 자기 자신의 힘인 양 오만해졌다. 우리 중에 누가 과연 벨레로폰에게 돌을 던질 수 있을까. 지금 가진 것이 영원한 것인 양 어깨를 세우고 우쭐대는 현대판 벨레로폰들이 참 많다.

지금도 우리 마음 안에는 두 마리 늑대가 살고 있다. 그중에 한 마리가 가진 것은 이런 것들이다. 분노, 탐욕, 거만, 거짓, 자만심, 그리고 이기심……. 그리고 다른 한 마리가 가진 것은 이런 것들이다. 사랑, 인내심, 겸손, 친절, 동정심, 그리고 믿음……. 우리는 그중에 어떤 늑대에게 먹이를 주고 있는 걸까?

세상에 공짜는 없다

'카시오페이아'의 허영심

옛날 어린 시절에는 밤이 되면 마당에 앉아 하늘을 올려다보곤 했다. 그 밤하늘에는 이름 모를 별들이 와글와글 모여들어 무슨 할 말이 있는 듯 속삭였다. 그중에서 W자 모양을 한 별자리가 있었는데, 바로 카시오페이아이다. 그 별자리는 카시오페이아 왕비가 의자에 거꾸로 매달려 있는 모습을 하고 있다. 왜 카시오페이아는 밤하늘에서 그렇게 거꾸로 매달려 지내야 했을까.

에티오피아의 왕비인 카시오페이아는 딸 안드로메다가 무척 아름답다고 생각했다.

"넌 이 세상에서 제일 예쁜 아이야."

딸에게만 말하는 것이 아니었다. 그녀는 딸의 미모를 자랑하기 바빴다.

"세상에서 우리 딸이 제일 아름다워요."

주변에서는 그녀의 오만함을 부추기며 아부를 떨기 바빴다. 더욱 오만해진 왕비는 "내 딸은 바다의 요정들보다 백 배는 더 아름다워"라며 떠들고 다녔다. 이 얘기를 전해들은 요정들은 화가 치밀었다. 바다 요정들은 바다의 신 포세이돈의 아내인 암피트리테에게 찾아가 그 사실을 일러바쳤다. 역시 바다 요정인 암피트리테는 남편인 해신 포세이돈에게 그 사실을 알리고는 요청했다.

"오만하고 허영심 많은 카시오페이아를 혼내주세요."

포세이돈은 괴물 고래를 에티오피아로 보냈다. 그날부터 에티오피아 해안에는 괴물이 나타나 사람들을 괴롭히기 시작했다. 그리고 큰 파도가 몰아닥쳐 도시에 많은 피해를 주었다. 다음에는 홍수였다. 그러는 사이에 백성들은 가난해졌고 식량이 없어서 죽어갔다. 고심하던 에티오피아의 왕 케페우스는 예언자를 찾아가 물었다.

"도대체 왜 우리나라에 이런 재난이 일어나는지 알려주십시오."

예언자는 이렇게 대답했다.

"당신의 외동딸 안드로메다를 바다 괴물의 제물로 바치시오. 그래야 신의 분노가 가라앉을 것이오."

별 자 리 가 된 왕 비 , 카 시 오 페 이 아

아내의 입방정 때문에 사랑하는 딸 안드로메다를 제물로 바쳐야 한다니, 왕은 아내에 대한 분노로 폭발할 것 같았다. 그래서 의자에 앉아 있는 카시오페이아 왕비를 걷어차 바다로 떨어뜨렸다. 카시오페이아 왕비는 그 모습 그대로 하늘로 올라가 카시오페이아 별자리가 되었다.

바다 괴물의 횡포가 계속되자 왕은 하는 수 없이 신탁대로 딸인 안드로메다를 괴물의 제물로 내놓기로 결심했다. 자신의 목숨보다 더 소중한 딸이었지만 나라와 백성을 위해서는 어쩔 수 없었다. 왕은 눈물을 흘리며 괴물에게 바치기 위해 딸을 바닷가 벼랑에 묶었다.

그때였다. 메두사의 싸움에서 승리한 페르세우스가 세리포스 섬으로 날아가다가 에티오피아 상공에 접어들었다. 그때 아름다운 처녀가 쇠사슬에 묶여 있는 것이 보였다. 그녀는 안드로메다 공주였다. 페르세우스는 안드로메다의 아버지인 왕을 만나 자초지종을 듣게 되었다.

"제가 그 괴물을 처치해드리겠습니다. 그러면 따님과 결혼하게 해주십시오."

왕은 거절할 이유가 없었다. 오히려 제발 괴물을 물리쳐달라고 페르세우스의 손을 붙들고 애원했다. 페르세우스는 공주를 구하기 위해 괴물과 싸울 것을 결심하고 안드로메다가 묶여 있는 벼랑 끝으로 향했다. 드디어 포세이돈이 보낸 괴물이 물 위로 나타났다. 페르세우스는 칼을 뽑아들고 괴물의 목을 쳤다. 그리고 괴물이 머리를 들었을 때 페르세우스는 괴물 앞으로 얼른 메두사의 목을 내밀었다. 순간 괴물은 놀란 표정 그대로 굳어져 돌이 되고 말았다.

페르세우스는 안드로메다 공주와 결혼하고 고향인 세리포스 섬을 향해 다시 발걸음을 옮겼다. 카시오페이아는 아직도 밤하늘에서 의자에 매달리는 벌을 받고 있다. 허영심과 자만이라는 죄에 가해지는 형벌이었다.

심은 대로 거둔다

———

이런 일화가 있다. 왕은 백성들에게 지혜를 주고 싶어서 학자와 신하들에게 이런 명령을 내렸다.

"이 세상의 모든 지혜를 모으라!"

그 명령대로 신하들은 여러 해 동안 지혜를 모았는데, 그 양이 너무나 많았다. 왕은 그것을 한 권의 책으로 줄이라고 했다. 그런데 그것도 바쁜 백성들이 읽을 것 같지 않아서 한 장으로 줄이라고 했다. 그러더니 다시 "단 한 문장으로 줄이라"고 했다. 백성들에게 전한 마지막 한 문장, 살아가면서 꼭 알아야 할 최고의 지혜는 무엇이었을까?

바로, 이 문장이었다. "세상에 공짜는 없다!" 이 세상의 모든 철학서적을 한 문장으로 요약해보라고 해도 아마 이 문장일 것이다. "세상에 공짜는 없다!"

이 말을 마음에 담아두면 불평할 일도, 누군가를 부러워할 일도, 통탄할 일도 없어진다. 모든 게 내 탓이니까. 세상의 진리를 단 한 문장에 모은 "세상에 공짜는 없다", 이 말은 곧 '심은 대로 거둔다'는 뜻이다. 오만함에 대한 벌을 받는 것도 심은 대로 거두는 것이고, 허영심에 대한 경고를 받는 것도 심은 대로 거둔 것이다.

모래알처럼 작은 꽃씨. 그 한 알의 꽃씨는 대단한 힘을 발휘한다. 그속에는 식물을 꽃 피우고 열매 맺게 하는 모든 유전 인자가 다 들어 있다. 그 작은 꽃씨 하나에서 싹이 트고, 떡잎이 벌어지고, 줄기가 자라고, 잎이 피고, 꽃망울이 생기고, 눈부시도록 황홀한 꽃이 피어나고 푸짐한 열매를 맺기도 한다.

우리 마음에도 무수한 꽃씨가 있다. 식물의 꽃씨가 꽃을 피우려면 수분과 온도와 산소가 필요한 것처럼 마음에 필요한 수분, 온도, 산소도 분명히 있을 것이다. 우리 안에 가지고 있는 그 유전인자를 다 가동하면서 마음이 피워내야 할 것은 무엇일까?

지금 어떤 마음을 이 시공간에 심고 있는지……. 공짜는 없다는데, 심는 대로 거둔다는데, 기왕이면 좋은 마음을 부지런히 심어볼 일이다.

꿈은 사다리를 타고
올라가는 것이다

'파에톤'의 태양마차

———

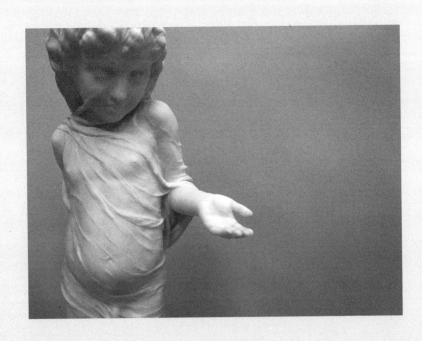

두 개의 원석이 있었다. 세월이 흘러 두 개의 원석은 완전히 다르게 변했다. 하나는 광채 없이 흐릿하게, 또하나는 반짝반짝 빛났다. 그 이유는 무엇일까? 흐릿한 돌은 겨우 여덟 번 깎였고 빛나는 돌은 팔백 번 이상 깎였던 것이다. 우리 인생도 무수히 깎여야 한다. 깎이는 순간은 비록 고통스러워도 결국 눈부신 광채로 빛나게 된다. 영화 〈밀리언 달러 베이비〉에 이런 대사가 나온다.

"권투는 너무 힘든 스포츠야. 네 몸을 망가뜨리고 코뼈도 부러뜨리지. 그러나 니가 그 고통을 무서워하지 않고 즐기기만 한다면 니 몸에서는 신비한 힘이 솟아날 거야."

인생이 나한테 한 방 먹이더라도 그것을 두려워하지 않고 즐길 수만 있다면 아주 특별하고 신비한 에너지가 솟아나줄 것이다. 노벨상보다 더 좋은 상은 바로 노력상이다. 그런데 우리는 다 힘써보지도 않고, 다 노력해보지도 않고 불평과 푸념만 늘어놓는 건 아닐까? 너무 고속 엘리베이터에 길들여져 있는 것은 아닐까?

엘리베이터는 현대인의 편한 도구이다. 그러나 꿈을 이루는 도구는 될 수 없다. 꿈을 이루는 도구는 오직 사다리밖에 없다. 한 발 한 발 천천히 올라가는 사다리 말이다. 하늘 높은 줄 모르고 더 높이 더 높이 날아오르려다 추락한 이카로스도 있지만 멀리 우주를 날아오르는 꿈을 가진 이도 있었다. 바로 파에톤이다. 파에톤은 그리스어로 '빛나는' 또는 '눈부신'이라는 뜻을 가졌는데, 아버지 없는 아이로 자라나서 놀림을 많이 받았다. 그럴 때마다 어머니는 그에게 "너는 태양신의 아들이다"라고 말해주었다.

태양마차를 몰고 싶었던 파에톤

어느 날 파에톤은 친구가 "나는 제우스와 이오의 아들"이라고 자랑하는 것을 듣고 자신도 족보 자랑을 했다.

"나는 태양신 헬리오스의 아들이야."

헬리오스는 티탄족의 아들이었고 그때까지만 해도 태양의 신이었다. 치명적인 실수를 저지르는 바람에 아폴론에게 그 자리를 내주기 전까지는…….

파에톤이 태양신의 아들이라고 해도 친구들은 믿어주지 않았다. 오히려 비웃음과 놀림만 받았다. 파에톤은 생각 끝에 직접 아버지를 만나기로 결심했다. 그는 해가 떠오르는 동쪽 끝의 궁전을 찾아갔다. 오랜 모험 끝에 태양의 궁전에 도착한 그는 태양신 헬리오스를 만났다. 헬리오스는 파에톤에게 "너는 내 아들이 분명하다"고 말해주며 따뜻하게 맞아주었다. 헬리오스는 아버지 없이 자란 아들이 불쌍했다. 그래서 소원이 있으면 뭐든 말해보라고 했다. 파에톤은 소원을 말했다.

"아버지가 모는 태양마차를 제가 몰게 해주세요. 태양마차를 몰고 싶어요."

헬리오스의 얼굴이 창백하게 굳었다. 태양마차를 모는 일은 제우스도 할 수 없는 위험한 일이었다.

"태양마차를 모는 일은 위험해. 말들이 혈기왕성하기 때문에 몰기가 힘들어. 그뿐만이 아니야. 태양이 가는 시간과 궤도를 조심스럽게 지켜 가야 되는데, 보통 힘든 일이 아니야. 그 부탁은 들어줄 수 없으니 다른 소원을 말해봐."

헬리오스는 아들을 설득했다. 그러나 파에톤은 태양마차를 몰고 싶다고 고집을 부렸다. 헬리오스는 스틱스 강에 대고 아들의 소원을 들어 주겠다고 경솔하게 말한 것을 후회했다. 스틱스 강에 대고 맹세를 해놓고 지키지 않으면 아무리 신이라고 해도 무서운 벌을 받아야 했다.

다음날 새벽, 하루의 운행을 위해 태양마차가 출발할 시간이었다. 헬리오스는 어쩔 수 없이 아들에게 마차를 내어주면서 신신당부했다.

"너무 높게 날면 안 된다. 그리고 너무 낮게 날지도 마라. 하늘의 중간으로만 몰고 가야 한다."

그러나 태양마차를 몰게 됐다는 사실에 흥분된 파에톤의 귀에는 그 말이 들리지 않았다.

드디어 파에톤을 태운 태양마차가 출발했다. 태양마차를 끄는 네 마리 말은 즉시 평소에 늘 타던 주인이 아니라는 것을 느꼈다. 파에톤은 그것도 모르고 태양마차를 몰 수 있다는 사실에 기뻐서 신나게 말을 몰기 시작했다. 아버지의 충고도 잊은 채 하늘 끝까지 날아올랐다. 그때였다. 말들이 마구 날뛰기 시작했다. 말들은 고삐가 풀린 듯 하늘 위로 치솟아올랐다가 지나치게 아래로 내려갔다가 했다. 태양마차가 하늘로 접근하면 별들이 뜨거운 마차를 피해 도망쳐야 했고, 지나치게 지상으로 곤두박질하면 지구를 뜨겁게 태워버리기도 했다. 파에톤은 말들이 제멋대로 달리자 통제를 할 수 없었다. 두려운 파에톤은 그만 고삐를 놓아버렸다. 그러자 태양의 열기에 강과 바다가 말라버릴 지경이 되었다. (전설에 따르면 에티오피아인들의 피부가 검은 것은 이때의 열기로 피가 살갗으로 몰렸기 때문이며, 리비아의 사막도 이때 생긴 것이라고 한다.)

세상은 제멋대로 움직이는 태양 때문에 큰 혼란에 빠졌다. 아침이 낮이 되고 낮이 저녁이 되는 바람에 사람들은 우왕좌왕했다. 제우스는 더 이상의 피해를 막아야 했다. 제우스는 하는 수 없이 파에톤에게 번개를 던졌다. 파에톤은 결국 벼락을 맞고 떨어져 죽었다.

에리다누스 강에 떨어진 파에톤의 시신을 흐르는 물의 님프인 나이아스들이 주워 묘지를 만들고 비문을 새겨주었다. 파에톤의 누이들은 그의 운명을 슬퍼하여 강가의 포플러나무로 변하였다. 이들이 흘린 눈물이 강에 떨어져 호박이 되었다고 전해진다. 지금도 에리다누스 강 주위에는 유독 포플러나무가 많다고 한다.

파에톤 사건으로 헬리오스는 태양신의 자리에서 쫓겨났다. 달의 여신 셀레네도 함께였다. 헬리오스 남매를 쫓아낸 제우스는 자신의 아들과 딸인 아폴론과 아르테미스를 그 빈자리에 보냈다. 그때까지 아폴론은 의술과 음악, 궁술의 신이었으나 태양신의 일도 맡게 되었다. 그리고 사냥의 신이었던 아르테미스가 달의 여신의 자리까지 맡게 되었다.

어디로 가고 있는지가 중요하다

—

허황된 꿈, 그후의 비참한 몰락을 신화에서는 종종 경고한다. 능력에 맞지 않는 일에 욕심내거나 끝없이 올라가려 하거나 빠르게 달려가려고 하는 자들은 결국 추락하고 만다는 사실을 신화는 들려준다.

하나하나 내 발로 디뎌야 올라갈 수 있는 사다리. 방해도 이겨내며 응원도 받아가며 올라가는 사다리. 그런 사다리가 꿈의 유일한 도구이다. 신이 내 손을 잡아주는 시기가 조금 늦어질 뿐, 내미는 손을 거절하지는 않는다. 꿈으로 가는 푸른 사다리를 타고 한 발 한 발 꾸준히 올라가면 언젠가는 다 오를 날이 올 것이다. 조급할 필요가 없다. 남의 것에 욕심낼 이유도 없다. 속도는 중요하지 않다. 어디로 가고 있는지가 중요하다. 멈추지 않고 가고 있다는 현재진행형의 그 사실이 중요하다.

아픔은
성숙을 가져온다

반짝이는 별이 된 '오리온'

사랑이 기쁜 것만은 아니라고 하면, 사랑이 고통스럽고 어려운 과정을 지나 서로의 사연을 만들어가는 것이라면, 도대체 그 사랑이라는 것을 왜 해야 하는 걸까?

그것은 사랑의 과정을 통해 성숙해지기 때문이다. 성장과 성숙은 다르다. 성장은 자란다는 의미로 쓰이지만, 성숙은 깊어진다는 의미로 쓰인다. 성숙은 분노를 참을 줄 아는 마음이고 서로의 차이를 해결할 줄 아는 능력이다. 그리고 타인을 배려해서 눈앞의 즐거움을 포기할 줄 아는 마음이고 절망적인 상황에서도 희망을 포기하지 않는 마음이다. 또한 성숙은 슬픔을 불만이나 원망 없이 받아들일 줄 아는 마음이다. 그러므로 '성숙'이라는 단어는 '평화'와 통한다. 마음속의 폭풍우를 잠재우고 마음속의 전쟁을 두드릴 줄 아는 능력, 그것이 성숙이다.

성숙과 연륜이 같은 의미는 아니다. 연륜은 쌓여가는데 마음에 부는 바람이 더욱 거세지고 원망과 불안과 미움이 더 깊어진다면 그것은 성숙해진 게 아니다. 사랑을 통해 성숙해지고, 사랑의 진짜 의미를 깨닫는 이야기는 신화 속에도 있다.

별자리 이름으로 잘 알려진 오리온은 바다의 신 포세이돈과 아마존의 여왕 사이에서 태어났다. 그는 아버지 포세이돈으로부터 바닷속을 걸을 수 있는 능력을 받았는데, 워낙 거인이었기 때문에 바닷속에 들어가도 바닷물이 어깨까지만 닿았다. 매력적인 얼굴에 사냥의 명수인 오리온은 키오스 섬의 공주인 메로페를 사랑하게 되었다. 오리온이 메로페 공주에게 청혼하자 메로페의 아버지인 오이노피온 왕은 오리온에게 조건을 걸었다.

"하루 만에 이 섬에 있는 맹수들을 다 죽일 수 있겠나? 그렇다면 내 딸 메로페와 결혼을 허락하겠네."

키오스 섬은 외진 곳이라 해변에만 사람이 살았고 대부분의 지역에는 맹수들이 우글거렸다. 맹수들 때문에 위험해서 어느 누구도 섬 구석구석을 걸어다닐 수 없었다. 그러나 메로페와 결혼만 할 수 있다면 뭐든 하고 싶었던 오리온은 어깨에 활을 메고 길을 나섰다. 그는 하루종일 거친 맹수를 쫓아다니며 화살을 쏘아댔다. 키오스 섬 깊숙한 곳에 사는 사자는 맨손으로 때려잡아 그 가죽을 메로페에게 바쳤다. 오리온은 자랑스러운 얼굴로 왕 앞에 나섰다.

"맹수를 다 죽였습니다. 이제 따님과 결혼하게 해주십시오."

그러나 오이노피온은 안색을 싹 바꾸고 말했다.

"자네 같은 거인을 사위로 삼으라니! 너 같은 놈한테 절대 내 딸을 내줄 수 없다!"

사랑 때문에 눈이 멀어버린 오리온

—

약속을 지키지 않은 왕에게 화가 난 오리온은 메로페 공주를 강제로 데려가려고 했다. 오이노피온 왕은 오리온의 행동에 분노와 위기를 동시에 느끼고 오리온에게 술을 먹여 취하게 했다. 거인이 잠들어버린 사이에 오이노피온 왕은 오리온의 두 눈을 찔러 장님으로 만들어버렸다. 그러고는 바닷가에 내팽개쳐버렸다. 그렇게 오리온은 사랑 때문에 눈이 멀고 말았다.

얼마나 지났을까. 아버지 포세이돈의 숨결인 파도가 오리온을 깨웠다. 오리온이 잠에서 깨었을 때 이미 그의 눈에는 아무것도 보이지 않았다. "누구 있어요?" 소리쳐 불러도 아무도 대답하지 않았고, 철썩이는 파도 소리만 들려왔다. 오리온은 바다로 들어섰다. 그리고 어디로 가고 있는지도 모른 채 물속으로 자꾸만 걸어 들어갔다. 그때 어디선가 망치 소리가 들려왔다. 그 소리를 따라 길을 더듬어 렘노스 섬의 헤파이스토스 대장간으로 갔다. 헤파이스토스는 오리온을 불쌍하게 여겨 케달리온이라는 직공을 불렀다.

"이분을 태양의 신이 있는 곳으로 모셔다드리거라."

오리온은 케달리온의 어깨에 매달려 동쪽을 향해 나아갔다. 그렇게 동쪽의 끝까지 간 오리온은 그곳에서 태양신을 만날 수 있었다. 태양신은 그의 시력을 되찾게 해주었다.

오리온은 그의 눈을 멀게 하고 바다에 내팽개친 오이노피온 왕에게 복수하기 위해 다시 키오스 섬으로 건너갔다. 그러나 이미 섬 주민이 왕을 지하 동굴에 숨겨주었기 때문에 그를 처치하려는 뜻을 이루지 못했다. 오리온이 눈이 멀었다가 다시 보게 되었을 때, 그의 망막을 덮고 있었던 사랑은 이미 사라져버린 후였다. 콩깍지가 벗겨진다는 표현처럼 그의 눈을 덮고 있던 사랑이 허무하게 스러져갔다. 그토록 간절히 사랑했던 메로페였지만 그는 더이상 그녀를 사랑하지 않았다.

사랑한 후에는 세상과 삶이 더 아름다워진다

—

사랑도 복수도 모든 것이 허무해진 오리온은 크레타 섬에서 여신 아르테미스와 함께 사냥을 하며 살았다. 그러다가 사냥의 여신 아르테미스가 오리온을 사랑하게 되었다. 아르테미스는 그동안 남자들은 거들떠보지 않으면서 독신을 고집해온 처녀 신이었다. 그런 그녀가 오리온과 함께할 때는 언제나 미소 지었다. 오리온과 함께하는 시간이 행복했다.

아르테미스가 결혼할 것이라는 풍문이 신들과 인간 세상에 돌았다. 아르테미스의 쌍둥이 오빠인 아폴론은 아르테미스를 꾸짖으며 오리온을 가까이하지 말라고 했다. 그러나 아르테미스는 오빠의 말을 듣지 않았다. 아폴론은 둘의 사이를 떼어놓기 위해서 오리온을 없앨 방법을 고심했다. 그런 어느 날 아폴론은 유난히 승부 근성이 강한 아르테미스에게 내기를 걸었다.

"바다에 떠 있는 검은 그림자가 보이지? 저걸 과녁으로 해서 누가 잘 맞추나 겨뤄보자."

아르테미스는 자신 있게 그 그림자를 겨누고 활을 당겼다. 그리고 검은 그림자를 명중시켰다. 그런데 그 과녁은 바로 바다 위를 걷고 있는 오리온이었다. 처음이자 마지막 연인을 자신의 화살로 쏘아버린 아르테미스는 그의 죽음을 한탄하며 슬피 울었다.

연인의 죽음을 슬퍼하던 아르테미스는 오리온을 하늘로 올려보냈다. 오리온은 반짝이는 별들의 무리 속에 자리잡았다. 아르테미스는 오리온이 사냥할 때 늘 들고 다니던 활도 하늘로 올려보내 별로 만들어주었다. 그후 아르테미스는 더이상은 그 누구도 사랑하지 않았다. 아르테미스의 사랑 때문일까. 별자리 중에서도 오리온자리는 유난히 아름답다. 겨울이 되면 오리온자리는 하늘에서 아름답게 빛이 난다.

　마음에 폭풍을 선물했던 사랑이 지나간 후 그 자리에 남는 것은 무엇일까? 잊으려고 노력한 시간이 성숙을 가져오고, 그래서 그 사람 입장에 서서 이별에 대처하게 되고, 아픈 만큼 세상을 더 사랑하게 된 마음, 이것이야말로 사랑의 본질 아닐까? 사랑은 쓰디쓰지만 그래도 사랑을 할 수밖에 없는 이유. 그것은 바로 성숙해진다는 사실, 그러니까 사랑한 후에 세상과 삶이 더 아름다워진다는 사실에 있을 것이다.

4부 ———

눈에 눈물이 없으면

그 영혼에는 무지개가 없다

모든 것은 대지에서 태어나
대지로 돌아간다

어머니 마음 '가이아' 이론

우리는 어디에서 와서 어디로 가는 것일까? 신화는 아무것도 없음, 무無의 상태에서 시작되었다. 그곳에 하나하나 생명이 존재하기 시작했다. 아무것도 없던 이 세상에 아무것도 아니던 우리가 놓이기 시작했다. 우리의 삶은 과연 어떤 의미일까? 우리가 살아 있다는 것은 이 세상에 그어떤 의미를 심어가는 일이다. 이 세상을 사는 서로에게 꽃이 되어주는일이다. 어두운 밤에 등불이 되어주는 일이다.

헤시오도스는 『신통기』에 세상의 시작을 기록해놓고 있다.

> 태초에 카오스가 있었다. 그리고 그후 만물의 터전인 넓고 넓은 가이아가 생겼다.

카오스. 이 세상은 그렇게 무한의 공간 속에 자리한 덩어리였다. 그덩어리는 잡탕으로 뒤섞여 있었으며 형태도 없고 움직임도 없었다. '캄캄하고 텅 빈 공간'을 의미하는 카오스, '혼돈' 속에서 대지의 여신 가이아가 태어났다. 세상에 가장 먼저 태어난 신은 여성이다. 그리고 대지의신이다. 왜 여자일까? 왜 대지의 신일까? 대지는 나무를 자라게 한다. 곡식과 과일을 영글게 한다. 꽃망울을 터뜨린다. 모든 것은 땅에서 나서땅으로 돌아간다. 대지는 그렇게 만물의 근원이다. 남자가 아니라 여자인 이유도 같다. 여성은 출산하고 길러낸다. 이 세상의 첫번째 신은 '생산'의 의미다. 그러니까 가이아는 어머니다. 어머니는 가이아다.

가이아가 태어나면서 땅이 생겼다. 가이아는 스스로 하늘을 낳았다. 그래서 세상에는 두 개의 신, 대지의 신인 가이아와 하늘의 신인 우라노스가 존재하게 되었다. 요즘도 보면 하늘과 땅이 꼭 붙어 있어서 어디까지가 땅이고, 어디까지가 하늘인지 구분이 안 갈 때가 있다. 특히 안개가 낀 날은 하늘과 땅의 경계가 모호해진다.

그들은 서로 사랑하는 듯 보인다. 하늘과 땅은 그렇게 억겁의 세월 동안을 포옹하고 있었다. 그 결과 아이들이 태어났다. 헤카톤케이르 삼 형제와 키클롭스 삼 형제, 그리고 티탄족이라고 불리는 수많은 거인들이 태어났다. 아버지인 우라노스는 자식들을 가이아의 자궁 속으로 다시 밀어넣었다. 흉물스럽다는 것이 그 이유였다. 가이아는 자식들을 보호하기 위해서 우라노스를 처치해야 했다. 티탄들 중에 막내인 크로노스가 가이아가 건네준 낫으로 우라노스의 남근을 잘랐다. 그 순간 하늘과 땅은 서로 떨어졌다.

그후 크로노스의 시대가 열렸다. 그는 레아와 결혼해서 여섯 명의 자식을 낳았다. 그런데 아이가 태어나면 아버지를 해칠 것이라는 저주를 받았다. 두려워진 그는 아이들을 차례로 삼켰다. 여섯번째 아들인 제우스가 태어났을 때 레아는 더이상 참을 수 없었다. 레아는 제우스를 삼키려는 남편에게 제우스 대신 돌덩어리를 강보에 싸서 건넸다. 크로노스는 아무것도 모르고 그 돌덩이를 삼켰다.

'광명'이라는 뜻을 담은 이름처럼 제우스는 그렇게 삶을 다시 찾았고, 크레타로 보내져 성장했다.

새로운 세상을 연 제우스

양의 젖을 먹고 자라난 제우스는 당당한 신의 위엄을 지니게 되었다. 그는 메티스와 결혼하고 아내를 시켜 아버지에게 구토약을 먹이게 했다. 구토약을 먹은 크로노스는 그동안 삼켰던 아이들을 모두 토해냈다. 아버지의 어두컴컴한 배 속에 갇혀 있던 다섯 명의 신들, 헤스티아, 데메테르, 헤라, 하데스, 포세이돈이 다시 태어났다. 제우스는 새로운 세상을 만들고 싶었다. 그러기 위해서는 크로노스의 형제자매인 티탄족과 싸워야 했다. 그런데 많은 티탄들이 제우스를 도와주었다. 그중에는 프로메테우스도 있었다. 할머니 가이아 역시 손자의 손을 들어주었다. 제우스는 새로운 세상을 만들어내었다. 그후 제우스는 하늘을, 포세이돈은 바다를, 하데스는 지하세계를 맡았다. 그리고 올림포스와 대지는 공동영역으로 삼았다. 물론 신들의 왕은 제우스였다.

대지의 여신, 그러니까 이 세상의 어머니라고 할 수 있는 가이아는 그때 분명히 제우스 편을 들어주었다. 가이아의 도움으로 제우스는 새로운 세상을 이끌어갈 수 있었다. 그러나 가이아는 제우스가 잘못을 하면 따끔하게 혼을 내주었다.

제우스의 폭정을 막기 위해 가이아는 두 번 도전했다. 첫번째는 거인들을 통해서였고, 두번째는 괴물들을 통해서였다.

거인들은 기간테스라고 불렀다. 거인의 이름인 '기가스'는 '땅에서 태어난 자'라는 뜻이다. (여기에서 영어 '자이언트Giant'라는 단어가 나왔다.) 그들은 하반신은 뱀이고, 상반신은 거인인 모습을 하고 있었다. 기간테스와 올림포스 신들과 싸움을 벌인 것을 '기간토마키아'라고 부른다. 기간테스와의 싸움에서 이기기 위해 제우스는 헤라클레스를 불러들였다.

신이 아닌 인간 영웅이 필요하다는 제우스의 판단은 정확했다. 헤라클레스는 제우스가 기대했던 대로 대활약을 펼쳤다. 신들이 기간테스를 쓰러뜨리면 헤라클레스가 독화살을 쏘아 마무리했다. 헤라클레스의 화살에는 괴물 히드라에서 나온 치명적인 독이 발라져 있었다. 결국 전쟁은 올림포스 신들의 승리로 끝났다. 전쟁에서 패한 기간테스는 지하에 묻혔는데 남부 이탈리아의 화산들 밑에 감금되었다고 한다. 고대인들은 화산이 터질 때마다 기간테스가 화를 내는 것이라고 믿었다.

가이아는 이제 괴물을 만들어 대항하기로 했다. 괴물의 이름은 '티폰Typhon'이었다. (여기에서 태풍을 뜻하는 단어 '타이푼Typhoon'이 나왔다.) 티폰은 백 개나 되는 뱀의 머리에 백 개의 혀를 가진 괴물로 그 혀에서 나오는 소리들이 각각 다 달라서 소리만 들어도 섬뜩했다. 눈에서는 불이 나오고 몸통은 산보다 높아 머리가 별과 스칠 정도였다. 허벅지 아래에는 거대한 독사가 또아리를 튼 모습을 하고 있었는데 그것을 풀면 머리까지 닿았고 큰 소리를 냈다. 온몸에는 날개가 달렸고, 머리와 턱에는 무성한 털이 나 있어서 바람에 휘날렸다. 무시무시한 괴물인 티폰은 태풍이 몰아치듯 신들을 덮쳤다. 신들은 놀라 도망치기에 바빴다. (그때 동물로 변신해서 이집트로 도망치는 신들이 많았다. 그래서 이집트에는 유난히 동물 신이 많다고 한다.)

제우스는 신들의 왕답게 티폰과 맞서 싸웠다. 티폰은 제우스의 낫을 빼앗고 그를 사로잡았다. 그리고 제우스에게서 팔과 다리에서 힘줄을 빼앗고는 제우스를 동굴 속에 가뒀다. 그때 헤르메스가 나타나 동굴 감옥을 지키는 괴물을 교란시켰다. 아테나는 곰가죽에 싸여 있는 제우스의 힘줄을 다시 빼내어 돌려주었다. 힘을 다시 얻은 제우스는 동굴을 빠져나와 티폰에게 대항했다. 제우스는 티폰의 머리를 번갯불로 맞추고 에트나 산을 던졌다. 티폰은 꼼짝없이 에트나 산에 갇혀버렸다. (그 후 에트나 산이 분화할 때면 티폰이 움직이기 시작한 거라고 사람들은 믿었다.) 티폰은 제우스와 다시 맞서 싸웠지만 역부족이었다. 제우스는 도망치는 티폰을 향해 이탈리아 앞바다에 있는 섬 하나를 들어 던졌다. 그렇게 해서 생긴 섬이 이탈리아의 시칠리아 섬이다. 티폰은 결국 섬 밑에 깔렸고 그렇게 전쟁은 제우스의 승리로 끝났다. 그후 티폰의 자손들이 활동을 개시하기 시작했다. 티폰은 뱀이라는 뜻의 '에키드나'라는 괴물과 정을 통해 수많은 괴물을 낳았다. 키메라, 히드라, 케르베로스, 스핑크스 등이 그들이다. 신화 속에는 그 괴물들을 죽이는 영웅들의 이야기가 뒤를 잇게 되었다.

우리는 대지에서 나서 대지로 돌아가는 자연이다
—

신화에 등장하는 대지의 여신은 자비롭지만은 않았다. 필요하면 생명을 거둬들이고 파괴하는 일도 했다. 잘할 때는 격려하며 길을 열어주지만 잘못하면 따끔한 회초리로 때리는 것이 바로 어머니 마음이다. 여기서 '가이아 이론'이 나왔다. 제임스 러브록은 지구를 하나의 작은 생명체로 보았다. 그래서 지구 스스로가 환경오염을 치유하려고 한다는 이론이다. 가이아는 대지의 여신으로 홍수나 지진, 태풍을 일으켜서 파괴에 대한 보복을 통해 정화작용을 한다는 것이다. 러브록은 그의 저서 『가이아의 시대』에 이렇게 쓰고 있다.

가이아의 존재 목적은 이 행성을 생물들이 살기에 적당하도록 유지하는 것이다. 만약 인간들이 이러한 가이아의 법칙을 거역한다면 가이아는 아무런 동정심도 없이 인간을 멸망시킬 수도 있을 것이다.

신화 속에서 이 세상의 어머니인 가이아가 우리에게 전해준다. 우리는 대지에서 나서 대지로 돌아가는 자연이라고……. 보고 있는 하늘과 딛고 있는 땅과 느끼고 있는 바람과 나무와 숲도 모두 자연의 일부이고 나 역시 자연의 일부이다. 자연은 나를 둘러싸고 있고 나는 자연 속의 일부인 것이다. 나는 자연의 숨결이고 맥박이며 호흡이다.

시애틀 인디언 추장의 연설문 '우리는 모두 형제들이다'에서도 이런 대목이 나온다.

> 만물은 서로 연결되어 있다. 땅이 인간에게 속하는 것이 아니라 인간이 땅에 속하는 것이다. 만물은 한 가족이다. 핏줄로 연결되어 있다. 인간이 생명의 거미줄을 짜는 게 아니라 그 거미줄의 한 가닥에 불과하다. 그 거미줄에 행한 일은 곧 자신에게 행한 일과 다르지 않다.

환경이라는 뜻은 '고리처럼 둘러싸고 있는 주위 여건'이라는 뜻이다. 인간과 새, 나무, 쌀…… 모든 것이 우리의 이웃이다. 우리의 동학사상에는 '밥 한 그릇이 만고의 진리'라는 말이 있다. 밥이 만들어지기까지에는 왕거미, 메뚜기, 지렁이, 비바람, 햇빛, 노동 등 우주의 협동 작업이 필요하다. 나와 자연은 둘이 아니다. 모두 생명이고 서로 분리할 수 없는 한 몸이다.

나는 지금 내 마음의 대변인, 자연의 환경에 어떤 의미가 되어주고 있을까? 적어도 이 세상에 화사한 꽃 한 송이 던져주는 의미가 되고 싶다. 이 세상에 따뜻한 등불을 켜는 의미가 되고 싶다.

산다는 일은
끝없이 도전하는 일이다

'시시포스'의 바위

실존주의 작가 알베르 카뮈는 그의 철학 에세이 『시시포스의 신화』에 썼다.

　　인생은 무의미하다. 그러나 살아야 한다.

　뜻밖의 횡재를 만나 갑자기 거부가 된 사람? 확률이 너무나 낮은, 기적 속에서나 가능한 얘기다. 노력도 하지 않고 빈둥거렸는데 성공이 다가왔다? 있을 수 없는 허황된 말이다. 별로 한 것도 없는데 스승을 잘 만나 전문인이 되었다? 이 역시 설득력 없는 소설 속 이야기다.

　먼저 노력을 다한 후에 신의 도움을 기다리는 것, 끊임없이 걸어간 사람만이 기다림의 대상과 해후할 수 있는 것, 그것이 인생이 가진 운명성이다. 이렇게까지 노력했는데 왜 난 성과가 없는 것일까, 그토록 기도했는데 왜 내겐 행운을 주지 않는 걸까, 조바심이 날 때가 많다. 하지만 그것은 아직 다하지 않은 무엇인가가 남았기 때문이다. 아직 더 해야 하는 무엇인가가 있는 것이다. 부질없다고 해도, 무의미하다고 해도, 끝이 없다고 해도, 산다는 것은 무엇인가를 해내는 것이다. 끊임없이 바위를 산 위로 끌어올리는 벌을 받은 시시포스처럼……

말재주와 임기응변에 강한 시시포스

신화 속에서 시시포스는 현명하고 영리한 사람의 대명사였다. 그런데 신들은 그를 미워했다. 그들 입장에서 보면 그는 엿듣기 좋아하고 입이 싸고 교활했다. 시시포스는 신들의 행위라고 해서 잘못된 것을 그냥 넘기지 않았다. 헤르메스가 아폴론의 소를 훔치는 것을 보고 그 사실을 널리 알렸다. 그때부터 헤르메스는 시시포스를 미워했다.

어느 날 시시포스는 제우스가 독수리로 변해 요정 아이기나를 데리고 숲으로 들어가는 것을 목격했다. 시시포스는 그 사실을 아이기나의 아버지에게 일러주었다. 화가 난 제우스는 죽음의 신 타나토스를 불러 명령을 내렸다.

"당장 시시포스를 잡아 저승으로 끌고 가라!"

그러나 시시포스는 제우스가 보복할 것이라는 사실을 알고 있었다. 그래서 타나토스가 나타나자마자 미리 준비해두었던 쇠사슬로 그를 꽁꽁 묶어 감옥에 가둬버렸다. 이번에는 저승의 신인 하데스가 당황했다. 죽음의 신이 꼼짝 못하고 묶여 있으니 죽는 사람이 한 명도 없었던 것이다. 세상이 혼란스러워지자 하데스는 제우스를 찾아가 하소연했다. 제우스는 도저히 참을 수 없어서 전쟁의 신 아레스에게 명령을 내렸다.

"타나토스를 구해내라! 그리고 괘씸한 시시포스를 지옥에 가둬라!"

잔혹한 전쟁의 신에게 반항했다가는 나라가 온통 피바다가 될 것이라고 생각한 시시포스는 순순히 아레스를 따라나섰다. 그러나 사전에 아내를 불러 일러두었다.

"내가 죽으면 내 시신을 광장에 아무렇게나 내버려두시오. 그리고 절대 장례를 치르지 마시오."

아내는 남편의 말대로 시신을 그대로 광장에 내버려두었다.

저승에 내려간 시시포스는 하데스 앞에 엎드려 눈물을 흘리며 말했다.

"제 아내는 제가 죽었는데 장례도 치르지 않고 저의 시신을 함부로 광장에 내다버렸습니다. 제가 다시 이승으로 가서 아내의 죄를 묻겠습니다. 그리고 꼭 다시 돌아오겠습니다. 사흘간만 시간을 주십시오."

시시포스의 꾀에 넘어간 하데스는 시시포스를 다시 지상에 보내주며 말했다.

"장례만 치르고 바로 돌아오도록 해라."

그러나 다시 지상에 올라온 시시포스는 저승으로 돌아가지 않았다. 하데스가 몇 번이나 타나토스를 보내 경고했지만 시시포스는 그때마다 말재주와 임기응변으로 체포를 피했다.

그러나 아무리 머리가 좋다고 해도 인간이 신을 이겨낼 수는 없었다. 결국 시시포스는 저승으로 끌려가고 말았다. 그리고 커다란 바위를 산꼭대기까지 굴려 올리는 벌을 받게 되었다. 시시포스는 온 힘을 다해 바위를 꼭대기까지 밀어 올렸다. 그러나 바위는 또 굴러 떨어져버렸다. 그러면 시시포스는 다시 바위를 밀어 올려야만 했다. "바위는 언제나 그 꼭대기에 있어야 한다"고 하데스가 명령했기 때문이었다. 시시포스는 그렇게 영원히 커다란 바위를 산꼭대기까지 밀어 올리는 벌을 받아야 했다.

영원히 계속되는 시시포스의 형벌

—

시시포스는 신들에게 교만하게 굴었다는 죄로 벌을 받았다. 그러나 인간의 입장에서 보면 그는 진정한 인간정신의 소유자였다. 신들의 일방적인 권위를 인정하지 않고 그들에게 끝없이 도전했으니까. 알베르 카뮈도 『시시포스의 신화』에서 시시포스의 정신을 칭송했다. '시시포스의 바위'는 끝없는 고통을 뜻한다. 그러나 인간의 도전정신을 의미하기도 한다. 굴러 떨어지는 바위를 다시 산꼭대기로 밀어 올려야 하는 무의미한 일을 매일매일 반복하는 시시포스. 그의 모습은 매일매일 반복되는 일상을 되풀이해야 하는 우리의 모습이기도 하다.

도저히 어떻게 목표를 잡아야 할지 까마득할 때가 있다. 안개 속처럼 모든 것이 보이지 않을 때가 있다. 차를 운전할 때 안개가 끼면 전조등을 켜도 앞이 안 보이기는 마찬가지여서 느닷없이 장애물이 튀어나오기도 하고, 바로 코앞으로 차가 달려들기도 한다. 되돌아가고 싶어도 좁은 외길이라 그럴 수도 없다.

인생은 그렇게, 안개 낀 길을 운전하는 과정이 아닐까? 핸들을 꼭 쥐고 목적지를 정해놓고는 언젠가는 안개가 걷힐 것을 믿으면서 앞을 향해 꾸준히 가는 일, 바로 우리가 사는 일이다. 그러니 안개 낀 날을 대비해서 목표 구간을 잘 정해둬야 한다. 그리고 그 길 구간마다 기간을 정해놓고 그 길에 닿으면 다시 출발하고, 목표에 도달하면 또다시 시작해야 한다.

그렇게 하루의 경계선마다 인생의 구간을 다시 시작해보는 건 어떨까? 매일매일 "준비, 땅!" 하는 출발선에 새롭게 서보는 건 어떨까? 새롭게 시작한다는 것은 설렘과 함께 불안감도 동반한다. 소망이 깊으면 불안도 함께하는 것이 진리다. 하지만 시작은 분명 불안보다 희망과 더 친하다. 바위가 떨어져내리면 마음을 다지고 다시 그 바위를 산꼭대기로 올렸던 시시포스처럼 날마다 새롭게 마음을 다지고 인생의 핸들을 꼭 쥐어볼 일이다. 걱정해주는 사람들, 그 사랑의 빛을 전조등으로 삼아보면서……

눈에 눈물이 없으면
그 영혼에는 무지개가 없다

'아킬레우스'의 치명적인 약점

이 세상에 결점이 없는 사람이 있을까? 누군가는 깜빡깜빡하는 건망증 때문에 속을 끓인다. 누군가는 평발 때문에 오래 걷지 못하고, 누군가는 좋지 않은 체력 때문에 늘 약을 달고 산다. 누군가는 운동신경이 빵점이고, 누군가는 그림에 재주가 없다.

그렇지만 결점 때문에 더 성장한 사람들이 참 많다. 화가이자 수학자이자 발명가인 레오나르도 다빈치, 하루종일 바쁘게 사는 그에게 치명적인 약점이 하나 있었다. 아침잠이 많다는 것이었다. 그림도 그려야 하고, 수학 공식도 발견해야 하고, 발명도 해야 하는데 끈덕지게 달라붙는 아침잠은 큰 골칫거리였다. 그의 아침잠을 깨울 사람은 정말 아무도 없었다. 고민 끝에 레오나르도 다빈치는 자명종 시계를 발명한다. 그 자명종은 소리만 울리는 얌전한 시계가 아니었다. 미리 맞춰놓은 시간이 되면 시계가 사람의 발을 마구마구 흔든다. 그러니 귀찮아서라도 일어나야만 했다. 우리가 사용하는 자명종 시계는 발명가의 고약한 아침잠 덕분에 탄생됐다.

세계의 유능한 발명가들은 그렇게, 발명을 할 수밖에 없는, 어떤 결핍을 지닌 자들이었다. 결점은 그렇게, 내가 노력하는 계기가 되어준다. 좀 더 잘하려고 노력하기 때문에 알게 모르게 우리는 발전하며 성장한다.

그러나 자신이 지닌 치명적인 약점 때문에 목숨을 잃은 영웅도 있다. 트로이전쟁의 영웅인 아킬레우스였다. 신화 속 아킬레우스의 이야기에서 바로 '아킬레스건Achilles tendon'이라는 용어가 생겼다. '아킬레스건'이란 발뒤꿈치에 있는 강한 힘줄을 말하는데 '몸에서 유일하게 상처를 입을 수 있는 곳', '치명적인 약점'으로 쓰이는 말이다. 트로이전쟁의 영웅인 아킬레우스는 평생 그의 약점인 발뒤꿈치 때문에 고전을 면치 못했다.

그런데 그가 정이 많고 고결한 영웅으로 알려진 이유는 어쩌면 그 결점 때문은 아닐까? 너무 완벽한 사람, 무결점인 사람은 어쩐지 정이 가지 않는다. 자신이 지닌 결점 때문에 다른 사람의 약점도 살필 수 있고, 자신의 아픔 때문에 다른 이의 슬픔도 헤아릴 수 있다. 그래서 아킬레우스는 정 많고 배려심 깊은 영웅이 될 수 있었다.

약점이 있는 영웅, 아킬레우스

호메로스의 서사시 『일리아스』의 중심인물인 아킬레우스는 여신 테티스와 영웅 펠레우스 사이에 태어났다. 테티스와 펠레우스의 결혼식에 초대받지 못한 에리스 여신이 황금 사과를 두고 가는 바람에 트로이전쟁이 일어났는데, 테티스와 펠레우스의 아들이 바로 아킬레우스이다.

아킬레우스는 아버지가 인간이기 때문에 불사의 몸으로 태어나지 못했다. 그의 어머니 테티스는 아킬레우스를 불사신으로 만들고 싶어서 스틱스 강으로 갔다. 스틱스 강에 몸을 담그면 영원히 죽지 않는 불사의 몸이 될 수 있었기 때문이었다. 테티스는 아킬레우스를 스틱스 강물에 담갔다. 그러나 그의 발뒤꿈치를 잡은 채로 스틱스 강에 담갔기 때문에 발뒤꿈치 부분은 물에 닿지 않았다. 결국 그는 완전한 불사의 몸이 되지 못했고, 그의 발뒤꿈치는 아킬레우스의 치명적인 약점으로 남게 되었다.

"전쟁에 나가면 명예는 얻지만 목숨을 잃게 된다"는 예언을 듣고 아킬레우스의 어머니는 고민에 잠겼다. 명예도 좋지만 목숨을 잃는 것은 막아야 했다. 어머니는 아들을 여자로 변장시켰다. 그리고 스키로스 섬의 리코메데스 왕에게 보내 왕의 딸들 틈에 숨어서 지내게 했다. 하지만 그리스연합군은 아킬레우스 같은 맹장이 꼭 필요했다. 트로이전쟁에 나가던 길인 오디세우스는 아킬레우스를 찾아 나섰다.

아킬레우스가 숨어 있는 곳을 알아낸 오디세우스는 상인으로 변장해 스키로스 섬의 궁전을 찾아갔다. 그는 궁전 앞을 왔다갔다하면서 아름다운 장신구들이 있다고 소리쳤다. 공주들의 부탁으로 수비병들이 궁전의 문을 열어주었고 오디세우스는 궁 안으로 들어갈 수 있었다. 공주들 앞에 여자들이 좋아할 물건들을 펼쳐 보였다. 공주들은 예쁜 장신구들에 마음을 빼앗겼다. 그러나 딱 한 명의 공주만이 장신구들 사이에 섞여 있던 멋진 칼을 집어들었다. 오디세우스는 말했다.

"칼을 집어든 공주님. 그대가 아킬레우스라는 걸 알아요."

아킬레우스는 그렇게 해서 트로이전쟁에 출전하게 되었다. 그러나 연합군 총사령관인 아가멤논과 의견이 맞지 않아 전장에 나가는 일을 멈춰버렸다. 바로 이 부분에서 호메로스의 『일리아스』가 시작된다. 『일리아스』는 그리스와 트로이의 십 년에 걸친 전쟁 중에서 아가멤논과 아킬레우스가 불화를 일으켜 돌아선 그날부터 헥토르의 장례식까지의 이야기를 담고 있다.

트로이전쟁에서 그리스 최고의 장수는 아킬레우스였다. 그리고 트로이의 최고 명장은 파리스의 형인 헥토르였다. 아킬레우스와 헥토르. 그들의 대결은 명장과 명장의 만남이었다. 헥토르의 맹활약으로 그리스군이 밀리는 상황이 되자 그리스군은 아킬레우스의 도움이 절대적으로 필요했다. 트로이군은 아킬레우스를 두려워했기 때문에 그가 나가야 전장에서 승리할 수 있었다. 그러나 아킬레우스는 아가멤논이 자신의 명예를 더럽혔다며 전투에 참가하지 않겠다고 했다. 그리스 군대가 아무리 사정했지만 아킬레우스는 꿈쩍도 하지 않았다. 그때 아킬레우스와 가장 절친한 친구인 파트로클로스가 아킬레우스에게 말했다.

"내가 자네 갑옷을 입고 전쟁에 나가겠네. 그럼 나를 자네로 알고 우리 군이 사기를 얻을 수 있을 거야."

친구 대신 친구의 갑옷을 입고 전장에 나가겠다는 그를 아킬레우스는 말릴 수 없었다. 목숨처럼 소중한 친구가 걱정된 아킬레우스는 그에게 충고했다.

"너무 멀리 트로이 군대를 쫓아가지는 말아라."

서로의 눈물을 이해한 두 사람

—

파트로클로스는 아킬레우스의 갑옷을 입고 아킬레우스의 군대를 이끌고 전장에 나갔다. 아킬레우스가 전장에 나타났다는 소식은 그리스군에게는 힘을 주었지만 트로이군에게는 절망을 주었다. 전세는 역전되었다. 그때 파트로클로스는 승리에 취해 아킬레우스의 충고를 잊고, 트로이 군대를 끝까지 쫓아갔다. 그러다가 트로이의 영웅인 헥토르에게 죽임을 당하고 말았다. 아킬레우스의 갑옷은 헥토르의 손에 넘어갔다. 아킬레우스는 찢어지는 가슴을 안고 고통스러워했다. 사랑하는 친구의 시신을 묻으면 그 죽음이 사실이 될 것 같아 묻지도 못했다.

"트로이를 함락시키기 전에는 내 친구의 시체를 땅에 묻지 않겠다!"

슬픔에 잠겨 있던 아킬레우스는 황금갑옷을 걸쳐 입고 전장에 나갔다. 오직 친구의 원수인 헥토르를 죽이는 것만이 그가 할 일이었다. 아킬레우스는 야수처럼 전장을 누볐다. 그의 모습은 마치 저승사자 같았다. 드디어 아킬레우스는 헥토르와 맞서게 되었다. 마지막 결투를 하기 전에 헥토르는 아킬레우스에게 "누가 승리자가 되던 패한 사람의 시신을 예의를 갖춰 장사지내주기로 하자"고 제안했다. 그러나 아킬레우스는 단호하게 거절했다.

처절한 전투 끝에 아킬레우스의 창이 헥토르에게 날아와 꽂혔고, 헥토르는 죽었다. 아킬레우스는 헥토르의 시체를 마차에 매달고 트로이 성벽을 돌았다. 그리고 친구인 파트로클로스가 죽어 있는 곳으로 시신을 질질 끌고 갔다. 시체는 너덜너덜한 누더기가 되었다. 성벽 위에서 헥토르의 아버지는 찢어지는 가슴을 부여잡고 그 광경을 보다가 아킬레우스의 막사로 찾아갔다. 그리고 그의 앞에 무릎을 꿇고 아들의 시신을 넘겨달라고 간절하게 빌었다.

친구의 죽음을 슬퍼하는 아킬레우스, 아들의 죽음을 슬퍼하는 헥토르의 아버지. 그들은 서로에게 슬픔을 준 존재들이었다. 그러나 서로의 찢어지는 마음을 너무나 잘 이해할 수 있었다. 슬픔이 그들을 하나가 되게 했고 아킬레우스는 헥토르의 시신을 그의 아버지에게 넘겨주었다. 트로이의 함락을 위해 열심히 싸우던 아킬레우스는 트로이 성문까지 돌격해 들어갔다.

그때 파리스가 아킬레우스를 향해 활 사위를 당겼다. 파리스의 화살은 아킬레우스의 발뒤꿈치를 관통시켰다. 테티스가 아들을 거꾸로 쥐고 스틱스 강에 담글 때 잡았던 바로 그 자리였다. 발뒤꿈치를 제외한 몸은 모두 물속에 잠겼지만 테티스가 잡았던 그 자리만은 강물에 젖지 않았고 그 치명적인 약점 때문에 결국 아킬레우스는 목숨을 잃었다.

아킬레우스의 이야기 중에서 가장 감동적인 부분은 친구의 죽음을 슬퍼하는 아킬레우스와 아들의 죽음을 슬퍼하는 헥토르의 아버지가 만나는 부분이다. 그들의 입장은 서로 달랐다. 친구의 원수와 아들의 원수가 만난 것이니까. 그러나 그들은 서로의 눈물을 이해했다. 서로가 어떤 슬픔을 가슴에 품고 있는지 알 수 있었다. 친구를 잃은 아픔이나 아들을 잃은 슬픔이 그들 가슴을 찢어놓고 있었으니까.

아킬레우스는 자신이 슬픔으로 다른 슬픔을 이해하고 그를 보듬어 안았다. 그리고 연민으로 그가 원하는 것을 들어주었다. 연민은 슬퍼해본 자만이 가질 수 있는 감정이다. 슬퍼해본 사람은 다른 이의 아픔을 아는 사람이다. 그러므로 슬퍼했던 사람은 정을 베풀게 되어 있다.

울어본 사람이 우는 사람의 심정을 안다

—

인디언들은 말한다. 눈에 눈물이 없으면 그 영혼에는 무지개가 없다고……. 그런데 우리는 사람을 선택할 일이 있을 때 중요한 오류를 범한다. 좋은 집안, 좋은 학벌은 따지면서도 그가 한때 눈물을 흘렸던 사람인가 아닌가는 따지지 않는다. 아니, 슬픈 과거를 지닌 자를 오히려 꺼린다. 한때 눈에 눈물을 지녔던 사람만이 영혼에 무지개를 지닐 수 있다는 것을 우리는 잊어버린다.

어떤 어려움에 처하고 괴로운 상황에 직면했을 때 이런 생각이 들곤 한다. '왜 하필 나야?' '왜 항상 나만 이래야 돼?' 그러나 둘러보면 나보다 더한 고통 속에 있는 사람, 나보다 더 힘든 상황 속에 있는 사람들이 너무나 많다. 그래도 한끼 식사를 따뜻하게 할 수 있음을 부러워하는 사람도 있고, 아프지 않음을 부러워하는 사람도 있다. 가족이 있다는 것도, 할 일이 있다는 것도, 따뜻하게 몸을 뉘일 집이 있다는 것도 누군가에게는 부러움일 수 있다.

신은 결코 모두 주지는 않는다고 한다. 누구나 부러워하는 부자에게는 누구보다 깊은 마음의 고통이 있는지도 모른다. 누구나 동경하는 성공인에게는 누구보다 아픈 시련이 있는지도 모른다. 나의 행운은 슬픔 속에 꼭꼭 숨어 있는지도 모른다. 그러니 힘든 상황이 놓이면 아래를 바라볼 일이다. 나보다 더 힘든 사람도 많구나, 느끼게 될 테니까.

한 번도 깊이 울어보지 않은 사람이 과연 이 세상의 슬픈 사람들을 이해할 수 있을까? 울어본 사람이 우는 사람의 심정을 안다. 아파본 사람이 아픈 심정을 헤아리고, 굶어본 사람이 가난을 이해하고, 사랑을 잃어본 자가 실연의 아픔을 안다. 사랑을 받아본 자는 사랑을 줄 줄 알고, 실패해본 자가 인생의 쓰라림을 안다. 그래서 한때 울고, 한때 절망하고, 한때 실패했던 사람은 타인을 그만큼 많이 이해하고 많이 배려한다. 한때 눈물이 고였던 사람은 아주 작은 일에도 크게 감동하고, 인생의 가치를 소중하게 품는 사람이다. 인생의 연습게임을 많이 치러낸 '인생 대표선수'는 한때 울었던, 지금 울고 있는 바로 그 사람이다.

단결이
힘을 만든다

'오디세우스'의 귀향

철새들은 장거리 비행을 할 때 언제나 V자로 대열을 만들어 이동한다. 선두에 선 기러기가 지치면 그 기러기는 V자의 맨 끝으로 이동하고 다른 기러기가 또 맨 앞에 나선다. 뒤에 있는 기러기들은 소리를 내서 앞의 기러기들을 독려하며 힘을 준다. 만일의 경우 기러기 한 마리가 부상을 당해서 함께 여행을 계속 못할 경우에는 반드시 서너 마리의 동료가 이 낙오자와 더불어 머문다. 그렇게 무리 지어 긴 여행을 하는 철새들을 보면, 동행의 의미를 깊이 생각해보게 된다.

오디세우스(로마신화에서는 '율리세스')가 천신만고 끝에 고향으로 무사히 돌아올 수 있었던 것도 그와 함께 동행했던 부하들이 있었기 때문이다. 호메로스의 『오디세이아』는 트로이전쟁을 마친 오디세우스가 부하들을 이끌고 사랑하는 아내와 자식이 기다리는 왕국으로 돌아가기까지 십 년 동안의 시련과 모험을 다루고 있다.

스물네 권의 『오디세이아』, 그 첫번째 이야기는 아테나가 제우스에게 오디세우스가 몇년째 고향으로 돌아가지 못했다며 안타깝게 고하는 것으로 시작된다. 그러자 제우스는 그 이유를 알려준다. "오디세우스가 폴리페모스의 눈을 멀게 했기 때문이다." 폴리페모스는 외눈박이 거인 키클롭스 종족으로, 바다의 신 포세이돈의 아들이었다. 왜 그런 일이 일어나게 되었을까?

단결로 힘을 만든 오디세우스의 지혜

트로이전쟁의 영웅 오디세우스는 부하들과 고향으로 돌아가고 있었다. 어느 날 잠시 쉬어가려고 눈에 보이는 곳에 닻을 내렸는데, 그곳엔 외눈박이 거인들인 키클롭스족이 살고 있었다. 오디세우스 일행은 그곳에서 외눈박이 거인 폴리페모스에게 붙잡혀 동굴에 갇혔다. 폴리페모스가 부하들을 잡아먹는 것이 걱정이었던 오디세우스는 동굴 안에 있는 통나무를 깎아 뾰족하게 만들었다. 폴리페모스가 돌아오자 오디세우스는 그에게 술을 잔뜩 먹였다. 술에 취한 폴리페모스가 물었다.

"이름이 무엇이냐?"

그러자 오디세우스는 얼른 이름을 바꿔 대답했다.

"우티스."

우티스는 '아무것도 아니다'라는 말이었다.

폴리페모스가 깊이 잠들자 오디세우스는 낮에 만들어두었던 나무 막대기로 그의 눈을 찔렀다. 폴리페모스의 비명을 들은 동료들이 달려와 물었다.

"누가 이렇게 만들었어요?"

그러자 폴리페모스가 대답했다.

"우티스!"

동료들은 그 말을 "아무것도 아니야"로 들었다. 자꾸만 아무것도 아니라고 하니까 동료들은 그냥 돌아가버렸다. 폴리페모스는 "우티스!"만 외치다가 눈이 멀어버렸다. 그리고 그 틈을 타서 오디세우스 일행은 무사히 동굴에서 탈출했다.

폴리페모스가 바다의 신 포세이돈의 아들이라는 사실을 오디세우스는 까맣게 몰랐다. 눈이 먼 폴리페모스는 아버지 포세이돈에게 복수를 부탁했다. 포세이돈의 노여움을 샀으니 오디세우스의 항해 길이 험난할 수밖에 없었다. 그때부터 오디세우스의 파란만장한 항해가 시작되었다.

바람의 지배자 아이올로스가 사는 섬에서는 역풍을 만나 왔던 길로 거슬러가야 했다. 그리고 요술지팡이로 사람을 쳐서 짐승으로 변신시켜 버리는 마녀 키르케가 사는 섬에서는 마법에 걸려 돼지로 변할 뻔했다. 그후 항해를 계속하다가 바다의 요정 사이렌이 사는 섬을 지나게 되었다. 배가 지나가면 사이렌은 아주 매혹적인 노래를 불러댔다. 그러면 선원들이 그 음악에 홀려 물속에 뛰어들어 죽음을 맞곤 했다. 사이렌의 유혹에 넘어가면 안 된다는 것을 잘 알고 있는 오디세우스는 부하들에게 당부했다.

"나를 밧줄로 돛대에 꽁꽁 묶어라. 그리고 어떤 일이 있어도 풀어주지 말아라."

그리고 선원들에게도 부탁해두었다.

"내 귀를 밀랍으로 봉해버려라."

밀랍으로 귀를 막아야 유혹의 노랫소리가 들리지 않을 것이었다. 오디세우스는 그렇게 해서 사이렌의 노래에 홀려 바다에 빠져 죽는 것을 면할 수 있었다.

그후 스킬라와 카리브디스라는 두 괴물이 사는 해역을 통과해야 했다. 스킬라는 하체는 여자이고 머리는 여섯 마리의 뱀인 괴물이었다. 스킬라는 섬 동굴 앞을 지나가는 뱃사람들을 닥치는 대로 잡아먹었다. 그뿐만이 아니었다. 동굴 맞은편에는 카리브디스가 살았다. 그는 엄청난 양의 바닷물을 들이마시고 내뱉으면서 거대한 소용돌이를 일으키는 괴물이었다. 그 소용돌이에 휘말리면 그 어떤 배도 침몰해버리곤 했다. 스킬라와 카리브디스가 그렇게 서로 대면하고 있는 바람에 많은 배들이 희생당했다. 스킬라가 사는 섬을 피하려다가 카리브디스의 거대한 파도에 휩쓸려가고, 카리브디스를 피하려다가 스킬라에게 잡아먹히고 말았던 것이다.

이렇게 한 가지 위험을 피하려고 하다가 다른 길에 도사리고 있는 또다른 위험을 만나는 것을 '스킬라와 카리브디스'라고 한다. 신화 속 오디세우스처럼 이러지도 저러지도 못하는 진퇴양난의 상황을 뜻하는 말이다.

무시무시한 해역에 닿자 카리브디스가 물을 빨아들이는 소리가 들려왔다. 오디세우스와 부하들은 등골이 오싹했다. 그들은 온통 카리브디스에 신경을 쓰고 있었다. 그 빈틈을 스킬라가 놓칠 리 없었다. 스킬라는 순식간에 오디세우스의 부하 여섯 명을 물고 가버렸다. 부하들의 비명 소리를 들으면서도 오디세우스는 손을 쓸 수 없었다. 오디세우스는 결국 몇 명의 부하들을 잃고 나서야 겨우 스킬라와 카리브디스 사이를 빠져나올 수 있었다.

우리는 나약하므로 단결이 힘을 만든다

—

개미들의 모듬살이를 이해하자면 지구에 가장 먼저 터를 잡은 자들의 시대로 거슬러올라가야 한다. 지구상의 최초의 거주자들, 그들 중에는 '곤충'이 있다. 그들은 지구에 생존하기에 그다지 적합하지 않은 동물들이었다. 너무 작고 연약해서 모든 포식자들에게 아주 좋은 먹이였다. 살아남기 위해 메뚜기는 '번식'이라는 방법을 택해야 했다. "알을 아주 많이 낳아놓자!" 그들의 번식은 그렇게 눈물 어린 종족 보존의 방법이었다.

고약한 방법을 택한 자들도 있었으니 바로 바퀴벌레였다. 그들은 포식자들이 먹기에 부적합하게 되는 쪽을 택했다. 특수한 분비샘에서 나오는 물질에서 고약한 맛이 나기 때문에 아무리 식성 좋은 포식자도 그 맛을 보려고 하지 않았던 것이다.

위장 전술을 택하는 곤충도 있었다. 사마귀나 밤나방은 풀이나 나무껍질로 비슷하게 위장해서 험난한 세상살이를 견뎌냈다. 그런데 개미는 아무리 생각해도 살길을 찾지 못했다. 수많은 개미가 죽어갔고, 살아남은 자들은 궁지에 몰릴 대로 몰렸다. 그러다가 드디어 독창적인 해결책을 찾아냈다. "혼자 싸우지 말고 똘똘 뭉치자!" 개미들은 그렇게, '단결이 힘을 만든다'는 원리를 터득하고 모듬살이라는 생존방식을 개척했다.

사람은 개미보다 체격도 훨씬 크고 머리도 좋고 힘이 세다. 그래서 혼자서 할 수 있는 일도 많다. 그러나 개미처럼 둘이 되면 더 힘이 되고 셋 이상이 되면 더 할 수 있는 일이 많아진다. 신화 속에서 부하들을 이끌고 험한 모험을 했던 오디세우스는 우리에게 개미의 철학을 빌려 이렇게 전해준다. "혼자서는 아무것도 할 수 없다. 둘이서는 더 많은 것을 할 수 있다. 셋이서는 모든 것을 할 수 있다."

사람이 사람에게 기댈 수 있다는 사실은 설렘이고 행복이다. 이런 일화가 있다. 발트 해에서 승객 9백 명을 싣고 가던 유람선이 침몰했을 때 어떤 젊은 남녀가 구조됐다. 다른 사람들은 다 힘이 빠져서 세상을 떠났는데 영하의 바다에서 남녀가 근처에서 계속 표류하다가 극적으로 구조됐다. 구조된 후에 그들에게 물었다. 뭘 생각하면서 추위와 바람을 이겨냈느냐고. 그랬더니 그 청년과 그 젊은 여성은 이렇게 대답했다. 갑판에서 만났을 때부터 서로에게 호감을 갖고 있었는데, 배가 침몰되려고 하자 그 청년이 뛰어와서 구명보트를 던져주면서 이렇게 말했다는 것이다.

"우리, 살아나면 스톡홀름에서 꼭 같이 저녁식사를 합시다."

그 말이 주는 의미가 두 사람에게 강력한 생의 의지로 작용했고 결국 그들은 그 설렘의 힘으로 살아날 수 있었다고 한다.

사는 것의 재미나 기대감은 만남과 사랑의 작은 설렘에서 오는 것이다. 그래서 우리는 동행이 필요하다. 누군가에게서 위로를 받는 사람은 행복하다. 누군가와 슬픔을 나누는 사람은 행복하다.

우리는 나약하다. 때아닌 바람에 고개를 숙일 때도 있고, 갑자기 치는 천둥번개에 놀라 다 놓아버리고 싶을 때도 많다. 다리가 아파 쉬고 싶을 때도 있고 더이상 버티기 힘든 때도 많다. 그럴 때 조금만 더 힘내라고, 조금만 더 가면 고지가 보일 거라고 응원해주는 사람이 필요하다. 느리게 가더라도 포기하지 않는 힘. 오래 걸리더라도 꾸준히 가는 힘. 그 힘의 비결은 오직 함께 걸어가주는 그 사람에게 있다.

위기의 순간에
우정은 빛이 난다

멘토가 된 '멘토르'

———

실크로 된 옷은 입기 조심스럽다. 더러워지면 꼭 드라이클리닝을 맡겨야 하고 보관에도 신경을 써야 한다. 그러므로 비단은 아름답고 매혹적이기는 하지만 조심스럽고 어려운 옷감이다. 하지만 무명은 질기고 편하고 무난하다. 세탁도 집에서 편하게 할 수 있고 보관도 손쉽게 할 수 있다.

이 둘을 우정에 비유한다면, 이중에 참된 우정은 어떤 쪽일까? 하루 24시간 어느 때나 전화해도 흉이 안 되고, 내 부끄러운 마음을 언제든 들켜도 좋고, 설령 다퉈서 말을 하지 않다가도 다시 만나면 툭툭 털어버릴 수 있고, 나의 일거수일투족을 다 이해하는 친구. 그런 무명 같은 친구가 정말 내 친구는 아닐까?

신화 속에는 오디세우스의 친구 멘토르가 등장한다. 바로 여기서 '멘토'라는 단어가 나왔다. 멘토는 자신의 꿈이나 인생, 일을 하는 데 있어서 지혜와 기술을 깨우칠 수 있게 도와주는 선배를 뜻한다.

텔레마코스의 든든한 조력자, 멘토르

멘토르 이야기를 하려면 트로이전쟁을 언급해야 한다. 제우스와 레다가 낳은 헬레네는 세상에서 가장 아름다운 여인이라는 평판을 듣고 있었다. 그래서 수많은 구혼자들이 몰려들었는데, 대부분 권력가들이었다. 헬레네의 부모는 혹시 그들 중에 누군가가 선택이 되지 않았다고 보복이라도 하는 건 아닐까 고민이 됐다. 그래서 선택하기 전에 조건을 달아두었다. 누가 헬레네와 결혼하든 나머지 사람들은 그를 위해 애써줄 것을 맹세하게 만든 것이었다. 그들은 자신이 선택되기를 바라고 있었기 때문에 선뜻 그 요구에 응했고, 헬레네의 남편이 될 사람을 위해 힘을 합하기로 맹세했다. 그때 헬레네는 메넬라오스와 결혼했고 스파르타의 왕비가 되었다.

그런데 이 구혼자들이 맹세를 지킬 기회가 왔다. 트로이의 왕자 파리스가 헬레네를 납치해 간 것이다. 메넬라오스는 곧바로 헬레네의 구혼자였던 그리스의 여러 왕자들에게 이 사실을 알렸다. 그리고 아내를 되찾기 위해 군대를 조직하기 시작했다. 그때 두 사람만이 그의 요청을 거부했는데, 한 사람은 오디세우스였고, 다른 한 사람은 아킬레우스였다. 오디세우스는 연로한 아버지와 막 태어난 아들 텔레마코스, 그리고 사랑하는 아내 페넬로페를 두고 전쟁터에 나가는 게 싫었다. 부정한 여자 헬레네를 위해 그런 희생을 해야 한다는 게 내키지 않았다.

오디세우스는 궁리 끝에 실성한 척했다. 메넬라오스의 사절단이 왔을 때 미쳤다는 것을 증명하기 위해 나귀와 황소를 메고 미친 척 웃으며 씨 대신 소금을 뿌려댔다. 연기는 꽤나 그럴 듯했다. 그러나 곧 들통나고 말았다. 사절단 중 한 사람이 오디세우스의 어린 아들을 데려다가 밭고랑에 놓았다. 차마 아들을 다치게 할 수 없었던 오디세우스는 쟁기를 옆으로 비켜 아들을 보호했다. 그가 미치지 않았다는 사실은 그렇게 발각되고 말았고 그는 할 수 없이 예전에 했던 맹세를 지키기 위해 전쟁터에 나가야만 했다.

떨어지지 않는 발걸음을 떼어 전쟁터에 나가야 했던 오디세우스는 그의 오랜 친구인 멘토르를 찾아갔다. 그에게 갓난아기인 아들 텔레마코스의 교육과 후원을 부탁했다.

"내 친구 멘토르. 자네만 믿네. 나 대신 내 아들을 잘 가르쳐주게. 그리고 후원해주게."

멘토르는 오디세우스의 부탁을 듣고 그의 아들을 극진히 보살폈다. 트로이전쟁 십 년, 귀환 십 년, 도합 이십 년이 걸린 오디세우스의 귀향이 막을 내릴 때까지 그는 충실하게 텔레마코스의 친구가 되어주었고 선생님이 되어주었다. 그리고 때로는 상담자가 되어주었고 때로는 아버지 노릇도 기꺼이 맡았다.

전쟁에 나간 오디세우스가 이십 년이 넘도록 돌아오지 않자 오디세우스의 자리를 노린 페넬로페의 구혼자들이 오디세우스의 재산을 탕진하고 아들과 아내를 괴롭혔다. 텔레마코스는 나이가 어리고 경험이 없어 이들을 제압하지 못했다. 그때에도 멘토르는 텔레마코스를 도와주었다. 텔레마코스에게 당당하게 구혼자들의 횡포에 맞서라고 조언하고, 아버지의 소식을 알기 위해 먼 곳으로 떠나라고 충고하며 여러 가지로 도움을 주었던 것이다. (아테나 여신이 멘토르로 변신해서 텔레마코스를 도왔다는 설도 있다.)

그후 '멘토'라는 그의 이름은 성실하게 한 사람의 인생을 이끌어주는 지도자라는 의미로 사용되고 있다. 그리고 멘토로부터 지도와 조언을 받는 사람을 '멘티Mentee'라고 한다. 교육학에서 일대일 교육을 뜻하는 '멘토링Mentoring'도 여기에서 비롯되었다.

친구는 마음으로 보인다

———

고대 이집트인들은 진정한 친구를 가리켜 '아킵Akib'이라고 했다. '내 가슴 가장 깊은 곳에 들어와도 되는 사람'이라는 뜻이다. 고대 이집트인들에게는 '친구'와 '행운'이 같은 의미였다. 지금도 우정은 여전히 중요한 의미로 해석된다. 그래서 신에 대해 얘기할 때에도 '우리의 친구'라는 표현을 서슴지 않는다. 진정한 친구는 내 가슴의 가장 깊은 곳까지 놀라운 기쁨과 달콤한 행복을 선사해준다. 깊은 마음에서 우러나온 흔들림 없는 우정은 우리의 가슴을 보다 넓고 너그럽게 만들어준다.

하루에 한 번씩 늘 만난다고 친구는 아니다. 일 년에 한 번도 만나지 못한다고 해서 친구가 아니라고 할 수도 없다. 중요한 것은 눈으로 보는 게 아니기 때문이다. 친구는 마음으로 보인다. 눈을 감으면 더 또렷해지는 얼굴, 그가 진정한 친구다. 친구를 만나면 말없이 그저 앉아 있어도 마음 든든하다. 친구를 생각하면 만나지 않아도 그가 나를 위로하는 손길이 느껴지고 그가 나를 걱정하는 마음이 만져진다.

진정한 친구는 어디로 절대 떠나지 않는다. 망망대해 속에 떠 있는 섬처럼 먼 바다를 헤엄쳐 가다가 쉴 수 있는 그곳에 늘 있어준다. 친구는 내가 잘나갈 때 나를 추켜올려 내 어깨를 세워주지 않는다. 오히려 나를 꾸짖어 겸손하게 한다. 친구는 내가 쓰러질 때 다가와서 나를 일으켜 세운다. 그리고 내 어깨를 두드려준다. 비가 올 때면 친구는 우산이 없는 나를 위해 기꺼이 자기 우산도 던져버린다. 그리고 무거운 내 짐을 그의 등에 얹고 먼 길을 동행해준다. 그런 친구 한 명만 있어도 부자다. 이 세상에서 제일 부자다.

영웅의 조건은
그의 삶이 파란만장해야 한다

'페르세우스'의 모험

영웅들에게는 공통점이 있다. 그들의 인생은 파란만장하다. 영화나 소설의 주인공들 역시 공통점이 있다. 그들의 인생도 파란만장하다. 평탄한 사람들은 조연밖에 하지 못한다. 힘들고 어려운 파도가 자꾸만 몰려오는 드라마틱한 인생, 그것이 영웅과 주인공의 공통점이다. 그러니 삶이 어려워지는 순간마다 이렇게 위안을 삼아보는 것도 좋겠다. '신이 나를 주인공으로 캐스팅하는구나.'

편안하게 쭉쭉 잘나가는 사람들은 작은 성공은 몰라도 큰 성공은 못 거둔다. 힘든 일이 닥치면 도망쳐버리는 비겁자 역시 인생의 성공을 누릴 수 없다. 큰 파도가 밀려오면 파도타기를 하듯이, 두려운 고난이 닥쳐오면 롤러코스터를 타듯이, 당당하고 즐겁게 문제에 직면하는 사람은 용기 있는 사람이다. 그런 사람이 바로 영웅이다.

지혜로운 영웅, 페르세우스

—

신화 속의 영웅들 중에서 페르세우스를 빼놓을 수 없다. 많은 영웅들과 마찬가지로 페르세우스 역시 태어나기 전부터 우여곡절이 시작되었다. 그의 외할아버지인 아크리시오스는 아르고스의 왕이었다. 아크리시오스에게는 사랑하는 딸이 있었는데, 공주가 아들을 낳으면 그 손자에게 자신이 살해당할 것이라는 예언을 들었다. 왕은 그 예언이 두려웠다. 그 운명을 피하기 위해서는 딸이 그 어떤 남자도 만나지 못하게 하는 수밖에 없었다. 그래서 그는 딸을 청동으로 만든 큰 탑에 가둬버렸다. 그 탑은 위에서만 들어갈 수 있게 만들어졌다. 하녀들은 위에서 아래로 음식을 던져주었다.

어느 날, 제우스가 아래를 내려다보다가 눈부시게 아름다운 처녀를 보았다. 그 처녀는 청동탑 안에 갇혀 있었다. 밤이 되어 어둠이 찾아들자 그 처녀는 눈물이 가득 고인 눈으로 제우스가 있는 쪽을 바라보았다. 그 눈망울에는 외로움과 그리움이 가득 들어 있었다. 제우스는 그녀에게 반해버렸다. 제우스가 그녀에게 다가가는 것은 그리 어렵지 않았다. 그는 황금 빗물로 변신해 청동탑에 스며들었다. 그리고 청동탑에 갇힌 처녀 다나에를 만났다. 제우스와 하룻밤을 보내고 난 다나에는 사내아이를 낳았다. 제우스는 이 아이의 이름을 페르세우스라고 지었다.

딸 다나에가 아들을 낳았다는 사실을 알게 된 아크리시오스 왕은 더욱 두려움에 떨며 명령을 내렸다.

"다나에와 갓난아이를 나무 궤짝에 넣어 바다에 던져버려라!"

제우스는 그들의 궤짝을 잘 인도해서 세리포스 섬 해안에 무사히 닿을 수 있게 해주었다. 세리포스 섬에 사는 디크티스라는 어부는 나무 궤짝을 발견하고 그 속에 다나에와 어린 아들 페르세우스가 들어 있는 것을 보았다. 깜짝 놀란 디크티스는 그들을 집으로 데리고 와서 극진하게 돌보았다. 디크티스는 폴리데크테스 왕의 동생으로 마음씨가 어진 사람이었다. 그러나 그의 형인 왕은 욕심이 많았다. 어느 날 동생의 집에 갔다가 그곳에 머물고 있는 다나에를 본 왕은 그녀의 미모에 반했다. 페르세우스는 무럭무럭 자라 청년이 되었다. 왕은 페르세우스를 장애물로 여겼고, 그만 없애면 다나에를 손에 넣을 수 있을 것이라고 생각했다. 그는 페르세우스를 없앨 계획을 세우고 명령을 내렸다.

"섬에 사는 자는 누구나 세금을 내야 한다. 너희는 말을 갖다 바쳐라!"

그러나 다나에와 페르세우스에게는 말이 없었다. 어머니를 극진히 보호하며 성장한 페르세우스가 난감해하며 말했다.

"저희는 말이 없습니다. 대신 왕께서 원하시는 다른 것을 바치겠습니다."

그러자 왕은 절대 할 수 없는 과제를 내주었다.

"좋다! 그렇다면 메두사의 목을 잘라 가져와라."

메두사는 누구인가. 그리스신화에서 가장 추악한 외모를 한 자매라면 고르곤 세 자매를 꼽을 수 있다. '힘'이라는 뜻의 스테노, '멀리 난다'는 뜻을 가진 에우뤼알레, 그리고 '여왕'이라는 뜻의 메두사가 그들이었다. 그들은 원래 아름다운 여인들이었다. 그중에서도 메두사의 미모가 특히 뛰어났다.

어느 날 메두사가 해신 포세이돈과 함께 정을 통했는데, 하필 그곳이 아테나의 신전이었다. 아테나 여신이 그 광경을 보게 되었고, 여신은 메두사만이 아니라 세 자매 모두에게 저주를 내렸다. 특히 메두사는 가장 추악한 괴물의 상징이 되었다. 무섭게 부풀어오른 얼굴, 튀어나온 눈, 크게 벌어진 입, 길게 늘어뜨린 혓바닥, 멧돼지 어금니처럼 뾰족한 이빨, 손은 청동이며 목은 용의 비늘로 덮여 있고 머리카락 한 올 한 올은 꿈틀거리는 뱀의 형상을 하고 있었다. 메두사의 머리를 직접 보는 사람은 누구든 그 자리에서 돌로 변했다.

　많은 영웅들이 메두사를 없애는 데 도전해왔지만 그 뜻을 이루지 못했다. 하지만 페르세우스는 메두사를 처치하기 위해 길을 떠났다. 지혜의 신 아테나는 언제나 지혜로운 영웅을 좋아했고, 그 영웅들을 도왔다. 페르세우스 앞에도 역시 아테나가 나타났다. 아테나는 포세이돈의 연인이었던 아름다운 메두사를 질투해 끔찍한 괴물이 되도록 저주를 내린 장본인이었다. 아테나는 메두사를 없애는 데 필요한 정보를 페르세우스에게 전해주었다.

　"메두사의 머리를 보면 돌로 변하고 말아. 그러니 절대 메두사를 쳐다봐서는 안 된다."

　"메두사를 쳐다보지 않고는 머리를 칠 수 없습니다."

　페르세우스가 걱정하자 아테나가 말했다.

　"내가 거울처럼 빛나는 방패를 너에게 주겠다. 그 방패 속에 비친 메두사를 보고 목을 치도록 해라."

　페르세우스는 아테나에게서 받은 방패 아이기스를 챙겼다. 메두사의 머리를 담을 마법의 자루도 준비했다. 또, 자신의 모습을 감춰줄 하데스의 투구와 하늘을 날 수 있는 헤르메스의 신발도 마련했다. 만반의 준비를 마친 페르세우스는 메두사가 사는 동굴로 찾아갔다. 동굴 주변에는 메두사의 눈을 보고 돌로 변한 이들로 가득했다. 페르세우스는 아테나가 가르쳐준 대로 방패에 비친 메두사의 머리를 단숨에 내리쳤다. 그리고 재빨리 자루에 넣은 뒤 투구를 써서 모습을 감췄다.

운명은 피할 수 없다

메두사와의 싸움에서 승리한 페르세우스가 세리포스 섬으로 돌아가기까지는 시간이 걸렸다. 그동안 세리포스 섬의 왕 폴리데크테스의 횡포는 날이 갈수록 심해졌다. 페르세우스의 어머니 다나에는 왕의 횡포를 피해 달아나 피신하고 있었는데, 굶어 죽을 지경에 처해 있었다. 그 사실을 알고 페르세우스는 분노했다.

메두사의 머리를 가지고 돌아온 페르세우스는 왕 앞에 나타났다.

"메두사의 머리를 가져왔습니다."

그러나 왕은 믿지 않고 비웃었다.

"거짓말하지 마라! 메두사의 머리는 그 누구도 가져올 수 없어!"

"좋습니다. 그럼 보여드리죠."

메두사의 머리를 보는 순간 돌로 변한다는 것을 알면서도 왕은 코웃음치며 말했다.

"좋다! 어서 꺼내봐!"

페르세우스는 왕의 앞을 가로막고 메두사의 머리를 내밀었다. 왕은 그 자리에서 돌로 변하고 말았다.

페르세우스는 신들을 찾아가 빌려온 장비를 되돌려주었다. 그리고 아테나에게는 감사의 표시로 메두사의 머리를 바쳤다. 페르세우스는 어머니와 어린 자신의 목숨을 구했던 디크티스를 왕으로 추대했고 어머니와 함께 고향 아르고스로 돌아갔다.

아르고스의 왕 아크리시오스는 외손자가 돌아온다는 말에 두려움을 느껴 다른 도시에 피신해 있었다. 페르세우스는 아크리시오스와 화해하기를 원했다. 그래서 그를 찾아 나섰다가 우연히 원반던지기 시합에 참여하게 되었다. 페르세우스는 있는 힘을 다해 원반을 던졌다. 그 원반은 관중 속으로 날아가 어느 구경꾼의 정수리를 강타했다. 그 구경꾼은 그 자리에서 죽고 말았다. 원반에 맞은 구경꾼은 바로 아크리시오스 왕이었다. 신의 예언이 두려워서 이리저리 발버둥쳤지만 운명의 덫은 벗어날 수 없었다. 페르세우스는 의도하지 않은 사고였지만 자신 때문에 죽은 외할아버지의 영지를 그대로 이어받을 수 없었다. 그리고 그는 사촌 형제와 영지를 교환했다. 그리고 아르고스보다 훨씬 작은 나라인 티린스의 왕이 되었다.

그후 페르세우스는 오랫동안 티린스를 통치하며 인근 미케네와 미데아에 새로운 도시를 건설하고 영토를 확장해나갔다. 후대 사람들도 영원히 영웅 페르세우스를 숭배했다. 페르세우스는 안드로메다와 평생을 해로하며 행복하게 살았다. 그들은 서로에게 충실했다. 그리고 죽어서는 하늘로 올라갔다. 페르세우스는 큰 별이 되었고 안드로메다도 별이 되었다. 그들은 별자리에서 다시 만나 사랑을 이어갔다.

쉼 없이 이동하는 자만이 살아남는다

내가 이뤄놓은 것을 뿌듯하게 바라보며 정착하는 사람과 내가 이룬 것이 하나도 없다며 늘 뭔가를 찾아 이동하는 유목민……. 이중에 누가 승리할까? 칭기즈칸은 쉼 없이 이동하는 자만이 살아남는다고 조언했다. 아직 갈 곳이 멀었다고 하며 걸어가는 사람, 내 할 일은 다 했다며 주저앉은 사람. 어깨를 낮추고 나를 채근하는 사람, 자만하여 어깨에

힘주고 있는 사람. 이 중에 승리자는 과연 누구일까?

칭기즈칸은 세계를 정복하기 위해 말을 탄 게 아니라 말을 탈 수밖에 없었기 때문에 세계를 정복한 게 아닐까? 가족을 먹여 살리기 위해 일하는 사람, 연인의 꿈을 이뤄주기 위해 뛰는 사람, 부모님께 멋진 모습을 보여드리고 싶어서 걸어가는 사람, 내가 해야 하기 때문에 뭔가를 하는 사람은 언젠가는 고지를 정복할 인생의 명장, 멋진 영웅이다.

선택을 하는 기준도,
그 결과도 자신의 몫이다

'헤라클레스'의 선택

누구에게나 선택의 순간이 온다. 그때 무엇을 택하느냐, 그것이 그 사람의 가치관일 것이다. '헤라클레스의 선택'이라는 용어가 있다. 그것이 고난의 길이라고 해도 스스로를 변화시키는 길을 택하는 경우를 나타내는 말이다. 그리스신화에 등장하는 영웅 헤라클레스.

그는 제우스 신과 인간인 알크메네 사이에서 태어났다. 제우스는 아들이 태어나기도 전에 이름을 지어두었는데, 아내인 헤라의 이름을 따서 '헤라의 영광'이라는 뜻의 '헤라클레스'라고 지었다. 헤라의 분노를 조금이라도 누그러뜨리기 위해 그런 이름을 붙였지만 소용없었다. 헤라는 헤라클레스를 죽일 듯이 미워했다. 제우스가 바람피워서 낳은 자식이기도 했지만 누구보다 뛰어났기 때문이었다. 제우스가 가장 뛰어난 영웅을 만들기 위해 작정하고 선택한 사람이 알크메네였고, 제우스가 의도한 대로 헤라클레스는 제우스의 능력을 그대로 물려받아 태어났다.

제우스는 헤라클레스에게 영원한 생명을 주고 싶어서 헤라의 젖을 먹이고 싶어했다. 그러나 헤라는 젖을 주고 싶지 않았다. 제우스는 할 수 없이 헤라클레스가 아닌 것처럼 꾸며서 젖을 먹이게 했다. 그런데 아기 헤라클레스의 힘이 얼마나 셌던지 헤라의 젖을 물리자 젖이 세차게 뿜어져 나와 사방으로 흩어졌다. 이때 하늘에 뿌려진 헤라의 젖이 은하수가 되었고 땅에 떨어진 것은 백합이 되었다. 헤라클레스에 대한 제우스의 편애는 헤라를 더욱 자극했는데, 그녀는 독사를 팔 개월 된 헤라 클레스의 요람에 넣었다. 그런데 겨우 팔 개월 된 아기인 헤라클레스는 맨손으로 독사를 목 졸라 죽여버렸다.

미덕과 쾌락, 헤라클레스의 선택

───

어릴 때부터 남다르게 힘이 셌던 헤라클레스가 소년이 되었을 때 그의 앞에 아름다운 여인 두 명이 나타났다. 한 여자는 기품이 흐르고 청결함과 수수함이 느껴졌다. 그리고 다른 한 여자는 풍만하고 부드러운 살결에 매력적인 옷을 입고 있었다. 화려한 여자가 헤라클레스 앞에 먼저 다가서며 말을 걸었다.

"나를 선택한다면 당신을 가장 즐겁고 편한 길로 안내하겠어요. 당신은 그 어떤 고통도 맛보지 않을 거예요. 그 어떤 수고를 하지 않아도 당신이 좋아하는 것을 손에 넣을 수 있어요."

헤라클레스가 그녀의 이름을 묻자 그 여자는 "쾌락"이라고 대답했다.

그때 수수한 모습의 다른 여자가 헤라클레스에게 다가섰다.

"나는 '미덕'이라고 합니다. 나와 함께 가면 많은 사람들이 당신을 기억하게 될 거예요. 하지만 그 길은 편안하지 않아요. 가시밭길을 걷는 것처럼 힘들고 고통스러울지도 몰라요."

망설이는 헤라클레스에게 '미덕'이라는 여자가 계속 말을 이었다.

"이 세상에 존재하는 모든 선하고 아름다운 것은, 인간의 노력에 의해서만 얻어지는 것들이죠. 당신이 신의 은총을 받고 싶다면 신을 존경해야 하고, 친구로부터 믿음을 얻고 싶다면 친구에게 선을 베풀어야 합니다. 존경을 받고 싶으면 그들을 위해 일을 해야 하고, 사랑받고 싶다면 세상을 사랑해야 합니다. 그것은 쉬운 일이 아니에요."

'미덕'의 말이 끝나기도 전에 '쾌락'이 말을 빼앗았다.

"저와 함께 가면 그런 고생 따위는 하지 않아도 돼요. 당신은 손 하나 까딱하지 않고 행복한 인생을 살 수 있어요."

그러자 '미덕'이 다시 입을 열었다.

"아무것도 하지 않고 얻는 즐거움이 진정한 행복일까요? 향락과 사치의 종말은 비참할 뿐이에요."

헤라클레스가 '미덕'에게 "그럼 당신의 인생은 어떤가요?"라고 물었다.

"땀 흘려 일하고 그 속에서 보람을 느끼며 살고 있습니다."

그때 헤라클레스를 향해 아름답고 향기로운 '쾌락'의 손이 다가왔다. 그러나 헤라클레스는 그를 끌어당기는 유혹의 손길을 과감히 뿌리치고 '미덕'의 손을 잡았다.

그후 헤라클레스는 고통스럽고 험한 길을 가야 했다. 열두 가지 과업을 완수하며 파란만장한 삶을 살았고 이루 말할 수 없는 고통을 겪어야 했다. 그러나 그는 단 한 번도 자신의 선택을 후회하지 않았다. 그리고 그는 영원히 존경받는 영웅으로 남게 되었다. 이것을 '헤라클레스의 선택'이라고 한다. 스스로 고생을 택해 미덕을 찾는다는 의미이다.

길 은 네 마 음 에 다 물 어 라
―

만일 우리가 똑같은 선택의 기로에 서 있다면 무엇을 선택하게 될까? 우리는 살아가면서 많은 선택을 한다. 혼자 살까, 결혼할까. 공부를 더

할까, 취직할까. 그를 도와야 할까, 내버려둬야 할까……. 수많은 선택의 기로에 놓일 때마다 구상 시인은 그의 시 「네 마음에다」에서 이렇게 하라고 조언한다.

길은 장님에게 물어라
해답은 벙어리에게 들어라
시비는 귀머거리에게서 밝히라
진실은 바보에게서 구하라

똑똑한 사람들, 많이 가진 사람들, 권력자들의 말을 들을 것이 아니라 아무것도 보지 못하고 듣지도 못하는 사람들에게서 배우라고 했다. '진실은 바보에게서 구하라'는 말은 의미심장하다. 그러다가 시인은 이렇게 시를 잇는다.

아니, 아니, 그게 아니라

길은 네 마음에다 물어라
해답은 네 마음에서 들어라
시비는 네 마음에서 밝히라
진실은 네 마음에다 구하라

가끔 우리의 생을 속이는 것이 있다. 힘을 가진 자의 말, 달콤한 욕망, 타인을 부러워하는 마음, 거짓 사랑……. 그러다가 우리 마음이 하루아침에 복잡하게 얽히고설켜 도무지 풀 수가 없는 단계에 다다르기

도 한다. 그런데 그 해답은 그 어디에도 아닌 우리 마음에 있다고 시인
은 말한다.

지금 내 마음에게 물어보는 것은 어떨까? 나 지금 잘 가고 있는 것이
냐고, 나 지금 잘 사랑하고 있는 것이냐고……. 어떤 길을 선택하든 그
선택의 몫은 당신의 것이다. 선택한 후에 가지 않은 길에 대한 미련이
남을 수도 있고 후회가 어릴 수도 있다. 그러나 내가 선택한 길에는 내
가 책임을 져야 한다. 그리고 그 선택에 최선을 다해야 한다. 후회나 미
련 대신에 최선을 다해 그 선택을 밀고 나가는 것, 그것이 선택을 완성
하는 길이다.

미네르바의 부엉이는
황혼이 저물어야 그 날개를 편다

자신의 내면을 돌아보는 지혜의 여신 '아테나'

———

볼펜을 어디에 뒀더라? 한참을 찾았다. 책상 여기저기 다 뒤져봐도 없고 서랍을 열어봐도 없고 주머니를 뒤져봐도 없었다. 그런데 알고 보니 자리에 깔고 앉아 있었다. 그렇게 우리는 아주 가까운 곳에 찾는 것을 두고 엉뚱한 곳을 찾아다닌다. 가방 안에 책을 두고 그 책을 찾느라 사방을 뒤지기도 하고, 시계를 손목에 차놓고도 그 시계를 찾느라 온 집 안을 들쑤셔놓기도 한다. 우리가 목표하는 꿈이나 추구하는 행복도 그런 것 아닐까? 이미 가졌으면서 애타게 찾고, 이미 누리면서도 목마르게 갈망하고, 이미 이뤘으면서 안타깝게 바라보는 것은 아닐까? 그래서 우리는 수시로 자신의 마음을 방문해야 한다. 그래서 내가 가진 것들을 꼽아보며 감사해야 한다. 그것이 곧 인생을 살아가는 지혜다.

사람에게 내면을 돌아보는 지혜를 전하는 지혜의 여신 아테나는 로마신화와 영어 이름 모두 '미네르바'이다. 부엉이는 아테나 여신이 늘 함께 데리고 다녔던 새다. 그래서 미네르바의 부엉이는 지혜나 철학을 뜻하게 되었다. 변증법으로 유명한 19세기 독일의 철학자 헤겔은 그의 저서 『법철학』의 서문에 이렇게 썼다.

미네르바의 부엉이는 황혼이 저물어야 그 날개를 편다.

그가 말한 '미네르바의 부엉이'는 '철학'을 비유한 것이고, '황혼'은 한 시대가 마감되는 시점을 뜻한다. 즉, 철학은 앞날을 내다보는 게 아니라 한 시대가 저물어갈 때 그 시대가 어땠는지 돌아본다는 뜻이다. 아테나의 지혜는 그렇게, 시대를 바꾸는 개혁의 철학보다는 자신을 돌아보는 반성의 철학에 가깝다.

아테나는 신들 가운데 유일하게 어머니 배에서 태어나지 않았다. 그는 아버지 머리에서 태어났다. 제우스는 결혼을 두 번 했는데, 그 첫번째 아내는 티탄족인 메티스였다. 제우스가 티탄을 몰아내고 신들의 왕이 되었을 때 할머니 가이아로부터 두려운 예언 하나를 들었다. 메티스가 낳은 아들이 아버지를 몰아내고 왕이 될 거라는 것이었다. 제우스는 아버지 크로노스가 생각나면서 더 두려워졌다. 그래서 고민하다가 자식들을 삼켰던 아버지의 방법을 생각해냈다. 이래서 부전자전이라는 말이 나오는 것이고, 아들은 아버지를 미워하면서도 아버지를 따르게 된다는 말이 나오는 것일까.

제우스는 메티스에게 다가가 그녀를 통째로 삼켜버렸다. 그때 메티스는 이미 아이를 잉태하고 있었는데 그 사실도 모르고 제우스는 헤라와 두번째 결혼식을 올렸다. 그런 어느 날, 출산의 여신이 대장장이 신인 헤파이스토스를 데리고 나타났다. 헤파이스토스의 손에는 도끼가 하나 들려 있었는데 제우스에게 다가와 갑자기 달려들어 머리를 힘껏 도끼로 내리쳤다. 그때였다. 벌거벗은 여신이 사뿐히 내려앉았다. 제우스는 너무 놀랐지만 모든 것을 알게 되었다. 그의 머릿속에서 그 아이가 자라고 있었다는 것을……. 시녀들이 나타나 여신의 몸을 가리고 강가로 데려가 몸을 씻겨주었다. 그렇게 어머니 없이 아버지 머리에서, 혼자 힘으로 태어난 여신이 바로 지혜의 여신 아테나였다.

제우스의 머리에서 태어난 지혜의 여신, 아테나

___

제우스는 아테나가 딸이 아니라 아들이었으면 두려워했을 것이다. 그러나 다행히 딸이었고 메티스가 낳지 않았으니 두려워하지 않아도 되었다. 제우스는 아테나를 특히 아꼈다. 그녀를 향한 미안함이 있었기 때문이기도 했지만 아테나가 언제나 지혜로웠기 때문이기도 했다. 아테나는 늘 무장하고 다녔다. 머리에는 투구를 쓰고 창과 방패를 들고 다녔다. '아이기스'라고 부르는 방패 중앙에는 무서운 메두사의 머리가 달려 있었고, 부엉이가 늘 함께 다녔다.

아테나는 지혜의 여신으로 사냥의 신 아르테미스와 함께 처녀신이었다. 그런데 아프로디테의 남편이었던 대장장이 신인 헤파이스토스가 그녀를 사모해왔다. 아프로디테가 바람을 피워 부끄러운 스캔들을 일으킨 후 외롭게 지내던 헤파이스토스는 아내와는 정반대로 지혜롭고 정숙한 아테나를 사랑했다.

그러던 어느 날, 아테나가 갑옷을 손보기 위해 대장간에 찾아왔다. 헤파이스토스는 사랑하는 아테나의 갑옷을 아름답게 만들어주고 싶었다. 치수를 재려고 아테나가 몸을 숙였을 때 헤파이스토스는 뜨겁게 차오르는 사랑을 어쩌지 못하고 아테나에게 달려들었다. 오랫동안 사모해오던 마음이 폭발하고 만 것이었다. 아테나는 놀라서 헤파이스토스를 힘껏 밀쳐냈다. 그사이 헤파이스토스의 정액이 아테나의 다리에 묻고 말았다. 아테나는 기겁을 하며 정액을 닦아냈다. 그 정액은 올림포스의 땅에 떨어졌다. 대지의 여신 가이아는 그 정액을 받았고, 거기서 아이가 태어났다. 상반신은 인간이고 하반신은 뱀인 에릭토니오스였다.

헤파이스토스는 혼자 만들어낸 아이라며 아테나의 입장을 보호했다. 그러나 아테나는 에릭토니오스를 데려다 길렀다. 원치 않는 자식이었지만 자애로운 어머니가 되어 안아주고 달래주며 가르쳤다. 그 결과 에릭토니오스는 잘 자라났고, 아테네의 왕이 되었다. 에릭토니오스는 바퀴를 발명한 발명가이기도 했다. 뱀의 하반신을 하고 있느라 몸을 움직이기 어려웠던 그는 자신의 장애를 계기로 바퀴를 고안해낸 것이었다.

아테나는 그후 헤파이스토스와도 비교적 가까이 잘 지냈다. 아테나는 무엇이든 책임을 지고 그 책임에 대해서는 완벽하게 완수해내는 지혜로운 여신이었다. 아테나는 후에 아테네의 수호신이 되었다. 아테네 시민들로 하여금 투표권을 행사하도록 했고, 올리브 나무를 자라나게 했다. 아테네 사람들은 아테나의 상을 세우고 숭배했다.

아테나는 인간 영웅들을 좋아했고 그들이 과업을 달성할 수 있도록 도와주었다. 헤라클레스, 페르세우스, 디오메데스를 좋아했고 오디세우스를 특히 아꼈다. 오디세우스의 지성과 용기를 좋아했다. 그렇지만 인간의 만용은 가장 싫어했다.

지혜는 자신의 마음을 들여다보는 것이다

—

우리는 시선을 들어 밖을 본다. 나 아닌 다른 사람을 보고 나 아닌 다른 풍경을 본다. 그러나 신화 속의 아테나는 우리를 향해 말한다. 시선을 들어 밖을 보지만 말고 자신의 마음도 돌아보라고. 그곳에서 지혜를 찾아보라고. 외부의 풍경을 보던 시선으로 자신의 마음을 들여다보는 것이 바로 지혜이다. 아테나는 지혜의 여신답게 늘 내면을 돌아보는 신이었다. 영웅 오디세우스는 언제나 마음속에서 아테나와 대화했다. 그는 일어나는 모든 일들이 신에게서 비롯된다는 것을 잘 알고 있었다. 그래서 늘 신의 목소리에 귀를 기울였다. 오디세우스가 지혜로운 영웅이 된 것은 자신의 내면을 수시로 방문했기 때문이다.

우리는 지혜롭다는 것에 대해 잘못 생각할 때가 있다. 지혜롭다는 것은 냉혹한 것이 아니다. 냉철한 것과 냉혹한 것은 엄연히 다르다. 냉철한 것은 머리가 차갑고 이성이 발달한 것을 말한다. 하지만 냉혹하다는 것은 머리가 아니라 마음이 차갑다는 걸 말한다. 마음이 차가운 사람은 세상을 비웃는 사람이다. 그리고 연민이나 동정심은 찾아볼 수 없고 이기적인 사람이다.

마음이 차가운 사람은 작은 성공은 할 수 있어도 큰 성공은 누리지 못한다. 왜냐하면 어떤 성공이든 그 기본에는 인간이 있어야 하기 때문이다. 마음이 차갑게 얼어붙은 사람은 나 아닌 인간을 돌아볼 줄 모르기 때문에 언젠가는 본인이 만든 차가운 얼음조각에 상처를 입게 된다. 힘든 사람에게 손을 내밀 줄 아는 훈훈함, 지구 저편에서 일어나는 일도 내 일처럼 여길 줄 아는 마음이 지혜다. 머리는 냉철하지만 마음만은 따뜻한 온도를 유지하는 것이 지혜다.

그런 지혜를 가지기 위해서는 스스로 돌아보는 시간을 많이 가져야한다. 그리고 다른 이의 지혜를 빌리기 위해서 끊임없이 독서를 해야 한다. 미국의 IBM사에서는 사원 훈련법으로 '생각하라!' Think 철학을 사용하고 있다고 한다. 사원들에게 Think 철학을 평소에 훈련시켜서 유능한 사원으로 만들고 있는 것인데 그 다섯 가지는 이렇다.

첫째, 읽어라!
둘째, 들어라!
셋째, 토론하라!
넷째, 관찰하라!
다섯째, 생각하라! 읽고 만들고 토론하고 관찰한 내용을 깊이 생각하라!

이렇게 다섯 가지 훈련을 계속하면 뭔가를 이뤄낼 수 있다고 한다. Think 철학의 가장 기본이 되는 건 바로 "읽어라!"이다. 요즘 독서인구가 실종돼버렸다는 한탄들을 한다. 출판업계가 최고의 위기를 맞고 있다고도 한다. 이런 시점에서 어느 기업에서는 신입사원을 뽑는 데 이런 규정을 만들었다. "면접은 독후감으로 한다!" 책을 읽지 않는 사람은 사원으로 뽑을 수 없다는 선언이다. 독서는 일과 인생에 큰 힘이 되는, 유익한 무기라는 얘기다.

사실 독서라는 것은 캠페인을 하거나 유익하다고 강조해서 읽게 되는 것은 아니다. 독서는 그냥 즐거운 습관 같은 것이어야 한다. 살아가는 데 꼭 필요한 무기나 처세를 얻기 위함이 아닌, 즐거운 독서, 내 영혼의 깊이와 시선의 확장을 확인하는 기쁨을 전해주는 책 읽기, 그 즐거운 독서의 가치를 안다면 이미 Think 철학을 실천하는 중이다. 그러므로 21세기의 주역인 셈이다.

신뢰를 잃은 자는
타인을 설득할 수 없다

'카산드라'의 예언

이솝우화에는 양치기 소년의 거짓말이 나온다. 심심해서 마을 사람들에게 "늑대가 나타났다"고 거짓말하는 양치기 소년. 그 거짓말이 몇 번 계속되다가 정말 늑대가 나타난다. "늑대가 나타났다!" 이번에는 정말이지만 아무리 외쳐도 사람들은 그의 말을 믿지 않는다. 진실을 말해도 아무도 믿어주지 않을 때 그 억울함은 어디에 호소해야 할까.

그리스신화에 등장하는 '카산드라의 예언'은, 옳은 말인데 아무도 그 말을 믿지 않는 것을 뜻한다. 사람들이 믿어주지 않는 예언은 아무런 소용이 없다. 그러므로 카산드라의 예언은, 겉으로는 번듯하지만 현실적으로는 아무 소용이 없는 빈말을 일컫는다.

재앙을 예언하는 사람의 대명사인 카산드라는 트로이의 왕 프리아모스의 딸이다. 어느 날 아폴론은 그녀를 보고 사랑에 빠졌다. 아폴론은 카산드라에게 사랑을 고백했다. 그러나 카산드라는 신과 사랑에 빠지기 싫었다. 신은 영원히 죽지 않는 불멸의 존재가 아니던가. 반면에 인간인 자신은 언젠가는 늙고 병들고 추해질 것이다. 만일 신과 사랑에 빠지면 그 결말은 자신만 비참해질 것이라는 똑똑한 판단을 내린 카산드라는 아폴론의 구애를 거절했다. 그래도 끈질기게 구애하는 아폴론에게 카산드라는 도저히 들어줄 수 없는 것을 요구한다.

"날 사랑한다면 나에게 미래를 예언하는 능력을 주세요. 그러면 당신의 사랑을 받아들이죠."

설득력을 잃은 예언자, 카산드라

—

미래를 예언하는 능력은 인간이 가질 수 없는 신의 영역이었다. 그러나 사랑에 눈이 멀어버린 아폴론은 그녀가 바라는 것을 다 들어주고 싶었다. 아폴론은 그녀가 원하는 대로 그녀에게 미래를 예언할 수 있는 능력을 주었다. 생각지도 못했던 능력을 선물받은 카산드라는 놀랐다. 사실 그의 사랑을 거절하기 위해 그냥 던져본 말이었다. 그럼에도 불구하고 그의 사랑을 받아주지 않자 아폴론은 체념한 듯 마지막으로 카산드라에게 부탁했다. 마지막 이별의 입맞춤이라도 해달라고…… 카산드라는 미안한 마음에 그에게 이별의 키스를 해주었다. 아폴론은 카산드라와 키스를 하며 그녀의 혀끝에서 설득력을 빼앗아버렸다. 약속을 어긴 것에 대한 응징이었다.

카산드라의 비극은 그때부터 시작되었다. 미래에 대한 예언력을 가졌지만 설득력을 잃어버린 카산드라. 그녀는 어두운 미래가 보였기 때문에 사람들에게 예언했다. 그 예언은 모두 옳은 것이었다. 그러나 사람들은 그녀의 말을 믿지 않았다. 그녀의 예언은 모두 맞았지만 아무도 귀담아 듣는 이가 없었기 때문에 쓸모없는 예언이 되어버렸다.

트로이전쟁이 일어나기 전에도 카산드라는 정확히 예언했다. 그녀는 파리스 왕자를 스파르타에 사신으로 보내지 말라고 주장했다. 그러나 그녀의 말을 아무도 귀담아듣지 않았다. 결국 파리스가 스파르타의 왕비인 헬레네를 데리고 오는 바람에 트로이전쟁이 일어나고 말았다. 그리스 군사들이 트로이 목마로 위장전술을 펼칠 때에도 카산드라는 예언했다.

"목마를 성안에 들여놓으면 트로이가 멸망하고 말 거예요!"

그러나 아무도 그녀의 말을 믿지 않았고, 결국 트로이는 멸망하고 말았다.

전쟁이 끝난 후 트로이의 공주인 카산드라는 그리스군 총사령관 아가멤논 왕의 전리품이 되어 끌려가야 했다. 카산드라는 아가멤논의 미래가 보였다. 아가멤논은 본국으로 돌아가면 죽임을 당할 운명이었다. 그의 아내인 왕비는 남편이 전장에 나가 있는 동안 다른 남자와 사랑에 빠져 있었고, 남편이 돌아오면 그를 죽일 계획을 세워두고 있었다. 카산드라는 아가멤논에게 경고했다.

"당신 나라로 돌아가지 마세요. 당신은 당신의 아내인 왕비에게 목숨을 잃고 말 겁니다."

그러나 아가멤논이 그녀의 말을 믿어줄 리 없었다. 카산드라는 자신도 같이 죽임을 당할 것을 알고 있기에 눈물로 호소했다. 제발 돌아가지 말라고······.

아가멤논은 카산드라의 예언을 믿지 않았다. 카산드라는 자신이 죽임을 당할 것이라는 미래를 분명히 알고 있는데도 할 수 없이 그 미래를 향해 걸어가야 했다. 피할 길이 없었다.

신용을 잃은 자는 인생을 잃은 것과 같다

카산드라는 미래를 알고 있기 때문에 더 불행했다. 알고 있으면 바꿀 수도 있어야 한다. 그러나 알고 있지만 무엇 하나 바꿀 수 없다면 차라리 모르는 편이 나았다.

진실을 알아주는 사람이 없다는 것은 얼마나 큰 고통일까. 그 어떤 생각을 가지고 있다고 해도 다른 사람이 받아들여주지 않으면 그것처럼 슬픈 일은 없다. 그래서 신용을 잃은 자는 인생을 잃은 것과 같다. 설득의 바탕은 신뢰다. 신용이 없는 사람은 타인들로부터 신뢰를 얻을 수 없다. 그래서 그 어떤 약속도 통하지 않고 설득이 이루어지지 않는다. 타인들에게 우리는 과연 어떤 믿음을 주고 있을까? 그리고 내 주변에 믿을 만한 사람은 몇이나 두고 있을까?

"당신은 정말 괜찮은 사람입니다." 이렇게 말할 수 있는 사람을 꼽아본다. "그 사람 참 괜찮아." 이렇게 평을 하고 싶은 사람을 떠올려보면 그는 얼굴에 미소가 자주 어리는 사람이다. 살아가면서 힘들지 않은 사람은 한 명도 없다. 누구나 자기가 가장 힘들다고 생각하지만 나름대로 다 어렵고 다 힘들다. 그러나 "사는 게 다 그렇지"라고 하며 웃는 사람. 참 괜찮은 사람이다.

나보다 타인을 먼저 배려하는 사람들을 보게 된다. 타인의 불행에 마음 아파하고, 타인의 기쁨에 힘차게 박수치고 타인의 절망에 위로의 말을 찾는 사람. 참 괜찮은 사람이다.

자신의 일을 소중히 여기는 사람을 보게 된다. 붕어빵을 구워 팔면서 행복한 미소를 짓는 사람, 노동의 대가로 깨끗해진 거리를 웃으며 보는 환경미화원, 내 덕에 주민들이 편안한 잠을 잘 수 있다며 웃는 경비는, 자신의 일을 불행하게 생각하며 불평하는 재벌보다 훨씬 괜찮은 사람이다.

아이의 영혼을 가지기 위해 늘 영혼을 맑게 닦는 사람, 친구와 가족을 소중히 여기는 사람, 내가 사는 세상을 천국이라고 여기는 사람, 신념을 가지고 꿈에 도전하는 사람, 힘들고 고된 어제를 보냈어도 다음날 아침에는 밝게 웃는 사람은 참 괜찮은 사람이다.

헤어짐도
사랑의 일부분이다

인간을 사랑한 신 '에오스'

———————

손으로 밀어내는데 마음으로는 더 가까이 다가오는 사람. 그 사람 생각을 하면 마음은 행복한데 가슴에는 통증이 일고 목이 메어오는 사람. 결심은 잊겠다고 하는데 손은 그를 잡고 있고, 다짐은 이제 그만 가자고 하는데 발길은 차마 떨어지지 않는 사람. 사랑한다는 단 한마디면 가까워질 수 있는데 그 말을 죽어도 못하는 사람……. 그런 사람이 있다면 마음에 고독주의보를 내려야 한다. 아프게 헤어졌지만 마음에 그 사람과의 추억이 가득한 사람에겐 그리움주의보를 내려야 한다.

인 간 을 사 랑 한 신 , 에 오 스

—

사랑을 가로막는 요소 중에 가장 잔인한 것은 무엇일까? 신화 속에서는 도저히 이루어질 수 없는 사랑 이야기가 나온다. 신과 인간의 사랑이다. 새벽의 여신 에오스(로마신화에서는 '아우로라')는 신들 중에서 가장 부드럽고 사랑이 충만한 신이었다. 에오스는 매일 아침 태양이 떠오르면 장밋빛 손가락으로 밤의 장막을 거두는 여신이었다. 부드럽고 다정다감한 에오스를 전쟁의 신인 아레스가 사랑했다. 거칠고 험한 아레스는 에오스의 부드러움이 좋았다. 그래서 에오스가 다니는 길목에 숨

290

어 있다가 그녀를 가로막아 서곤 했다.

그런데 문제는, 그 당시에 아레스와 아프로디테는 서로 연인 사이였다는 것이다. 아프로디테는 질투심이 아주 강했다. 아레스가 에오스를 마음에 두고 있다는 것을 눈치챈 아프로디테는 에오스에게 저주를 내렸다. 그녀가 끊임없이 젊은 남자를 사모하도록 만들어버린 것이다. 에오스는 티토노스를 사랑하게 되었다. 그런데 에오스는 신이지만 티토노스는 인간이었다. 신은 영원히 늙지도 죽지도 않지만, 인간은 시간이 흐르면 늙고 병들어 죽게 된다.

하지만 에오스는 사랑하는 티토노스를 잃고 싶지 않았다. 그와 영원히 사랑하고 싶었다. 그래서 제우스에게 간청했다.

"티토노스가 언제까지나 제 곁에 있게 해주세요. 그가 영원히 살게 해주세요."

제우스는 운명의 여신들을 불러 모아 에오스의 부탁을 해결하라고 지시했다. 운명의 여신들은 티토노스에게 영원한 생명을 주기로 결정했다. 그런데, 에오스가 미처 생각하지 못한 것이 있었다. 티토노스가 영원히 살게 해달라고만 했지, 그에게 영원히 젊음을 부여해달라는 부탁을 깜빡 잊은 것이다.

티토노스는 점점 늙어갔다. 머리카락은 하얗게 물들고, 뼈는 굽었다. 이는 빠지고 목소리는 탁해져갔다. 피부는 탄력을 잃어 주름지고, 얼굴색은 탁해졌다. 티토노스는 보통 사람이 늙어가는 과정을 넘어서고도 계속해서 더 늙어갔다. 노화가 멈추지 않고 영원히 진행되는 것이었다.

티토노스는 자신이 죽지 않는 것을 잘 알고 있었다. 그러나 죽지 않는다는 사실이 너무 고통스러웠다. 그는 점점 쇠약해지고 병마에 시달렸다. 나중에는 움직일 수도 없었다. 티토노스는 스스로 움직일 수도 없게 된 자신의 추한 모습을 견디지 못했다. 그는 죽고 싶었다. 하지만 이미 불사의 생명을 얻었기 때문에 죽고 싶다는 소원은 이루지 못할 것이었다. 그는 쪼그리고 앉은 채 점점 오그라들었다.

쇠약해져만 가는 그를 차마 두고 볼 수 없었던 에오스는 그를 방에 가두고 자물쇠를 채웠다. 그러나 한결같은 마음으로 그를 사랑했다. 그래서 그가 작은 소리로 부를 때면 그에게 다가가 담요를 덮어주곤 했다. 점점 쇠약해져가는 티토노스는 결국 방 안에서 목소리만 낼 수 있게 되었다. 그리고 한참의 시간이 흘렀고 그는 결국 매미가 되었다.

신과 인간의 사랑, 그 사이에는 시간이 놓여 있다

신과 인간의 사랑, 그 사이에는 시간의 강이 놓여 있다. 신들의 세상에서는 시간이 흐르지 않지만 인간의 세상에서는 시간이 빠르게 흘렀다. 사랑을 가로막는 요소 중에 가장 잔인한 것은 바로 시간이었다. 그런데 에오스는 연인이 늙고 쪼그라들어 형체 없이 사라지는 순간까지도 그를 사랑했다. 새벽의 여신 에오스가 사랑하는 사람을 위해 흘린 눈물은 아침이슬이 되어 풀잎에 맺힌다. 마치 추억처럼······.

추억도 이별을 잘해야 생기는 인생의 보너스다. 그래서 이별을 하더라도 사랑보다 더한 정성으로 한 사람을 보내야 한다. 비록 다시는 만날 수 없는 각자의 길을 떠난다고 해도 이별을 잘해야 한때 행복했던 그 기억을 가슴에 품고 살 수 있으니까.

신과 인간 사이의 인연, 그 사이에는 시간이라는 잔인한 장벽이 놓여 있었다. 그런데도 그들은 그렇게도 절절하게 사랑했다. 그런데 왜 인간과 인간 사이의 인연에는 헤어짐이 있어야 하는 걸까.

사람이 사람과 인연을 맺고 살아가는 일, 참 신기하다. 그 수많은 세월에 하필이면 지금 이 시대에 태어나 그 수많은 나라 중에 하필이면 이 나라에 태어나고 많은 동네 중에서 하필이면 이곳에 살고 있어서 수많은 사람들 중에 그 사람과 만나고 서로에게 특별한 의미가 되어가는 일, 생각해보면 참 대단한 것이다. 그래서 옷깃만 스쳐도 인연이라는 말이 있는 것일까? 그런데 옷깃만 스친 것이 아니라 시간을 나누고 눈인사도 건네고 말도 건넬 수 있었다는 것은 수억 분의 1에 해당하는 비율의 아주 특별한 인연이다. 더 나아가 서로에게 스며들어가고 정이 들고 사랑을 할 수 있었다는 것은 사람의 인연을 넘어선 신의 특별한 선물이다.

그러니 영원하지 못하면 또 어떤가. 서로 바라보는 그 순간에 웃을 수 있다면 괜찮다. 함께하지 못하면 또 어떤가. 혼자 있어도 그 사람을 생각할 수 있다면 그것으로 행복하다. 어쩌다 영영 헤어져 만나지 못하더라도 함께 웃고 울었던 추억이 있다면 또 그것으로 족하다.

5부
———
즐겁게 사는 것이

이기는 것이다

밝게 웃는 얼굴이
매력의 조건이다

바람꽃이 된 '아도니스'

스물아홉 개의 단단한 조직과 서른네 개의 섬세한 정신을 담은 상자, 상상과 직관, 사랑과 증오, 그리고 분노와 공포의 영혼을 담은 그릇, 미래에 대한 두려움과 오감을 담고 있는 상상력의 바다가 바로 우리 얼굴이다. 세계 오십억 인구가 각각 다른 모습을 지니고 있는 것, 삶의 굴곡과 고비, 그리고 절정과 나락을 스스로 기록해나가는 것, 이 또한 우리 얼굴이다.

얼굴은 인생을 반영하는 거울이다. 그래서 얼굴이 곧 '걸어다니는 명함'이고, '인생의 증명서'라는 말을 한다. 내가 생각하는 것이 내 얼굴의 근육을 변화시키고, 내가 먹는 것, 내가 듣는 것, 내가 읽는 것, 내가 공부하는 것, 내가 겪는 것, 내가 하는 일이 내 모습의 세포를 이뤄간다는 점은 참 두려운 일이다. 그러니 내 얼굴에 내가 책임을 지기 위해서라도 좋은 생각을 하고, 좋은 일을 하고, 좋은 마음을 품고 살아야 한다.

그런데 외모지상주의는 심각한 오류를 낳고 있다. 아도니스 증후군을 겪는 남자들이 많아진 것이다. 영화 〈아메리칸 사이코〉에도 아도니스 증후군을 겪는 인물이 나온다. 크리스찬 베일이 연기한 패트릭 베이트만이라는 인물은 헬스로 몸매를 만들고, 미용실에서 각종 스킨케어를 받는다. 그리고 비싼 옷과 향수로 치장한다. 그런데도 그는 외모의 열등감 때문에 정신분열을 일으켜 살인까지 저지르게 된다.

남성들의 외모집착증을 가리키는 '아도니스 증후군'은 영화 속 주인공만 갖는 게 아니다. 현실에서도 아도니스 증후군을 겪는 사람들이 많다. 외모에 집착한 나머지 자신보다 잘생긴 사람을 보면 질투와 부러움에 심한 두통까지 겪는 현상이다. 소위 꽃미남이 되기 위해서 성형수술을 받는 남성들이 많아지고 있고, 피부과나 미용실도 이제는 여자들만의 장소가 아니다. 초식남, 짐승남, 꽃미남 등등…… 매력적인 남성상이 속속 등장하면서 남성들은 외모 관리 때문에 피곤해졌다.

아프로디테의 사랑을 받은 미소년, 아도니스

———

'아도니스 증후군'은 신화 속에 등장하는 미남인 '아도니스'에서 온 말이다. 모든 남성들을 피곤하게 만든 그 아도니스는 그 잘생긴 용모 때문에 사랑의 여신 아프로디테의 전폭적인 사랑을 받았다. 아프로디테는 아도니스를 사랑해서 아도니스와 같이 숲을 거닐고 산을 넘느라 시간 가는 줄 몰랐다. 아도니스를 아끼고 걱정하는 아프로디테는 아도니스에게 타일렀다.

"혼자 사냥 나가면 위험한 짐승을 감히 쫓으려고 하지 마. 무서운 발톱과 엄청난 힘을 항상 경계해야 해. 그대의 몸을 위험하게 하는 일은 나를 불행하게 만드는 일이야."

아프로디테의 눈에는 아도니스가 그저 아이처럼 귀엽고 아름다운 연인이었다. 그래서 늘 노심초사했다.

그런 어느 날, 아프로디테가 키프로스 섬에 잠시 간 사이에 아도니스는 사냥을 나갔다. 멧돼지를 발견한 아도니스는 추격에 나섰다. 아프로디테의 당부를 유념하기에 그는 너무 젊었다. 아도니스는 멧돼지를 향해 창을 던졌다. 그런데 창은 빗나갔다. 성난 멧돼지가 갑자기 몸을 돌려 무서운 기세로 아도니스를 덮쳤다. 아도니스는 피를 쏟으며 그 자리에서 죽고 말았다. 소식을 들은 아프로디테가 한달음에 달려왔다. 그러나 그때는 이미 아도니스가 죽은 후였다. 아프로디테는 아도니스를 껴안고 절규했다.

"나의 아도니스. 그대가 흘린 피를 꽃으로 피어나게 하리라. 그래서 그대를 본 듯 그 꽃을 보고 위안을 얻으리라."

아프로디테는 아도니스가 흘린 피 위에 넥타를 뿌렸다. 그 자리에서 거품이 일더니 붉은 꽃이 피어났다. 그런데 그 꽃은 바람이 스쳐지나가며 꽃잎을 열어주는가 하면 다시 또 바람이 불면서 꽃잎을 흩날려버렸다. 그 꽃의 이름은 바람꽃, 아네모네였다.

생을 사랑하라, 그것이 곧 당신의 매력이 될 수 있다

신화 속 미청년 아도니스는 그후 꽃미남의 아이콘이 되어왔다. 그런데 『로마인 이야기』를 쓴 시오노 나나미는 미남을 이렇게 정의한다.

> 깊이 있는 인격이 저도 모르게 배어나와 아무것도 하지 않고도 어느 새 주위 사람의 관심을 모으고 있는 사람.

진짜가 되려고 의식적으로 노력하지 않아도 진짜인 사람은 그 누구든 스타일이 있다. 집안이 어떻다, 얼마나 가졌다, 이런 것은 스타일을 결정짓는 요소가 아니다. 그저 개개인이 살아가는 모습이 바로 스타일이다. 매력적인 남자의 요소를 시오노 나나미는 이렇게 꼽았다.

- 연령, 성별, 사회적 지위, 경제 상태에서 자유로울 수 있는 사람.
- 편견에 치우치지 않는 사람.
- 마음속 깊은 곳에서 인간성에 부드러운 눈을 돌릴 수 있는 사람. 즉, 진짜 휴머니스트.

시오노 나나미가 매력을 느낀 남자의 스타일은 적당히 검게 그을린 피부, 희고 건강한 치아, 단정한 술버릇, 윤나는 머리, 면도날 같이 샤프한 면, 위트와 지식이 있는 남자였다. 그녀는 무엇보다 인간적인 점, 세상과 인생의 밝은 면을 보는 점, 이런 데서 더 매력을 느꼈다. 결국 이 세상의 반인 남자들, 또 이 세상의 절반인 여자들이 매력을 갖기 위한 비법은 이 한마디로 정리할 수 있을 것이다.

"생을 사랑하라. 그것이 곧 당신의 매력이 될 수 있다."

종합해보면, 스타일이 있는 사람은 몸 전체에서 발산되는 어떤 밝은 빛을 가진 사람이다. 밝다고 해서 마구 웃어대는 사람이 아니고, 떠들썩하게 밝아지는 것이 아닌, 동작 하나하나에서도 밝은 분위기를 띠는, 그런 사람이 진정한 멋쟁이고 매력적인 아도니스이다.

시대는 능력을 갖춘
독특한 괴짜를 원한다

전령의 신 '헤르메스'

세계의 자본은, 독특함을 지닌 인재를 향해서 움직인다. 세계 3대 경영 석학으로 꼽히는 톰 피터스는 "열정이 있는 괴짜, 그들을 쓰는 조직이 결국은 미래를 주도한다"고 했다. 그가 말하는 괴짜는 어떤 사람들을 말할까? 괴짜의 특징은 이렇다. 호기심이 많다, 행동력을 발휘한다, 유머가 넘친다, 열정이 드러난다, 머리가 좋다, 남의 마음을 움직이는 특성을 가졌다.

이런 괴짜가 미래의 주역이라는 얘기다. 톰 피터스는 또, 『미래를 경영하라』라는 책에서 인재에 대해서 이렇게 조언한다. "인재는 계속 부족할 것이다. 당신에게 진정한 독특함이 있다면 온 세상이 당신에게 도움을 받기 위해 줄을 설 것이다."

어느 대기업에서는 원하는 인재의 조건으로 이 세 가지를 꼽기도 했다.

- 도깨비처럼 늘 엉뚱한 생각을 하면서도,
- 자기주장을 남에게 설득력 있게 전달할 수 있고,
- 남의 얘기도 경청할 수 있는 사람.

능력을 갖춘 독특한 괴짜! 그런 사람이 바로 이 시대가 원하는 인재상이라면, 신화 속에서는 단연 헤르메스가 인재 중의 인재다.

언변이 뛰어나고 거래에 능한 신, 헤르메스

전령의 신 헤르메스는 로마신화에서는 '메르쿠리우스', 영어로는 '머큐리'로 불리는 신이다. 제우스와 아틀라스의 딸 마이아 사이에 태어난 헤르메스는 태어날 때부터 특별한 아기였다. 그는 곧바로 요람에서 나와서 도둑질부터 시작했다. 아폴론이 키우던 소의 무리를 훔친 것이다. 그는 소의 무리를 훔치면서 발자국을 지우기 위해서 소에게 나뭇가지를 엮은 신발을 신겨 동굴로 데리고 갔다. 그리고 거북이를 보자 거북이 등에 소의 내장을 연결해서 하프를 만들었다. 다음날 아폴론은 제우스에게 헤르메스가 소를 훔쳐갔다고 호소했다. 제우스는 헤르메스를 불러 소를 돌려주라고 명령했다. 헤르메스는 소를 숨겨놓은 곳으로 아폴론을 데려갔다. 그리고 만들어두었던 하프를 연주했다.

아폴론이 누구인가. 태양의 신이기도 했지만 음악의 신이기도 했다. 헤르메스가 연주하는 음악에 감동을 받은 아폴론은 비파와 소를 맞바꾸자고 했다. 헤르메스는 이번에는 갈대피리를 만들었다. 아폴론은 그것도 가지고 싶었다. 그래서 황금지팡이와 바꾸고 말았다. 그후 케리케이온이라는 지팡이는 헤르메스의 상징이 되었다.

그런가 하면 아폴론은 작은 돌로 행하는 점성술까지 가르쳐주고 나서야 피리를 손에 넣을 수 있었다. 헤르메스는 그렇게, 태어나자마자 거래를 시작했는데 그 능력이 혀를 내두를 정도였다. 헤라는 다른 여자에게서 낳은 자식은 무조건 미워했다. 그러나 헤르메스만큼은 헤라의 젖을 먹고 자랄 수 있었다. 헤르메스는 술수를 써서 몸을 잔뜩 웅크리고 이렇게 속삭였다.

"저 당신 아들 아레스예요."

헤라는 헤르메스를 안아 젖을 물렸다. 아기의 체온에 헤라가 익숙해지자 헤르메스는 정체를 밝혔다. 헤라는 화를 낼 수 없었다. 헤르메스가 귀여움을 떨어대니 미워할 수가 없는 것이었다.

언변이 뛰어나고 거래에 능한 헤르메스였기 때문에 그는 도둑의 신, 상업의 신으로 불리게 되었다. 제우스는 헤르메스의 이런 재능을 사랑해서 그를 신과 인간에게 제우스의 뜻을 전하는 전령으로 삼았다. 단순히 중간에서 말을 전하는 정도의 일이 아니었다. '해석학'이라는 말이 헤르메스에게서 나온 것처럼 제우스의 뜻을 읽고 해석해서 신과 인간에게 잘 설명해주는 일을 헤르메스가 도맡아 하게 되었다.

또, 죽은 자를 저승으로 안내하는 역할도 맡았다. 그래서 '영혼의 인도자'라는 의미의 '사이코포모스'라는 별칭을 가지게 되었다. 헤르메스는 여행자의 수호신이기도 했다. 헤르메스는 젊은 청년의 모습으로 늘 표현되는데, 날개가 달린 넓은 차양의 모자를 쓰고 발에도 날개가 달린 샌들을 신었다. 그리고 손에는 전령의 지팡이를 늘 들고 다녔다. 아폴론에게서 얻은 케리케이온이라는 그 지팡이에는 뱀 두 마리가 서로 몸을 꼬고 있었는데, 그것은 데메테르와 제우스가 변신한 모습이었다.

그리스신화 구석구석에 헤르메스가 등장한다. 헤르메스는 그렇게 제우스를 비추는 거울과 같았고 그의 그림자와 같았다. 헤르메스는 늘 엉뚱했지만 늘 무엇인가를 도모했다. 또 그는 늘 즐거웠고, 그 즐거움이 그에게 힘이 되어주었다.

힘든 일을 즐겁게 할 수만 있다면
그게 바로 성공일 것이다

세상에는 수많은 성공이 있다. 세상 사람들이 동경하는 직업을 가진 자의 성공도 있고, 봉사의 기쁨을 누리는 성공도 있다. 자신의 일을 사랑하는 자의 성공도 있고, 즐겁게 일하는 자의 성공도 있다. 그런데 김용택 시인은 이렇게 말한다.

"한 분야에서 최고가 되는 것은 아름다운 일이다. 그 길은 아름다운 길이고, 치열하고 힘든 길이다. 그 힘든 일을 즐겁게 할 수만 있다면 그게 바로 성공일 것이다."

어느 회사 면접시험장에서 실제로 있었던 일이다. 입사시험을 보러 온 젊은이가 주머니에서 야광고무공을 하나 꺼냈다. "저는 이 고무공과도 같습니다. 이것은 잘 튀어오릅니다." 그는 바닥에 공을 한번 세게 튀기고는 다시 잡으면서 "저는 이 회사에서 튀는 사람이 되겠습니다"라고 말했다. 그러고는 또 고무공을 손에 쥐어 보이면서 이렇게 말을 이었다. "이 공은 야광입니다. 저는 아무데서나 튀는 사람이 아니라 어둠 속에서 빛을 낼 수 있는 그런 사람이 되겠습니다."

또 그는 500원짜리 동전을 꺼내더니 이렇게 말했다. "이번에는 마술입니다. 여기 500원짜리 동전이 있습니다. 그런데 이렇게 하면……" 그가 손을 움직이면서 쥐었다 펴자 동전이 사라졌다. "저는 이 500원짜리 동전과도 같습니다. 언제 사라질지 모르니 어서 저를 잡으십시오." 이렇게 해서 그 친구는 광고기획 부문 응시자 중 면접에서 최고 성적을 받았다고 한다. 긴장되는 면접이었지만 그 시험조차 즐겁게 해내는 사람은 그 어떤 일도 해낼 수 있을 것이다. 즐겁게 일하다보면 어느새 그 분야에서 최고가 되어 있다. 즐겁게 일하다보면 행복해지고 그러므로 그것이 최고의 성공이 되어주는 것이다.

아직 즐거운 것을 찾지 못했다면 우선은 가장 즐거운 것을 찾아볼 일이다. 그리고 그 즐거운 일과 연애에 빠져볼 일이다.

즐겁게 사는 것이
이기는 것이다

신들의 아웃사이더 '판'

슈바이처 박사는 아프리카에서 병원을 처음 지을 때 직접 벽돌을 찍고 나무를 베는 등의 잡일을 혼자서 도맡아 했다고 한다. 어느 날 슈바이처가 한참 나무를 다듬고 있는데, 옆에서 청년 한 명이 물끄러미 보고만 있었다. 슈바이처가 "거기 서 있지만 말고 같이 일합시다"라고 하자 그 청년은 대답했다. "전 공부를 한 사람이라 그런 노동은 안 합니다." 슈바이처는 그 청년의 말을 받아 이렇게 말했다. "나도 학생 때는 그런 말을 했소만, 공부를 많이 한 후엔 아무 일이나 한다오."

직업에 귀천이 없고 사람 관계에 상하가 없다는 말은 이제 누구나 알고 있는 상식이다. 그런데 혹시 내 학력이 어느 정돈데, 내 나이가 얼만데, 내 배경이 어떤데, 내 처지가 어떤데…… 하며 내가 정말 즐겁게 할 수 있는 그 일에 뛰어들기를 꺼려 하는 것은 아닐까? 진정으로 중요한 것은 어떤 일을 하느냐가 아니다. 어떻게 그 일을 하고 있느냐가 중요하고 어떤 마음으로 그 일을 하고 있느냐가 중요하다.

누구보다 인간적인 신, 판

신화에서는 한 장난꾸러기 신이 등장한다. 그는 분명 인간이 아닌 신이었다. 그런데도 그는 다른 신들처럼 위엄을 떨지 않았다. 자기가 즐겁게 할 수 있는 일을 찾아 그 일을 즐겁게 했다. 그 일이라고 해봐야 인간들이 하는 목동 일이었지만 그는 맡은 일을 신이 나서 했다. 그러니 그는 그 어떤 신보다 행복했다.

판은 허리에서 위쪽은 사람의 모습이고, 염소의 다리를 가졌다. 그리고 아주 작은 뿔이 나 있었고, 귀는 커다랗고, 웃을 때 입은 아래로 뾰족해졌다. 판은 신의 세계에서 외톨이었고 아웃사이더였다. 사람들은 신을 두려워하고 숭앙했지만 판은 별로 존경하지 않았다. 신들은 판을 비웃었다. 판은 아버지가 누구인지 분명하지 않았다. 헤르메스가 그의 아버지라고 추측만 할 뿐이었다. 엉뚱한 그를 이해할 신은 헤르메스뿐이었기 때문이다. (누군가는 목동과 암염소 사이에서 태어났다고도 했다.)

판은 춤과 음악을 좋아하는 명랑한 성격인데, 한편으로는 잠들어 있는 인간에게 악몽을 불어넣곤 했다. 게다가 아무 이유 없이 끔찍한 비명을 질러대기도 했는데, 그 소리를 들으면 소들이 아무 이유 없이 날뛰기 시작했다. 그러면 농부는 '판의 시간'이 왔다고 여겼다. 그렇게 판이 갑자기 비명을 질러서 공포를 주었다는 데서 유래한 말이 '당황'과 '공황'을 의미하는 '패닉panic'이다.

판은 산과 들에 살면서 가축을 지켰는데, 사랑에 잘 빠졌다. 그런데 판의 사랑을 받으면 누구나 도망치기 바빴다. 판의 사랑을 받은 에코 역시 몸을 숨겨 메아리로 변해버렸다. 그런 어느 날 판은 시링크스 요정이 강에서 노는 것을 보고 그녀를 안으려고 했다. 놀란 시링크스는 달아났다. 판이 그뒤를 쫓아갔다. 그리고 그녀를 막다른 골목으로 몰았다. 시링크스는 위기의 순간에 두 손 모아 기도를 드렸다. "도와주세요! 저를 도와주시면 평생 떠받들겠어요!" 그때 시냇물이 그녀를 도와주었다. 판이 시링크스를 움켜쥐는 순간, 시냇물은 그녀를 갈대로 변신시켰다. 판의 손에는 갈대만이 한 움큼 쥐어지고 말았다. 판은 아쉬운 마음에 시링크스가 변신한 갈대를 잘라 차곡차곡 묶었다. 그리고 그것으로 악기를 만들었다. 그것이 바로 팬플루트이다. 팬플루트는 '판의 플루트'라는 뜻을 지녔다. 판이 팬플루트 연주를 하면 그 소리가 무척 아름다웠다.

어느 날 판은 아폴론에게 내기를 청했다. 누구의 연주가 더 아름다운지 가려보자는 것이었다. (어떤 이는 아폴론에게 내기를 청한 이가 마르시아스라고도 한다. 또는 사티로스라고도 한다.) 아폴론은 선뜻 응했고 평가단으로 산의 신인 트몰로스와 미다스 왕이 초대되었다. 그들의 연주를 듣고 나서 산의 신인 트몰로스는 아폴론에게 크게 아부하며 아폴론의 손을 들어주었다. 그러나 미다스 왕은 눈치 없이 판의 손을 들어주었다.

"저의 귀에는 판의 연주가 더 아름답게 들렸습니다."

미다스의 평가에 아폴론은 화가 치밀었다.

"감히 음악의 신이 타는 수금 가락을 모욕해? 너는 소리를 제대로 듣지 못하는 귀를 가졌구나. 내가 이제부터 잘 듣게 해주지."

아폴론은 미다스의 귀를 커다란 당나귀 귀로 만들어버렸다.

그후 미다스는 큰 귀가 부끄러워 늘 모자를 눌러쓰고 다녀야 했다. 어느 날 이발사에게 머리를 자르러 갔다가 귀의 정체를 들키고 말았다. 미다스는 이발사에게 비밀을 지켜달라고 신신당부했다. 이발사는 그렇게 하겠다고 약속했다. 그러나 도저히 비밀을 말하지 않고는 견딜 수 없었다. 이발사는 땅에 구덩이를 파고 그 안에 소리쳤다.

"미다스 왕의 귀는 당나귀 귀!"

구덩이 옆에서 자라던 갈대가 그 말을 듣고 온 세상에 그 비밀을 퍼뜨렸다.

"미다스 왕의 귀는 당나귀 귀…… 미다스 왕의 귀는 당나귀 귀……."

이발사가 비밀을 지키지 않은 것에 분노한 미다스는 판을 찾아갔다. 그리고 이발사에게 복수를 해달라고 했다. 판은 이발사의 수염을 마구 자라게 해주었다. 이발사는 얼굴에 무성히 자라는 수염을 자르느라 손님을 맞을 시간이 없었다. 결국 가게의 문을 닫았고 결국에는 수염 때문에 숨을 쉬지 못할 지경에 이르러 목숨을 잃고 말았다.

판은 신들 중에서 유일하게 불사신이 아니었다. 그에게는 인간과 같이 유한한 목숨이 주어졌다. 그것은 치명적인 단점이었다. 판이 죽었다는 소식이 세상에 알려지자 사람들은 그의 죽음을 슬퍼했다. 그를 존경하지는 않았지만 그의 익살스러움과 장난기 어린 명랑함을 사랑했던 것이다. 산중에 있는 나무들 가운데 가장 못생긴 나무가 끝까지 남아서 산을 지키는 큰 고목나무가 된다고 했다. 신들의 세상에서는 판이 가장 못난 신이었다. 그러나 사람들은 다른 신들보다 그를 사랑했다. 다른 신들은 두려워했지만 판은 친근하게 여겨 친구처럼 좋아했다.

그는 유한한 삶을 축복으로 받아들였다. 목숨이 유한한 것이야말로 인간의 특권이었다.

약 점 은 오 히 려 인 생 의 강 점 이 된 다

그 옛날 신들의 세상이 아닌 지금 우리가 사는 세상에서도 단점이 오히려 강점으로 작용되는 예는 참 많다. 마키아벨리 역시 자신의 인생을 돌아보면서 이런 말을 했다.

"나는 가난하게 태어났다. 그래서 즐기기 전에 먼저 노력하는 법을 배웠다."

마키아벨리는 그렇게 가난했기 때문에 노력하는 법을 배웠고 그래서 자신의 분야에서 일인자가 될 수 있었다. 또, 우리나라 최초의 시각장애 박사인 강영우 박사는 강연할 때마다 이런 말을 한다고 한다.

"저는 장애를 극복하고 성공한 게 아니라 장애인이기 때문에 성공한 것입니다. 이런 신체적인 약점이 아니었으면 어떻게 미국의 대통령과 어깨를 나란히 하고 활동할 수 있겠습니까?"

약점을 오히려 인생의 강점으로 만든 예는 그 밖에도 참 많다. 고졸의 학력으로 우리나라의 최고 유망감독이 된 류승완 감독은 이런 말을 했다.

"중요한 건 대학을 나왔느냐, 어디로 유학을 다녀왔느냐가 아닙니다. 진짜 중요한 것은 세상을 깊이 있게 바라보는가, 항상 깨어 있는가, 항상 배울 자세인가, 끊임없이 노력하고 고민하는가, 입니다."

그렇다. 중요한 것은 조건도 외모도 배경도 아니다. 중요한 것은 '어떤 마음으로 얼마나 즐겁게 삶을 누리는가', '누가 꿈을 향해 달려가는가' 이다.

시인 롱펠로는 불우한 삶을 살았다. 첫째 부인을 병으로 잃었고, 둘째 부인 역시 사고로 잃었다. 세월이 흘러 롱펠로가 죽음을 앞둔 어느 날 기자가 이렇게 물었다. "그렇게 고통스러운 날들을 지내면서도 어쩌면 그렇게 주옥같은 시를 쓰실 수 있었습니까?"

그러자 롱펠로는 정원에 있는 사과나무를 가리키며 대답했다.

"저 사과나무에는 해마다 새로운 가지가 생겨나지. 나는 나 자신을 저 사과나무의 새로운 가지라고 생각했어. 그래서 힘들고 어려울 때마다 힘을 얻었네."

사과나무가 그에게 희망을 가르쳐준 것이다.

우리에게 희망을 전해주는 자연은 많다. 어느 날 거리에 피어난 풀잎을 봤다. 콘크리트로 중무장한 도시의 길가에도 풀잎이 피어난 걸 보면서 어떻게 이런 데서 피어나 이렇게 강하게 살아남았을까 의아했다. 시골의 한적한 숲에 피어난 풀을 부러워할 만도 하지만 공해 심하고 소음 심한 도시에 피어난 풀도 환경을 탓하지 않고 거기, 피어난 그 자리를 사랑하는 것처럼 보였다. 그 풀잎에게는 시련이 얼마나 많았을까? 길가를 지나가던 바람이 풀잎을 방문하기도 했을 것이다.

그러나 풀을 찾아오는 것은 바람만이 아닐 것이다. 낯선 자의 침입도 있고, 이슬의 방문도 있을 것이다. 그런데 풀은 흔들릴지는 몰라도, 뿌리째 뽑히진 않았다. 풀은, 바람보다 먼저 웃고 바람보다 나중에 울었다. 풀은, 이슬에 젖어도 햇살을 꿈꾸고 낯선 자가 짓밟으면 곧 사랑스런 이의 돌봄이 있을 거라고 소망했다.

바람이 거칠게 부는 대로 이리저리 흔들리면서도 뿌리 뽑히지 않는 풀잎이, 가냘프면서도 참 강인해 보이는 도시의 풀잎이 우리에게 알려준다. 서 있는 그곳이 어떤 환경이든 그 자리를 사랑하라고, 누가 알아주길 바라지 말고 그저 부지런히 뿌리를 굳건히 내려보라고……

남과 다르기 때문에
나는 특별하다

'아폴론'과 '디오니소스'

———

가로수 길을 걷다보면 양쪽으로 쭈욱 늘어선 나무들이 보인다. 그 나무들은 모두 같은 나무로 보인다. 그런데 알고 보면 똑같은 나무는 단 한 그루도 없다. 휘어진 줄기의 모양이 다르고 잎의 모양이 다르다. 그 나무에 달린 수천의 잎사귀들 역시 눈으로 보면 똑같아 보이지만 같은 잎은 단 하나도 없다. 색채도 다르고 모양도 다르다. 사람 역시 그렇다. 세상에 나와 똑같은 사람은 존재하지 않는다. 같은 모습이라고 해도 어딘가 다르고 같은 키로 서 있다고 해도 어딘가 다르다. 아무리 일란성쌍둥이라고 해도 어딘가는 모습도 다르고 행동도 다르고 마음도 다르다.

신화 속에서도 역시 달라도 너무 다른 신들이 존재했다. 아폴론과 디오니소스가 그들이다. 그래서 흔히 사람의 성격을 '아폴론형'과 '디오니소스형'으로 나누곤 한다. 그렇다면 아폴론적인 사람은 어떤 사람이고 디오니소스적인 사람은 어떤 사람일까? 아폴론은 태양의 신이다. 그리고 디오니소스는 술의 신이다. 태양과 술, 그 이미지를 그대로 연상하면 된다. 한마디로 아폴론은 이성을, 디오니소스는 광기를 대표한다.

아폴론과 디오니소스는 둘 다 서자 출신이다. 그러나 아폴론의 어머니는 신이고, 디오니소스의 어머니는 인간이었다. 태어날 때부터 이들은 다른 조건으로 태어났다. 아폴론은 태어나자마자 악기를 달라고 해서 제우스의 영광을 노래했다. 그리고 활을 들어 어머니 레토의 한을 풀어주었다. 그동안 어머니를 괴롭혀왔던 거대한 뱀 피톤을 쏘아 죽인 것이다. 아폴론은 올림포스의 12주신 중에서도 제우스 다음으로 숭앙받는 위치에 앉았다. 그는 태양의 신이자 예술의 신이었다. 신과 인간들은 아폴론을 '빛나는, 찬란한'이라는 뜻의 '포이보스' 아폴론이라고 불렀다.

그러나 디오니소스는 어떤가. 그는 처음에는 12신에 끼지도 못하다가 나중에서야 겨우 화로의 여신인 헤스티아를 대신해서 12주신에 끼어들었다. 로마 이름으로는 '바쿠스', 영어로는 '바카스'인 디오니소스는 술의 신이면서 광란과 야성의 신이었다.

제 우 스 와 에 우 로 페 의 사 랑

—

디오니소스를 이해하기 위해서는 제우스가 에우로페를 사랑한 이야기부터 시작해야 한다. '유럽Europe'이라는 지명은 그리스로마신화에 나오는 에우로페의 이름에서 왔다. 에우로페는 페니키아의 아름다운 공주였다. 제우스는 에우로페를 보자마자 첫눈에 반했다. 에우로페에게 어떻게 접근할까 고민하던 제우스는 그녀가 소를 좋아한다는 것을 알게 되었다. 변신이 자유로웠던 제우스는 소 중에 가장 멋진 황소로 변신했다. 그리고 그녀 곁으로 다가갔다. 멋진 황소가 나타나자 에우로페는 호기심을 이기지 못하고 황소의 등을 가만가만 쓸어보았다. 그 감촉이 무척 좋았다. 그래서 에우로페는 자기도 모르게 그 황소의 등에 올라탔다. 그때를 이용해 제우스는 재빨리 달렸다. 순식간에 일어난 일이었다.

제우스는 그녀를 태우고 크레타 섬에 도착하고 나서야 제 모습을 드러냈고 동굴에서 에우로페와 정을 통했다.

제우스가 그녀를 태우고 달려간 대륙을 그녀의 이름인 '에우로페'라고 불렀는데 영어로는 '유럽'이다. 제우스는 에우로페와의 사이에 미노스, 라다만티스, 사르페돈, 세 명의 자녀를 두었다. 그리고 에우로페에게 선물을 주었는데, 절대로 과녁이 빗나가지 않는 창과 반드시 사냥감을 잡는 개, 그리고 귀찮은 방문자를 내쫓아주는 청동인간 탈로스가 바로 그 선물이었다.

제우스는 수많은 여자와 동침을 했지만 에우로페처럼 한 여자에게서 세 명의 자녀를 둔 경우도 없었고, 더구나 에우로페에게 한 것처럼 큰 선물을 챙겨주지도 않았다. 제우스는 그 누구보다 에우로페를 사랑했다. 에우로페와 헤어진 후에 테베의 공주 세멜레를 보고 반한 이유도 세멜레가 에우로페와 똑같이 닮았기 때문이었다. 세멜레는 바로 에우로페의 조카였다. 그리고 나중에 디오니소스의 어머니가 되었다.

니사의 제우스, 디오니소스

———

제우스가 세멜레의 침실을 찾았다는 사실을 제우스의 아내 헤라가 알게 되었다. 헤라는 세멜레의 유모로 변장하고 세멜레에게서 사랑 이야기를 들었다. 제우스에게 푹 빠진 세멜레는 신이 나서 제우스 자랑을 해댔다. 질투로 일그러진 헤라는 세멜레를 충동질했다.

"제우스의 모습을 본 적 있어요? 가짜 제우스일지도 모르잖아요."

세멜레는 그날 밤 제우스에게 "내 부탁을 들어줄 수 있어요?"라고 물었다. 제우스는 물론이라고 대답했다. 그러자 세멜레는 "당신의 모습을 보여주세요"라고 보챘다. 어쩔 수 없이 제우스는 신의 모습을 하고 그녀의 방에 나타났다. 그때 신의 몸에서 뿜어나오는 광채 때문에 세멜레는 타들어가 재가 되고 말았다. 그런데 세멜레의 배 속에는 이미 생명이 깃들어 있었다. 제우스는 그 태아를 기르기 위해 자기의 허벅지를 가르고 넣었다. 달이 차자 제우스는 허벅지를 갈라 아이를 꺼냈는데, 그 아이가 바로 디오니소스였다.

그후 제우스는 헤라의 눈을 피해 아기를 니사에 보내 님프들에게 맡겨 키웠다. 그래서 '니사의 제우스'라는 뜻의 '디오니소스'라고 부르게 되었다. 디오니소스는 니사의 산과 들을 누비며 포도를 발견했다. 그리고 술을 빚는 방법도 알게 되었다. 헤라가 디오니소스의 존재를 알게 되었다. 그때까지도 분노를 거두지 않은 헤라는 디오니소스를 미치광이로 만들었다. 여기저기 미치광이처럼 떠돌아다니는 디오니소스를 안쓰럽게 생각한 레아가 그에게서 광기를 없애주었다. 그후에도 디오니소스는 방랑을 계속했다. 그리고 가는 곳마다 포도 재배법과 포도주 제조방법을 전했다.

인도를 끝으로 오랜 방랑을 마치고 디오니소스는 고향인 테베로 돌아왔다. 그는 머리에 포도 넝쿨로 만든 관을 쓰고 한 손에는 솔방울이 달린 지팡이를, 다른 손에는 술잔을 들고 나타났다. 그를 테베 사람들은 열광적으로 환영했다. 그리고 결국에는 그를 숭배하는 밀교가 생겨났다. 술로 인해 도취와 해방을 맛본 사람들이 그를 열렬히 따랐다.

술의 신 디오니소스를 위한 축제가 이어졌다. 디오니소스 축제는 술에 취해 춤을 추며 무아지경에 빠져드는 쾌락의 축제로 변했다. 가면을 쓴 모습으로 술을 마시고 춤을 추며 체력이 소진될 때까지 쾌락을 즐기다가 지쳐 쓰러져 그 자리에서 잠이 들면 축제가 끝났다. 디오니소스를 따르는 사람들, 그중에서도 미친 듯이 따라다니며 디오니소스와 축제를 벌이는 사람들이 있었는데 그들을 '마니아'라고 불렀다. 마니아는 영어로 열광, 열기라는 뜻이고 그리스어로는 광기라는 뜻을 지녔는데, 지금은 '무엇인가에 몰두하는 사람'을 뜻한다. 디오니소스는 광기 그 자체를 즐기기보다는 광기를 통해 어떤 진리를 찾으려 했다.

반면에 아폴론은 아름다운 형식을 통해 진리를 찾으려고 했다. 디오니소스와 아폴론은 방식은 달랐으나 추구하는 목표는 같았다. 이성과 광기는 달라도 너무 다르다. 그러나 결국은 한곳으로 걸어간다.

우리가 존재하는 이유는 다름에 있는지도 모른다
—

우리는 나와 다른 그 사람을 인정하지 않으려는 경향이 있다. 그래서 사회는 모든 것이 양분화되어간다. 진보와 보수 양극의 사태를 봐도 그렇고, 남자와 여자 간의 이해 부족에서 오는 문제들을 봐도 그렇고, 젊은 세대와 기성세대의 세대차이, 상사와 부하직원 간의 마찰을 봐도 그렇다. 물고기나 새의 눈은 서로 상반된 방향을 동시에 볼 수가 있다고 한다. 그러나 사람의 눈은 그렇지가 않다. 고개를 돌리거나 돌아서지 않는 한 한쪽만 볼 수가 있다. 그래서 우리는 한쪽만 보고 다른 쪽은 보지 못하는 걸까? 내 방식처럼 다른 사람의 방식도 인정하는 것, 한쪽만 보던 시선을 조금 넓게 움직여보는 것이 그토록 어려운 것일까?

하다못해 정신을 집중하는 방법도 사람마다 다르다. 베토벤은 해이해질 때마다 얼음물을 머리에 뒤집어썼고, 디킨슨은 항상 몸을 북쪽으로 향하고 글을 썼다고 한다. 그런가 하면 롯시니는 담요를 뒤집어쓰고 작곡했고, 발자크는 수도승처럼 흰옷을 입고 글을 썼다. 옷을 모두 벗고 연주해야 잘되는 바이올리니스트도 있고, 시끄러운 록을 들으면서 그림을 그려야 잘되는 화가 얘기도 주변에서 들었다. 그런데 나와 작업 스타일이 다르다고 해서 "그 사람, 미쳤군!"이라고 할 수 있을까? 나와 다른 차림을 하고 있다고 해서 그 사람의 인간성 자체를 부정할 수 있을까?

"나는 짐승은 기는 일에 능하지 못하다"는 속담이 있다. 소는 뿔이 있지만 그 대신 물 줄 모르고, 호랑이는 날카로운 이가 있지만 그 대신 뿔이 없고, 사자도 쥐를 잡는 데는 고양이만 못하고, 꿩을 잡는 데는 매가 제일이고, 다람쥐는 꼬리에 털이 많아서 나무를 오르락내리락할 때 그 꼬리가 균형을 이뤄준다. 그러니까 세상 만물은 모두 저마다 타고난 재능이 다 있다는 얘기다.

사람도 물론 누구나 어떤 분야에 타고난 능력이 있다. 그런데 혹시 다람쥐의 재능을 가진 그에게 사자의 재능을 흉내내라고 하는 건 아닐까? 제비꽃인 그에게 해바라기를 피워내라고 하는 건 아닐까? "이것만은 내가 누구보다 잘할 수 있다" 그런 그의 재능을 인정해주고 꿈으로 삼을 수 있도록 지켜봐주는 것, 그것이 진정한 관심이며 사랑이다.

어쩌면 우리가 존재하는 이유는 '다름'에 있는지도 모른다. 다르다는 것만큼 특별한 것은 없다. 이 세상에 오직 하나이기 때문이다. 남과 다르기 때문에 나는 특별하다.

이기는 것보다
지는 것이 더 행복하다

'아틀란테'의 달리기

사랑한다고 말하는 일, 어렵지 않다. 입술을 열어 사랑한다고 말하면 그만이다. 사랑하는 사람에게 선물을 주는 일, 어렵지 않다. 그 사람이 좋아하는 모습을 상상하며 정성껏 선물을 마련하면 된다. 함께 기뻐해 주는 일도 쉬운 일이다. 같이 웃어주고, 잘했다고 격려해주면 된다.

그런데 그 사람이 아파할 때, 그 사람이 불행할 때, 그 사람이 추락했을 때, 그 사람이 이제 다시는 일어설 수 없을 정도로 절망할 때 그때에도 여전히 사랑하는 마음을 주는 일은 참 어려운 일이다. 잘나갈 때는 그토록 자신감에 넘치던 사람도 절망의 순간에 맞닥뜨리면 열등감에 빠진다. 세상이 모두 잔인하게 느껴지고 그 어떤 사람의 호의도 왜곡해서 받아들인다. 그럴 때 그 사람보다 더 힘든 사람은 그의 곁에 있는 사람이다. 더 지치는 사람도 옆에 있는 사람이다. 그래서 뭔가에 실패한 사람들은 사랑에도 실패하는 경우를 많이 본다.

그러나 사랑의 자격은 힘든 그의 곁에 오래오래 머물러줄 수 있는 마음이다. 아플 때, 어둠 속에 있을 때, 나락에 빠져 있을 때 그의 곁에서 조용히 지켜보며 함께 아파할 줄 아는 마음이다. 오랜 기다림 끝에 비로소 그가 어둠의 터널에서 빠져나왔을 때 환한 꽃다발을 안겨줄 줄 아는 마음이다.

아틀란테의 달리기 경주

신화 속에 등장하는 용맹한 여자 중에서 아틀란테는 특히 달리기를 잘했다. 아르카디아의 왕 이아소스와 클리메네 사이에서 태어난 아틀란테는 태어나자마자 산속에 버려졌다. 단지 아들이 아닌 딸이라는 이유에서였다. 숲속에 버려진 아틀란테는 곰의 젖을 먹고 자라다가 사냥꾼에게 발견되었다. 그후로 아틀란테는 사냥꾼 밑에서 사냥을 배우며 산속에서 뛰어놀며 자라났다. 바느질을 하거나 식사 준비를 하는 것에는 관심이 없었다.

어느 날인가는 켄타로스족에게 겁탈을 당할 뻔한 일이 있었는데 결투를 붙어 이겼다. 모험을 좋아해서 아르고 원정대에도 지원했다. 그러나 원정대의 대장 이아손은 아탈란테가 능력은 충분하지만 여자가 남자들과 같이 배에 타면 안 된다는 이유로 그녀를 데리고 가지 않았다. 어느 날인가는 아르테미스 여신이 칼리돈의 왕 오이네우스를 벌하기 위해 보낸 거대한 멧돼지를 뒤쫓아가 물리치기도 했다.

산속에 버렸던 딸이 훌륭하게 자랐다는 소식을 들은 이아소스는 마음이 변해 아탈란테를 다시 자식으로 받아들였다. 아름다운 미모에 뛰어난 능력을 갖춘 아틀란테 공주에게 수많은 청혼자들이 몰려들었다. 그러나 아틀란테는 아르테미스 여신처럼 평생 처녀로 지낼 생각이었다. 그녀에게는 두려움이 있었다. "결혼하면 남편이 동물로 변할 것"이라는 신의 예언이 있었기 때문이었다.

그러나 남자들의 청혼이 끈질기게 이어졌다. 고민하던 아틀란테는 남자들의 청혼을 거절할 방법을 찾았다. "나와 달리기 경주를 해서 이기는 사람과 결혼할게요. 하지만 지는 사람은 목숨을 내놔야 할 겁니다."

그럼에도 불구하고 많은 남자들이 아틀란테에게 청혼하기 위해 경주를 벌였다. 그러나 모두 패배해서 목숨을 잃어야 했다. 경주할 때 아탈란테는 무장한 채로 달렸고, 청혼자들은 몸을 가볍게 하기 위하여 벌거벗고 달렸으나 바람처럼 빠른 그녀를 이길 수 없었다.

히포메네스라는 청년은 달리기 경주의 심판을 보다가 아틀란테에게 반하고 말았다. 그러나 그녀와 달리기 시합을 해서 이길 승산이 없었다. 히포메네스는 아프로디테에게 간절히 소원을 빌었다. 제발 아틀란테와 결혼하게 해달라고……. 히포메네스의 기도가 얼마나 간절했던지 아프로디테는 그 기도를 들어주고 싶었다. 어느 날 히포메네스가 간절한 기도를 올리고 있는데 그 앞에 아프로디테가 나타났다. 놀라서 바라보는 히포메네스에게 아프로디테는 황금사과 세 개를 건네주었다.

누군가를 사랑하는 마음은 식물과 같다

—

아프로디테의 황금사과 세 개에 용기를 얻은 히포메네스가 공주에게 달리기 경주를 신청했다. 아틀란테 공주는 히포메네스를 보자 마음이 흔들렸다. 지금까지 본 남자들 중에 가장 마음에 들었다. 경주가 끝나면 그 청년이 목숨을 잃을 생각을 하니 마음이 아팠지만 어쩔 수 없었다. 달리기 시합이 시작되었고, 히포메네스는 황금사과 세 개를 들고 경주에 나갔다.

아틀란테가 앞서가는 것은 당연했다. 히포메네스는 아틀란테가 앞서갈 때마다 그녀 앞에 황금사과를 하나씩 던졌다. 아틀란테는 세 번이

나 황금사과를 줍느라고 주춤하였고 그 사이에 히포메네스가 앞서 달렸다. 결국 히포메네스가 승리했다. 어쩌면 아틀란테는 히포메네스가 마음에 들어서 일부러 사과를 주웠던 것은 아닐까. 아틀란테는 난생처음 달리기에서 졌지만, 승리보다 패배가 더 달콤했고 행복했다. 이기는 것보다 지는 것이 더 기뻤다. 그와 결혼할 수 있었으니까.

그런데 두 사람은 사랑에 도취되어 아프로디테의 신전에서 밤을 보내고 말았다. 성스러워야 할 신전에서 밤을 보냈다는 사실에 화가 난 아프로디테는 신을 모독한 죄로 두 사람 모두 사자로 변하게 했다. 결국 신의 예언대로 남편은 동물로 변했다. 그러나 아틀란테 역시 동물로 변했다. 그러니 행복했다. 같이 있을 수 있었으니까.

화초를 키우다보면 식물의 뿌리는 물이 있는 곳을 향해 움직인다는 것을 알게 된다. 또 꽃나무 줄기는 햇빛을 향해서 방향을 튼다. 어느 한 방향으로 뿌리를 내리고 방향을 트는 식물을 보면, 우리가 누군가를 사랑하는 마음 역시 식물과 같다는 생각을 하게 된다. 사랑을 하는 사람의 마음은 그 대상을 향해서 쉬지 않고 움직인다. 그러고 보면 누군가를 사랑하는 마음은, 식물의 뿌리가 물을 머금어 성장하고 꽃의 줄기가 햇빛을 받아 성장하는 것처럼 자기 자신을 성장시킨다는 것을 알게 된다.

농부는 더 많은 씨앗을 얻기 원할 때 오히려 씨를 가져와서 땅에다 뿌린다고 한다. 마찬가지로 내가 얻고 싶은 그 무엇이 있다면 먼저 그것을 상대방에게 주어야 한다. 만일에 내 인생 전부를 바쳤는데 돌아오는 것이 없다고 말한다면, 그것은 준 게 아니라 계산을 하고 있었던 건 아닌지 생각해봐야 할 것이다.

죽음이 있기에
생이 소중하다

'시빌레'의 서책

독일 속담 중에 '늙는다는 것은 신의 은총'이라는 말이 있다. 장 폴 사르트르도 이렇게 단언했다. "나이듦은 또하나의 축복"이라고.

그러나 과연 늙고 싶은 사람이 있을까? 늙고 싶지 않다는 것은 곧 죽고 싶지 않다는 것과 통한다. 죽고 싶은 사람은 없다. 모두 살고 싶어한다. 그것도 아주 오래오래 살고 싶어한다. 그러나 만일 영원히 죽지 않고 살아 있다면? 그것은 축복일까, 형벌일까?

그리스신화에는 영원히 죽지 않는 여인이 나온다. 그녀의 이름은 시빌레. 시빌레는 무녀를 총칭하기도 하지만 원래는 아름다운 한 여인의 이름이었다. 아폴론은 뜨거운 태양의 신답게 정열적이어서 아름다운 여인을 보면 사랑에 잘 빠졌다. 아폴론은 시빌레에게 구애하며 이렇게 약속했다.

"내 사랑을 받아준다면 무슨 소원이든 들어주겠소."

시빌레는 손에 한 움큼의 모래를 쥐고 이렇게 말했다.

"그렇다면 이 모래알 수만큼 오래 살게 해주세요."

영원히 사는 것은 인간이 할 수 없는 신의 영역이었다. 그러나 아폴론은 그녀의 부탁을 들어주었다. 그런데 시빌레가 깜빡 잊고 놓친 것이 있었다. 그것은 젊음이었다. 모래알의 수만큼 오래 살지만 젊은 모습 그대로 살게 해달라는 말을 미처 하지 못한 것이다.

시빌레는 결국 늙고 지친 몸으로 무수히 많은 세월을 살아야 했다. 칠백 년도 넘게 살고 나니 시빌레의 소원은 오직 한 가지였다.

"제발 나를 죽게 해주세요."

늙어서 몸이 점점 줄어든 시빌레는 병 속에 넣어져 동굴의 천장에 매달려 있었다. 죽고 싶다는 소원 하나를 마음에 품고서……

영원히 살았으나 불행했던 여자, 시빌레

시빌레에게서 나온 용어가 있다. '시빌레의 서책'이라는 것이다. 시빌레는 늙은 몸을 이끌고 고대 로마의 타르키니우스 왕정 때, 왕에게 예언집을 팔았다. 시빌레는 아홉 권의 예언집을 가지고 왕을 찾아갔다. 그 예언집의 가격은 어마어마했다. 왕은 코웃음 치며 거절했다.

시빌레는 예언집 아홉 권 중에서 세 권을 태워버렸다. 얼마 후 남은 여섯 권을 가지고 왕을 찾아갔다.

"여섯 권의 책을 사지 않겠소? 가격은 전에 부른 것과 똑같아요."

세 권이나 줄었는데 아홉 권의 가격에 여섯 권을 팔겠다니, 왕은 화를 내며 노파가 된 시빌레를 내쫓았다. 시빌레는 책 세 권을 다시 불태워버렸다. 그리고 얼마 후 이제는 세 권 남은 책을 들고 왕을 찾아갔다.

"세 권 남았는데 이 책을 사세요. 값은 처음에 불렀던 그대로예요."

왕은 뭔가 이상한 생각이 들어서 사제들에게 의논했다. 사제들은 남은 세 권이라도 어서 사라고 했다. 왕은 세 권의 책을 샀다. 시빌레가 돌아간 후 책을 펼쳐본 왕은 깜짝 놀랐다. 거기에는 로마의 운명에 관한 예언이 적혀 있었다. 그러나 세 권밖에 없었기 때문에 미래의 일부만을 알 수 있었다. 이 책들은 나중에 신전에 보관되어 특정한 관리에게만 열람이 허용되었다고 한다. 그리고 국가에 중대사가 생겼을 때 책에 적힌 신탁을 해석하여 국민들에게 전달하였다고 한다.

왕은 시빌레를 노파라고 업신여기며 그녀가 권한 책을 모두 사지 않았던 것을 몹시 후회했다. 아무리 탄식해도 소용없었다. 나머지 여섯 권은 시빌레가 이미 불태워버렸기 때문이었다. 바로 이 이야기에서 '시빌레의 서책'이라는 용어가 생겼다. 아무리 좋은 기회가 와도 그것을 잡지 못하면 아무런 소용이 없다는 뜻이다.

영원히 살았으나 그래서 불행했던 여자 시빌레. 나중에는 '죽게 해달라'는 소원 하나만 품고 살아야 했던 그녀가 우리에게 전해준다. 죽음을 두려워하지 말고 축복처럼 받아들이라고. 죽음이 있기에 주어진 생이 소중한 것이라고.

우리는 인생이 너무 짧다고 한탄한다. 그러나 짧기 때문에 아름다운 것이 얼마나 많은가. 우리의 삶 역시 언젠가는 죽기 때문에, 그래서 소중하고 그래서 아름답다.

장화에 묻은 진흙은
털어야 걸어갈 수 있다

'다이달로스'의 복수

세상은 곧 '나를 비추는 거울'이라는 말들을 한다. 내가 세상을 향해 웃으면 세상도 나를 향해 웃고, 내가 세상을 향해 화를 내면 세상도 나를 향해 화를 낸다는 것이다. 그런데 간혹 이런 생각이 들 때가 있다. 나는 세상을 향해 웃었는데 세상은 나를 향해 늘 찌푸린다. 세상을 향해 온 힘을 다해 좋은 것을 내놔도 세상은 발길질하기 일쑤다. 사랑을 주어도 미움만 돌아오고, 믿음을 주면 배신으로 갚는다.

이런 느낌에 빠져들 때는 괴로운 것이 사실이다. 그런데 『정글북』의 작가 키플링은 그의 아들에게 주는 편지에서 '확률'을 전하고 있다. 세상을 좋게 대하면 세상이 나를 좋게 대할 확률이 높아지는 것이고, 내가 최선을 다하면 세상이 그것을 알아줄 확률이 높아진다는 것이다. 아니, 어쩌면 확률 이전에 나 자신에게 떳떳해지는 길을 전하고 있는지도 모른다.

세상을 향해 웃는 것은 곧 나를 향해 웃는 것이고, 세상을 향해 온 힘을 다해보는 것은 내가 나 자신에게 떳떳해지기 위한 것이다. 용서 또한 그렇다. 상대를 위한 것이 아니라 나를 위해서 용서하는 것이다.

신화 속에는 수많은 복수 이야기가 나온다. 당하면 갚아주고 그렇게 당한 자는 또 갚아주고……. 피가 피를 부르고 복수가 다시 복수를 낳는다.

미노스 왕의 추적

―

다이달로스 역시 아들의 목숨을 앗아간 자에게 처절한 복수를 했다. 다이달로스는 아들 이카로스와 함께 미노스 왕이 가둔 미궁 속에서 탈출했다. 그런데 아들 이카로스는 다이달로스의 말을 듣지 않고 하늘에 너무 높이 날아올랐다가 바다에 추락해 죽고 말았다. 다이달로스는 아들의 장례식을 치러주고 나서 시칠리아로 갔다. 미노스 왕이 추적해 올 것을 두려워한 다이달로스는 시칠리아의 코칼로스 왕의 궁전에 숨었다.

한편, 다이달로스가 새의 깃털을 모아 밀랍으로 붙여 하늘을 날아 탈출한 것을 알게 된 미노스 왕은 다이달로스를 찾는 데 총력을 기울였다.

"모든 나라를 샅샅이 뒤져 다이달로스를 잡아와라!"

왕은 사방으로 사람을 보내 다이달로스를 찾았다. 당시 크레타는 그리스에서 최강국이었다. 미노스는 모든 나라에 엄포를 놓았다.

"다이달로스를 숨겨주지 마시오. 만일 다이달로스를 그 나라에 받아주면 전쟁도 불사할 것이오!"

그런데도 다이달로스는 찾을 수 없었다. 고심 끝에 미노스 왕은 한 가지 꾀를 내었다. 다이달로스만이 풀 수 있는 문제를 내면 그를 찾을 수 있을 것이었다. 미노스 왕은 모든 왕국에 회오리 모양을 한 조개껍데기를 보냈다. 그리고 문제를 내고 그것을 풀게 했다.

"이 조개껍데기에 실을 꿰려면 어떻게 해야 하는가?"

코칼로스 왕이 그 문제를 받고 고민하고 있다가 다이달로스를 불렀다. 다이달로스는 쉽게 그 문제를 풀었다. 개미의 허리에 실을 감아 껍질 구멍 속으로 넣어서 실을 꿴 것이다.

그 어떤 왕국의 왕도 그 문제를 푸는 사람이 없었지만 코칼로스 왕이 조개껍데기에 실을 꿰어 보냈다. 미노스는 그것을 받아들고 소리쳤다.

"코칼로스에 다이달로스가 있다!"

복수심은 인생을 가두는 감옥이다

—

미노스는 코칼로스 왕을 찾아가서 "당장 다이달로스를 넘기라!"고 고함쳤다. 그러나 그 당시 다이달로스는 코칼로스를 위해 요새를 짓고 있었다. 코칼로스 왕은 미노스의 요구를 들어줄 수가 없었다.

화가 난 미노스는 군대를 이끌고 와서 그 궁전을 포위했다. 두려움을 느낀 코칼로스 왕은 하는 수 없이 말했다.

"다이달로스를 건네주겠습니다. 우선은 들어오시지요."

하지만 미노스는 바로 다시 명령했다.

"다이달로스, 그놈이 어디 있느냐? 당장 내 눈앞에 데리고 오라!"

그러나 코칼로스는 그를 걱정 말라고 안심시키고는 목욕을 권했다.

"피곤하실 텐데 목욕부터 하시지요."

코칼로스의 세 딸이 미노스의 목욕 시중을 들었다. 그런데 목욕은 다이달로스가 파놓은 함정이었다. 건물의 구조를 잘 알고 있는 다이달로스는 목욕물이 흘러가는 관으로 뜨거운 납물을 부었다. 목욕을 하던 미노스는 뜨거운 납물을 뒤집어쓰고 고통스럽게 죽어갔다.

이 신화는 다이달로스의 이야기를 통해 우리에게 전해준다. 마음의 감옥에서 그만 해방되라고……. 미노스는 다이달로스를 향한 복수심을 거둬야 했다. 미노스에게 그 복수심은 인생을 가두는 감옥과 다르지 않았다. 그리고 결국은 그 복수심이 그의 인생을 앗아가고 말았다.

오늘과 내일을 암담하게 전망하며 쓸데없이 걱정하는 '근심'의 감옥, 지난 것은 모두 아름답고 현실은 초라하게 생각하는 '향수'의 감옥, 그리고 다른 사람의 것을 부러워하는 '선망'의 감옥, 다른 사람이 잘되는 것을 싫어하는 '증오'의 감옥……. 이렇게 우리는 알게 모르게 마음에 감옥을 여러 채 지어놓고 산다. 마음의 감옥을 지은 것도 나 자신이고 그 감옥 문을 열어주지 않는 것도 나 자신인데 결국 나 자신이 괴로워하고 답답해한다.

장화에 진흙이 묻으면 무거워서 앞으로 걸어갈 수 없다. 그러니 그 진흙을 털고 가볍게 걸어가야 한다. 마음이 자유로워지는 길, 내가 만든 그 감옥의 창살을 여는 열쇠는 바로 내가 내 손안에 쥐고 있다.

완전히 이해할 수는 없어도
완전히 사랑할 수는 있다

'페르세포네'를 사랑한 '하데스'

세상의 역사 중에 가장 위대한 역사는 바로 가족의 역사가 아닐까? 사랑해서 결혼하고 아옹다옹 싸우고 집을 사고팔고 빚을 지고 그 빚을 갚고 저축하고 계획을 세우고⋯⋯. 서로 사랑하고, 미워하고, 화해하고, 걱정하고, 아플 때 간호해주고, 함께 고민하고, 해결하고, 함께 기뻐하고, 슬퍼하고⋯⋯.

그게 바로 가족이다. 그러니 가족의 역사는 그 어떤 역사보다 위대하다. 영화 〈흐르는 강물처럼〉에서도 이런 대사가 나온다. "우린 가족이야. 가족은, 완전히 이해할 순 없어도 완전히 사랑할 수는 있어."

무조건 사랑하고 무조건 한편이 돼줄 수도 있는 것이 가족이다. 열이 나는 이마 위에 얹어주는 찬 물수건, 상처를 치유해주는 약효 좋은 연고, 힘들 때 도망칠 수 있는 파란 비상구⋯⋯ 이 세상의 작은 우주, 바로 가족이다. 신화 속에도 가족은 서로 사랑하며 온전히 한편이 되어준다. 그중에서도 데메테르가 딸을 사랑하는 이야기는 깊은 울림을 준다.

하데스는 죽음을 관장하고 지하세계를 다스리는 신이다. 하데스는 '보이지 않는 곳'을 뜻하는데, 그것은 곧 죽은 자들의 세계를 의미한다. 그리스인들은 하데스의 이름을 함부로 입에 올리지 않았다. 두려웠기 때문이다. 그들은 하데스 대신에 '부유한 자'라는 뜻의 '플루톤'이라는 별칭을 주로 사용했다. 땅속에 금과 은처럼 귀한 보물이 묻혀 있다는 믿음에서 나온 별칭이었다. 그런가 하면 로마인들은 하데스를 '플루토'라고 불렀다.

딸을 잃은 어머니의 슬픔

—

저승문의 입구를 지키는 괴물 케르베로스는 지하세계에 들어온 영혼이 빠져나가지 못하게 하는 수문장이었다. 케르베로스와 함께 지하세계의 하데스를 수호하는 이가 있었는데, 그는 죽은 자들의 영혼을 실어 나르는 뱃사공 카론이었다. 인간이 죽으면 영혼을 인도하는 헤르메스를 따라 지하세계의 경계지점까지 내려가고, 그곳에서 아케론 강부터 스틱스 강까지 건네주는 뱃사공 카론을 만나게 된다.

하데스는 혼자서 어두컴컴한 지하에 앉아 있으려니 답답한 생각이 들었다. 마차를 끌고 지상으로 올라온 하데스는 그 순간 눈길을 잡아끄는 여자를 보게 되었다. 수선화를 따기 위해 고개를 숙인 페르세포네였다. 하데스는 마차를 돌려 페르세포네에게 돌진했다. 그러고는 그녀를 덥석 안고 마차에 태우고는 지하세계로 들어갔다. 눈 깜짝할 사이에 일어난 일이었다. 페르세포네는 제우스와 데메테르 사이에서 낳은 딸이었다. 수확과 풍요를 관장하는 여신 데메테르는 사랑하는 딸이 실종되자 미친듯이 찾아 다녔다. 그러나 아무도 페르세포네를 봤다는 이가 없었다.

곡물의 여신 데메테르가 딸을 잃은 시름에 잠기자 곡물이 싹을 틔우지 못했다. 세상의 초목이 모두 시들시들했다. 세상에는 비탄의 소리가 가득했다. 그런 어느 날 데메테르는 하데스가 딸을 납치한 사실을 알게 되었고, 크게 분노했다. 데메테르가 분노하자 세상에 큰 기근이 닥치고 말았다.

제우스는 두고만 볼 수가 없어서 하데스에게 페르세포네를 돌려보내라고 했다. 그러나 하데스는 이미 그녀를 돌려보내지 않으려고 손을 써 둔 상태였다. 페르세포네에게 지하세계의 음식인 석류를 주었고 그녀가 그것을 먹어버린 것이었다. 지하세계에서 뭔가를 먹은 사람은 결코 지상으로 돌아갈 수 없었다.

제우스는 하데스에게 조건을 제시했다. 페르세포네가 먹은 석류알 개수만큼 달로 환산해서 일 년 중에 3분의 2는 지상에서 지내고, 나머지 3분의 1은 지하세계에 머물도록 한 것이었다. 하데스는 그렇게 하기로 했고 협상은 이루어졌다. 페르세포네가 어머니와 함께 지내는 동안에는 온 대지에 푸르른 싹이 트고 열매를 맺었다. 그 계절이 바로 봄이었다. 그러나 하데스에게 다시 돌아가 지내는 동안에는 어둡고 추운 삭막한 대지가 되었다. 겨울이 온 것이었다.

가족은 그런 사람이다

—

사랑하는 사람의 어깨에 기대어본 적 있는지……. 그 어깨에 기대니 나도 모르게 눈물이 났던 적이 있는지……. 사랑하는 사람의 어깨에 기대면 눈물이 나는 이유, 지난날이 고되었거나 앞날이 어둡지도 않은데 뺨을 그 어깨에 기대면 가슴 밑바닥으로부터 투명한 물방울이 솟구치는 이유, 그것은 바로 그 어깨가 세상을 곱게 바라볼 수 있는 아름다운 자리이기 때문이다.

　우리는 각자 힘겹게 날갯짓을 하다가 그 고단한 날개를 접고 쉴 수 있는 저마다의 휴식의 자리가 있다. 힘차게 날아갈 때는 세상이 마치 전쟁터처럼 보이지만 그곳에서 쉴 때의 세상은 아름다운 천국처럼 보인다. 그래서 그곳에 뺨을 기대면 나른한 고단함과 함께 한 줄기 눈물이 솟아나곤 한다. 페르세포네에게 그 자리는 바로 어머니의 품속이었다. 데메테르에게도 그 자리는 바로 딸의 품속이었다.

　우리가 사는 인생의 지점이 사막처럼 느껴질 때가 있다. 비도 내리지 않고 나무도, 풀도 자라지 않는 곳, 더구나 꽃은 피어날 생각도 못하는 곳…… 끝없이 펼쳐진 모래사막을 낙타처럼 슬픈 눈망울을 하고 터벅터벅 걸어가고 있다는 생각이 들기도 한다. 이럴 때 멀리 신기루처럼 떠오르는 존재가 있다. 사랑하는 사람…… 그가 뿌연 안개비처럼 내 곁에 다가온다. 그러면 갑자기 사막의 모래알들이 밀알로 변한다. 깜깜한 밤, 사막의 등불처럼 꽃이 피어난다. 가족은 바로 그런 사람이다.

최고의 상은
내가 나에게 주는 상이다

'헤라클레스'의 열두 과업

미국의 유명한 야구감독인 토미 라소다는 리더의 역할이 얼마나 어려운지에 대해 이렇게 토로했다. "손안에 비둘기를 쥐고 있는 것과 같다. 너무 강하게 움켜쥐면 비둘기가 죽을 테고, 너무 약하게 쥐면 비둘기는 날아갈 것이다." 그렇게 리더의 역할은 참 어렵다. 홍사중의 『리더와 보스』를 보면 아이젠하워 장군의 일화가 나온다. 아이젠하워 장군은 끈을 탁자 위에 올려놓고 이렇게 말했습니다. "이 끈을 당겨보세요. 그러면 끈은 얼마든지 당신이 원하는 곳으로 따라갈 것입니다. 그러나 끈을 밀면 아무 데도 가지 못할 겁니다. 사람을 이끌 때의 요령도 이와 똑같습니다."

'보스'와 '리더'는 서로 많이 다르다. 보스는 강요하지만 리더는 그들을 부드럽게 이끈다. 보스는 "나"라고 말하지만 리더는 "우리"라고 말하고 보스는 "가라"고 명령하지만 리더는 "가자"고 권한다. 보스는 겁을 주지만 리더는 희망을 주고, 보스는 실수를 비난하지만 리더는 실수를 수정해준다. 보스는 지루하게 일하지만 리더는 흥미롭게 일하고, 보스는 "예스"라는 말을 듣는 귀 하나뿐이지만 리더는 "노"라는 말을 듣는 귀까지 포함해서 합이 두 개다. 권위적이고 이기적이고 권력 취향인 '보스의식', 이것만 가지고는 새로운 시대의 진정한 리더가 될 수 없다. 이제는 리더의 덕목으로 재주보다 '덕'을 우선으로 꼽는 분위기다.

'덕승재德勝才'라고 덕이 재주를 이긴다는 말에 공감이 간다. 재주와 덕을 다 갖추면 금상첨화겠지만 재능이 있어도 덕을 키우려는 노력이 필요하다. 앞에서 이끌기 위한 리더의 조건, 그것은 무력의 힘도, 권력의 힘도 아닌 마음의 힘이요, 정신의 힘이다. 멋진 리더가 되고 싶다면 나이나 계급으로 누르려고 할 게 아니라 전문성과 열정, 그리고 인품과 덕으로 리드해야 한다. 그런 리더의 조건에 딱 맞는 영웅은 아마도 헤라클레스가 아닐까?

자신의 죄를 씻기 위한 헤라클레스의 여정

—

헤라클레스를 극도로 미워한 여신 헤라는 헤라클레스를 죽이려고 온갖 방법을 다 써봤지만 소용없었다. 헤라의 증오를 피해 무사히 청년이 된 헤라클레스는 메가라와 결혼해서 세 명의 자녀를 낳았다. 그러나 헤라는 행복하게 사는 그를 가만히 내버려두지 않았다. 어떻게 하면 헤라클레스를 가장 고통스럽게 만들까, 고민하던 헤라는 헤라클레스에게 광기를 불어 넣었다. 그 광기로 인해 헤라클레스는 순간적으로 이성을 잃고 자식들을 모두 죽이고 말았다. 제정신이 돌아오자 헤라클레스는 눈앞에 펼쳐진 처참한 광경을 보고 오열했다.

죄책감에 견딜 수 없던 헤라클레스는 그의 죄업을 씻기 위해 떠돌이 생활을 시작했다. 깊은 절망 속에서 도착한 곳이 바로 아폴론의 신전인 델포이였다. 델포이 신전으로 간 헤라클레스는 어떻게 하면 자신의 죄를 씻을 수 있는지 물었다. 그때 신의 응답이 들려왔다.

"죄를 씻기 위해서는 미케나이의 왕 에우리스테우스를 찾아가라. 그리고 그를 섬기면서 그가 내리는 열두 가지 과업을 완수하도록 하라."

그 열두 가지 과업은 너무나 힘들고 고통스러운 일이었다. 그 모든 과정이 헤라클레스의 목숨을 걸어야 하는 일이었다. 그래도 헤라클레스는 그의 죄를 씻을 수만 있다면 해내고 싶었다.

첫번째 과업은 네미아 계곡의 사자를 처치하는 것이었다. 두번째 과업은 레르나 늪의 히드라를 처치하는 일이었다. 세번째 과업은 케리네이아 산의 황금뿔 사슴을 생포하는 것이었다. 네번째 과업은 에리만토스 산의 멧돼지를 생포하는 일이었다. 다섯번째 과업은 스팀팔로스의 새떼를 쫓는 일이었다. 여섯번째 과업은 아우게이아스 왕의 외양간을 청소하는 일이었다. 일곱번째 과업은 크레타 섬의 미친 황소를 잡는 일이었다. 여덟번째 과업은 디오메데스가 기르는 식인 말을 생포하는 일이었다. 아홉번째 과업은 무서운 아마존 종족 여왕의 허리띠를 가져오는 것이었다. 그 모든 과업을 헤라클레스는 완수했다.

열두 과업을 마치고 죄를 씻은 헤라클레스

—

이제 헤라클레스에게는 마지막 세 가지 과업이 남아 있었다. 그 세 가지는 세계의 끝까지 가는 모험인데다가 죽음에 대한 상징적인 정복을 포함하고 있었다. 마지막 세 가지 과업 중에서 그 첫번째 모험은 머리가 세 개인 괴물 게리온이 소유하고 있는 소들을 훔쳐 오는 것이었다. 이 과업은 얼마나 오랜 시간이 걸렸는지 과업을 내린 에우리스테우스는 헤라클레스가 죽은 줄 알았다. 과업을 수행하다가 헤라클레스가 죽어버리기를 바랐던 에우리스테우스 왕은 헤라클레스가 붉은 소를 생포해서 돌아오자 깜짝 놀랐다.

다음 과업은 헤스페리데스의 황금사과를 따오는 일이었다. 헤스페리데스의 황금사과는 불사의 생명력을 가진 머리 백 개 달린 용과 헤르페리데스 요정이 지키고 있었다. 헤라클레스는 황금사과가 있는 동산의 위치를 몰라서 유럽과 아시아, 아프리카를 돌아다녔다. 그러다가 독수리에게 간을 쪼이고 있는 프로메테우스를 만났다. 헤라클레스는 활로 독수리를 쏘아 죽인 후 프로메테우스를 구해주었다. 이에 보답하기 위해 프로메테우스는 황금사과를 손에 넣는 방법을 알려주었다. 그것은 프로메테우스의 동생인 아틀라스를 찾아가 부탁하라는 것이었다. 그때 아틀라스는 제우스 신에게 하늘을 떠받치고 있는 벌을 받고 있었다. 헤라클레스는 프로메테우스의 조언대로 아틀라스를 찾아가 황금사과를 가져다달라고 부탁했다. 그리고 아틀라스가 황금사과를 가져오는 동안 하늘을 떠받치고 있는 일은 헤라클레스가 대신 해주었다.

마지막 과업은 저승의 입구를 지키는 파수견 케르베로스를 생포하는 일이었다. 헤라클레스의 마지막 과업은 열두 가지 중에서도 가장 위험한 일이었다. 케르베로스는 머리는 셋이고 등에는 온갖 종류의 뱀을 달고, 용의 꼬리를 가진 무시무시한 괴물이었다. 헤라클레스 혼자의 힘으로는 도저히 스틱스 강을 건너 하데스 왕국으로 들어갈 수가 없었다. 인간에게는 죽음의 세계에 들어가는 것이 허용되지 않았기 때문이다. 헤라클레스는 아테나의 도움으로 저승세계로 내려갔다. 그리고 맨손으로 그 개를 생포해 지상으로 올라왔다.

마지막 과업까지 성공적으로 마친 헤라클레스, 죽음까지도 정복한 헤라클레스는 마침내 모든 죄를 씻고 자유의 몸이 되었다.

스스로 내린 자유, 중요한 것은 나 자신이다

헤라클레스 하면 힘을 상징한다. 그래서 강하고 큰 것에는 헤라클레스의 이름을 빌려 수식하는 경우가 많다. '헤라클레스의 탑'은 스페인의 두번째 큰 도시의 항구에 있는 등대인데, 1세기 후반에 고대 로마인들이 만든 것으로 그 높이가 무려 55미터나 된다. 또 '헤라클레스 장수풍뎅이'도 있다. 가장 힘센 장수풍뎅이를 말한다.

힘의 상징인 헤라클레스도 자신의 죄를 씻기 위해 목숨을 건 험난한 과정을 거쳐야 했다. 그의 앞에는 무서운 적들이 있었다. 그러나 가장 무서운 적은 바로 자기 자신이 아니었을까. 나는 불행하게 태어났다는 자아의식, 나는 승리하지 못할 거라는 패배의식, 그래서 결국 포기하고 마는 자신이야말로 그 어떤 적보다 두려운 적이다. 헤라클레스가 위대한 이유는 바로 그런 자신과 싸워 이겼다는 점에 있다. 열두 가지 과업을 달성하고 나서도 헤라클레스가 불사신이 되는 데는 오랜 시간이 걸렸다. 그러니 억울할 수도 있었다.

그러나 진정한 성공이 무엇일까? 성공이란, 누군가 내 이름을 기억해주는 것일까? 성공이란, 가진 게 아주 많아서 맘대로 누리고 사는 것을 의미할까? 생각해보면 행복이 마음 안에 있는 것처럼 성공 역시 우리 마음 안에서 일어나는 현상이다. 내가 어떤 일을 이루어냈을 때 다른 사람이 쳐주는 박수도 물론 중요하다. 그러나 내가 나에게 보내는 박수의 맛에 비교될 수는 없다. 성공의 달콤함은 그렇게, 내가 내 안에서 느껴야만 가치가 있는 것이다. 어떤 일을 해냈는데 그 일이 세상 사람들에게는 아무것도 아니어서 박수 소리 하나 들리지 않는다고 해도…… 누

즐겁게 사는 것이 이기는 것이다　　　　　　　　　345

구 하나 나를 알아주는 사람도 없고 대단한 일을 했다고 칭송해주는 사람이 없다고 해도…… 스스로 그 일에 만족한다면 그것은 분명 성공이다.

그런 점에서 헤라클레스는 열두 가지 과업을 이뤄낸 자신이 뿌듯했다. 그래서 그는 누가 내려준 자유가 아니라 스스로 내린 자유를 얻어냈다. 중요한 것은 나 자신. 나 스스로 "참 잘했다!"고 어깨를 두드릴 수 있다면, "이 일을 하는 것이 참 행복하다"고 웃을 수 있다면, 그렇다면 이미 성공을 이룬 것이다.

아주 사소한 것이
가장 큰 것을 결정짓는다

'트로이'의 목마

장미와 백합이 아름답게 피어나는 정원, 그 아름다운 정원은 누구나 갖고 싶을 것이다. 그런데 아름다운 정원을 갖기 위해서는 가장 먼저, 아름다운 정원을 가지고 싶다는 꿈을 가져야 한다. 아름다운 정원에 대한 꿈을 꾸는 일은 누구나 할 수 있다. 그런데 "꿈을 꾼 후에 어떻게 했느냐", 그것이 곧 꿈을 이루느냐 이루지 못하느냐를 결정짓는다. 소망하지 않으면 꿈은 시작도 안 된다. 그리고 소망만으로 얻을 수 있는 것도 별로 없다. 소망을 품은 후에 그것을 이루기 위해 뭔가를 시도하는 것, 그 실행과 노력이 중요하다.

트로이전쟁의 끝, 트로이 목마

길고 긴 트로이전쟁에서 그리스가 이길 수 있었던 것은 트로이 목마 때문이었을까? 적을 감쪽같이 속이는 속임수가 먹혀들어간 것도 있다. 그러나 결국 그 목마 속에 들어 있는 군사들이 중요했다. 그리고 그들을 이끄는 오디세우스의 지도력이 중요했다. 오디세우스는 끊임없이 기회를 탐구하며 부하들을 독려해왔다. 그러다가 아주 사소한 일에서 영감을 얻어냈다.

계속되는 전쟁 때문에 그리스 병사들은 점점 지쳐만 갔다. 그때 오디세우스는 헬레노스의 말을 떠올리게 되었다. 트로이의 예언자인 헬레노스는 오디세우스에게 체포되었을 때 이렇게 말했다.

"꿈을 꿨는데, 모든 것을 전멸시킬 수 있는 강한 기운이 배 속에 도사리고 있는 커다란 말을 한 마리 봤습니다."

오디세우스는 꿈 이야기를 그냥 넘기지 않고 아이디어를 얻어냈다. 오디세우스는 트로이 성문 앞에 커다란 목마를 만들어 그 안에 병사들이 숨어 있게 했다. 그리고는 목마를 그곳에 그냥 남겨놓고 후퇴하는 척했다. 성에서 밖을 감시하던 트로이 병사들은 그리스 병사들이 물러간 줄 알고 환호성을 질러댔다. 들뜬 그들은 그리스군이 남겨놓고 간 그 목마는 승리를 기념하기 위해 성안으로 가져가자고 했다.

그때 예언자 카산드라가 트로이 병사들을 향해 외쳤다.

"목마를 성안으로 들여놓지 마세요. 그러면 트로이는 전쟁에 패하여 멸망하고 말 겁니다. 제 말을 믿어주세요."

그러나 설득력을 잃어버린 그녀의 예언을 믿어주는 병사는 없었다.

트로이 사람들은 목마를 성안으로 들여놓았다. 그리고 승리의 기쁨에 도취되어 모두 술에 취해 곯아떨어졌다. 그때 목마 안에 숨어 있던 그리스 병사들이 밖으로 나와 트로이 성문을 열었다. 밖에는 그리스 병사들이 이미 진을 치고 있었다. 그리스 병사들은 성안으로 들어와 트로이 군사들을 죽이고 성안의 여기저기를 불태워버렸다. 그렇게 십 년 동안 계속되었던 기나긴 전쟁이 그리스연합군의 승리로 끝났다. 그리고 카산드라의 예언대로 트로이는 멸망하고 말았다.

트로이전쟁 이야기에서 온 용어인 '트로이의 목마'는, 겉으로는 괜찮아 보이지만 실제로는 파멸에 이르게 하는 존재를 뜻한다. 그리고 외부의 요인이 내부를 무너뜨린다는 의미로도 쓰인다. 컴퓨터 악성코드의 대명사로도 유명하다. 유용한 프로그램인 것처럼 위장하여 사용자들로 하여금 거부감 없이 설치를 유도하는 프로그램들이 있는데, 치명적인 피해를 입힐 수 있는 무언가를 숨겨놓기 때문에 '트로이 목마'라고 부른다.

끊임없이 준비한 자에게 기회의 전화벨이 울린다

오디세우스는 아주 사소한 데서 찾아온 기회를 놓치지 않았고, 그 기회를 붙잡았다. 그래서 전쟁을 승리로 이끌 수 있었다. 전쟁엔 물론 승리자도 패배자도 없다. 모두가 패배자가 될 수밖에 없다. 그러나 전쟁을 승리로 이끈 영웅은 있다. 아주 사소한 기회의 자락도 놓치지 않는 자에게 승리자의 자리가, 영웅의 호칭이 주어진다.

인생에서는 딱 두 번 중요한 전화가 오게 되어 있다고 한다. 꿈을 이룰 수 있는 기회의 전화다. 그동안 끊임없이 준비를 해온 자에게는 전화벨 소리가 들린다. 하지만 아무런 준비 없이 꿈만 간직해온 사람에게는 그 벨소리가 들리지 않는다. 아니, 설령 전화를 받는다 해도 미처 준비되지 못한 일을 시도하려다가 그만 기회를 놓치는 일이 많다.

우리가 후회하는 일에는 어떤 것들이 있을까? 그때 내가 왜 그랬을까? 그때 내가 왜 말했을까? 내가 행했던 일에 대한 후회도 물론 있다. 그러나 대부분의 후회는 주로 이런 것들이다. "그때 말했어야 했는데……" "그때 그 일을 했어야 했는데……" "그때 갔어야 했는데……" "그때 더 열심이어야 했는데……" "그때 붙잡았어야 했는데……" 이렇게 행하지 '못했던' 것에 대한 후회가 참 많다.

내가 지금 좀 안 해도 은행은 잘만 돌아가고, 내가 휴대전화 좀 안 써도 이동통신회사는 돈만 잘 벌고, 내가 아무리 외쳐봐도 현실의 벽은 너무나 높고, 아직 청춘에 머물고 싶어도 시계는 잘만 돌아가고……. 그렇게 내가 아무리 발버둥쳐도 지구의 공전 속도를 늦출 수는 없다. 나 하나의 힘으로 세상을 바꿀 수도 없다. 그러나 지구의 한편 아주 작은 공간, 내가 있는 이곳을 화사하게 색칠할 수는 있다. 그리고 내 곁에 있는 사람을 온 우주처럼 사랑할 수도 있다.

장미가 피어 있는 아름다운 정원은 그냥 생기는 것이 아니다. 끊임없이 흙을 파야 얻을 수 있는 것이다. 우리가 품은 아름다운 꿈의 장미, 그 역시 쉼 없는 노력이 있어야 얻을 수 있는 것이다. 행운의 신은 지금 이 순간에도 우리가 흘리는 땀방울의 수를 세고 있다.

신화에게 _ 길을 묻다
알기 쉽게 풀어쓴 그리스로마신화의 인생 메시지

1판 1쇄 2013년 3월 28일
2판 1쇄 2017년 8월 28일
|
지은이 송정림
사　진 이병률
|
편집장 김지향
편　집 김지향 이희숙 박선주 | **모니터링** 이희연
디자인 이현정
마케팅 방미연 강혜연
홍　보 김희숙 김상만 이천희
제　작 강신은 김동욱 임현식
|
펴낸이 이병률
펴낸곳 달 출판사
출판등록 2009년 5월 26일 제406-2009-000034호
|
주소 10881 경기도 파주시 회동길 210
전자우편 dal@munhak.com
전화번호 031-955-2666(편집) 031-955-8889(마케팅) | **팩스** 031-955-8855
|
ISBN 979-11-5816-061-6 03210
|

● 이 도서의 국립중앙도서관 출판시도서목록(CIP)은 e-CIP홈페이지(http://www.nl.go.kr/ecip)와
　국가자료공동목록시스템(http://www.nl.go.kr/kolisnet)에서 이용하실 수 있습니다.
　(CIP제어번호: CIP2017020765)

● 『신화처럼 울고, 신화처럼 사랑하라』의 개정판입니다.